首都对外文化传播研究院
Beijing Institute of Intercultural Communication
北京对外文化传播研究基地
Beijing Research Center of Intercultural Communication

北京市哲学社会科学规划资助项目

# 北京对外文化传播发展研究报告

## (2018)

邱鸣 梁虹／主编

ANNUAL REPORT ON BEIJING INTERNATIONAL

COMMUNICATION (2018)

社会科学文献出版社
SOCIAL SCIENCES ACADEMIC PRESS (CHINA)

# 主要编撰者简介

**邱　鸣**　日本文学博士，教授，博士生导师。现任北京第二外国语学院副校级干部，首都对外文化传播研究院院长，校学术委员会副主任，教育部高等学校外国语言文学类专业教学指导委员会委员（简称"指委会"）、指委会日语分会副主任委员、中国日语教学研究会副会长、中国翻译协会副会长、中日翻译研究会会长、中国日本友好协会理事、国家留学基金评审组专家。主要研究方向为日本古典文学、中日文学比较及对外文化传播研究。主要科研成果包括发表、出版论文论著数十篇。主要论著有《太平记的汉文学研究》（日文）；代表论文有《日本古典文学的汉籍摄入》（日文）、《太平记中中国古籍的引用形态》（日文）、《护良亲王的人物造型与中国古籍》（日文）。主编《全国专业技术人员职称外语等级考试大纲》、《全国专业技术人员职称外语考试用书——职称日语》、全国翻译专业资格（水平）考试指定教材《日语口译实务》等。

**梁　虹**　女，汉族，文学博士，教授，硕士生导师。现任北京第二外国语学院英语学院教授，全球影视与文化软实力实验室联席主任，首都对外文化传播研究院学术委员，美国传媒文化研究中心主任。中国社会科学院文学所文学博士学位，中国传媒大学国际传播学院文学硕士学位。主要研究方向为中西文化比较、跨文化沟通与传播、西方文化批评以及大众传媒与大众文化研究。代表性研究成果包括《视觉审美批判——电子媒介影像批评》（专著）、《景观社会评论》（译著）、《全球媒介与文化软实力研究》（系列1~6）（主编）、《美国电影的跨文化阐释》（主编）以及发表在《新闻与传播研究》《江西社会科学》《现代传播》《中国社会科学院研究生院学报》《青年记者》等刊物的学术论文数十篇。

# 摘　要

近年来，随着全球化进程的快速发展，国家及地区间的交流日益频繁。北京作为中国的首都，其文化不仅代表着北京的城市形象，也是中华文化最为重要的组成部分，是北京与其他国家城市之间、中华文化与其他文化之间交往的重要载体。推动北京对外文化传播有助于让世界了解悠久灿烂的京味文化、提高北京的国际影响力、增强北京的文化软实力。

当前，首都北京立足全国文化中心、国际交往中心的城市功能定位，不断拓展国际视野，服务文化"走出去"的国家战略，大力推动北京文化的对外传播。2017年北京市文化贸易进出口总额达51.2亿美元，较2016年增长9.2%。其中，进口额为29.1亿美元，增长5.8%；出口额为22.1亿美元，增长14%。从具体分类看，核心文化服务进出口总额为30.4亿美元，较2016年增长12.8%，进口额为14.1亿美元，增长2.5%，出口额为16.3亿美元，增长23.5%；核心文化产品进出口总额为20.8亿美元，增长4.3%，进口额为15亿美元，增长9.1%，出口额为5.8亿美元，下降6.2%。此外，动漫游戏出口、图书版权输出和电影出口以及国家文化出口重点企业和项目位居全国前列，并打造出北京国际文化创意产业博览会、北京国际电影节、北京国际图书博览会等文化交流品牌。总体来看，北京对外文化传播力在逐年提升。

本报告将从以下几个方面对2016～2017年度北京对外文化传播状况进行梳理和分析。总报告部分主要围绕《北京城市总体规划（2016年—2035年）》等有关文化与国际交往建设文件进行解读，对2017年北京对外文化传播成就进行概述，并分析了当前北京对外文化传播中存在的问题并提出了建议。分报告部分包括四个章节，分别为北京文化艺术的对外传播、北京旅游文化的对外传播、北京新闻出版业的对外传播以及北京民间外交中的对外文化传播。

本报告由北京对外文化传播研究基地"北京对外文化传播年度报告"研究小组完成。北京对外文化传播研究基地于 2015 年 7 月被北京市哲学社会科学规划办公室和北京市教育委员会批准为北京市哲学社会科学研究基地。该基地是依托于北京第二外国语学院建立的北京市哲学社会科学研究基地之一，是一个集科学研究、人才培养、决策咨询和社会培训于一体的跨学科研究机构。研究基地利用北京第二外国语学院得天独厚的语言教学优势和学科特色，积极整合英语学院、日语学院、俄语系、德语系、法意语系、西葡语系、阿拉伯语系、朝鲜语系、翻译学院、中欧语系、文学院、国际传播学院、法政学院、国家文化发展国际战略研究院、中国翻译行业发展战略研究院、跨文化研究院等相关院（系）和科研机构的学术力量，涉及语言学、文学、哲学、新闻传播学、政治学、经济学等多个学科，以"立足北京、研究北京、服务北京、辐射全国、走向世界"为发展宗旨，以微观和中观层面的调查研究为重点，关注新形势下北京文化对外传播中亟须解决的现实问题，有针对性地开展北京对外文化传播领域的综合研究和应用研究，努力为推进北京文化的海外传播和为北京文化产业的发展提供决策咨询，为北京建设"全国文化中心"和"国际交往中心"提供知识服务和智力支持。

本报告旨在进一步加强对北京文化"走出去"的全局性认识、系统性研究以及战略性思考，从首都文化中心建设和国际交往中心建设的高度出发深入思考北京文化"走出去"的战略意义和实践价值，帮助北京市更好地把握机遇、发挥优势、应对挑战、直面困难，明确北京文化对外传播的方向和思路。

# 目 录

## Ⅲ 附录

# 总 报 告

## 2016～2017年度北京对外文化
## 传播发展状况综述

摘　要：　北京对外文化传播的发展集中体现在服务首都功能的建设上，
尤其体现在首都文化中心以及国际交往中心建设目标的实现过
程中。对外文化传播的发展对建设国际宜居城市，提升北京国
际影响力目标的实现都起着至关重要的作用。本报告分为三个
部分：第一部分是对《北京城市总体规划（2016 年—2035
年)》中有关对外文化传播内容的解读，并指出其作为纲领性
文件对北京对外文化传播的建设和发展所起的指导性意义；第
二部分梳理了在 2017 年建设首都文化中心与国际交往中心过
程中北京对外文化传播的成就；第三部分分析了北京对外文化
传播的研究现状以及当前存在的问题并提出了解决方案。

关键词：　北京对外文化传播成就　首都文化中心与国际交往中心建
设　北京对外文化传播研究

党的十九大作出中国特色社会主义进入新时代的重大政治论断，标志着我国当前发展的新的历史方位。新思想引领新时代，新目标开启新征程。作为首都的北京，在社会发展的特殊历史时期承担着不可替代的使命。同时，作为一座历史悠久的城市，北京又汇聚了中华文化过去、现在和未来的符号。北京这座城市代表着国家的形象，既是世界了解中国的窗口，又是国家软实力在国际竞争力上的体现，在对外文化传播领域发挥着引领的作用。

早在 2014 年 2 月，中共中央总书记习近平视察北京时就发表讲话，对北京的核心功能，做出过明确的城市战略定位，要求坚持和强化北京作为全国政治中心、文化中心、国际交往中心、科技创新中心的核心功能，深入实施人文北京、科技北京、绿色北京战略，努力把北京建设成为国际一流的和谐宜居之都。2017 年 2 月，习近平总书记再次视察北京时，又一次强调了北京的四个中心的功能，为我们"建设一个什么样的首都，怎样建设首都"统一了思想、深化了认识、指明了方向。2017 年，中共中央、国务院正式批复《北京城市总体规划（2016 年—2035 年）》（简称《规划》），为实施首都功能进一步提出了具体的目标和要求。同时也为北京的对外文化传播工作指明了建设和发展的方向。

北京对外文化传播的发展集中体现在服务首都功能的建设中，尤其体现在首都文化中心以及国际交往中心建设目标的实现过程中。对外文化传播的发展对建设国际宜居城市，提升北京国际影响力目标的实现都起着至关重要的作用。本报告分为三个部分：第一部分是对《规划》中对外文化传播内容的解读；第二部分关于 2017 年在文化中心以及国际交往中心的建设过程中北京对外文化传播的成就；第三部分是北京对外文化传播的研究现状以及当前存在的问题以及建议。

## 一　服务首都功能，多种措施提升北京国际影响力

针对首都功能的定位和发展目标，北京市政府近年来出台了一系列纲要和规划，以切实落实首都功能目标的实现，同时也为北京的对外文化发展指

明了方向。2016 年 3 月,《北京市国民经济和社会发展第十三个五年规划纲要》(简称《纲要》)发布,为北京未来 5 年的发展,树立起风向标。《纲要》指出,"十三五"期间,北京将深入落实全国政治中心、文化中心、国际交往中心、科技创新中心的首都城市战略定位。《纲要》的文化中心建设篇特别提出,扩大北京的文化交流传播、提高文化影响力的规划主要包含以下内容:深入开展对外文化交流,大力发展对外文化贸易,推动文化"走出去";创新拓展文化传播渠道,加强国际传播能力建设;依托国际友好城市、驻外机构、对外文化交流协会、海外中国文化中心、孔子学院等平台,进一步加强与世界的文化交流与合作;依托主流媒体,充分运用数字传媒、移动互联等科技手段,构建立体、高效、覆盖面广、功能强大的国际传播网络;吸引国际著名剧团、经典剧目来京巡演交流,支持国内优秀艺术表演院团和品牌剧目赴国(境)外驻场或交流;扩大国际文化体育交流,办好北京国际图书博览会等重大品牌活动;积极参与国际文化市场竞争,扩大北京高端专业展会的影响力,着力打造一批具有国际竞争力的外向型文化企业、具有重要影响力的国际文化交易平台和具有核心竞争力的知名文化品牌,实现"中国元素、国际表达";加大对文化出口、文化市场开拓、文化贸易人才的政策支持,大力促进文化艺术、广播影视、数字动漫等文化创意产品和服务出口,扩大北京地区版权输出,鼓励企业对外开展文化领域投资,积极承接国际设计、广告策划、文化软件、影视制作等领域的高端服务外包业务,进一步带动提升北京文化企业和品牌的国际影响力等。[①] 2016 年 6 月,北京市政府发布的《北京市"十三五"时期加强全国文化中心建设规划》明确了"十三五"时期全国文化中心的建设目标和建设措施,设定了为期五年(2016～2020 年)的全国文化中心建设专项规划。该规划特别提到北京市文化中心的建设目标是,"把北京建设成为社会主义物质文明与精神文明协调发展,传统文化和现代文明交相辉映,历史文脉与时尚创意相得益彰,具有高

---

① 《北京市国民经济和社会发展第十三个五年规划纲要》,北京市人民政府,http://zhengwu. beijing. gov. cn/gh/xbqtgh/t1434999. htm。

度包容性和亲和力，充满人文关怀、人文风采和文化魅力的中国特色社会主义先进文化之都，推动北京朝着世界文化名城、世界文脉标志的宏伟目标迈进"。① 表达了提升北京世界文化城市竞争力的建设目标。2017 年 9 月，中共中央、国务院正式出台《规划》，制定了为期 20 年的首都城市发展的战略性总体规划，将发展目标定为"建设国际一流的和谐宜居之都"。

《规划》的出台为首都中心建设提供了较为长期和全面的发展设计，并通过文化中心建设和国际交往中心建设对国际交流与对外文化传播工作提供了更为直接和具体的指导意义，主要体现在以下几个方面。

## （一）加强首都历史文化名城保护，展现北京世界文化遗产的独特魅力

《规划》第七条对首都文化中心的建设目标和建设内容作了特别的规划，从保护北京历史文化遗产、培养高级人才、培育文化团体等角度指出了文化中心建设的具体实施内容，并强调"要充分利用北京文脉底蕴深厚和文化资源集聚的优势，发挥首都凝聚荟萃、辐射带动、创新引领、传播交流和服务保障功能，把北京建设成为社会主义物质文明与精神文明协调发展，传统文化与现代文明交相辉映，历史文脉与时尚创意相得益彰，具有高度包容性和亲和力，充满人文关怀、人文风采和文化魅力的中国特色社会主义先进文化之都"。

第一，加强历史文化名城保护，提升北京在世界文化名城中的影响力。《规划》提出要强化首都风范、古都风韵、时代风貌的城市特色。作为千年古都，北京见证了中华文明的源远流长和历史变迁，在世界文化名城中独秀一枝。为凸显北京历史文化的整体价值，传承城市历史文脉，《规划》提出了一系列具体实施措施以构建涵盖老城、中心城区、市域和京津冀的历史文化名城保护体系；保护和恢复传统地名、戏曲、音乐、书画、服饰、技艺、

① 《北京市"十三五"时期加强全国文化中心建设规划》，北京市人民政府，http://zhengwu.beijing.gov.cn/gh/dt/t1438135.htm。

医药、饮食、庙会等各类非物质文化遗产；加强保护传统老字号的原址和原貌；开展口述史、民俗、文化典籍的整理、出版、阐释工作。这一系列的措施既可以挖掘北京的历史文化内涵，又可以提升北京的城市文化软实力，从而实现提升文化遗产世界影响力的目标。

第二，通过核心区的建设，凸显文化中心功能，展现北京的古老与现代、东方与西方文明交融的国际化大都市特性。《规划》提出，北京市可依托历史文化名城保护，构建绿水青山、两轴十片多点的城市景观格局；加强对城市空间立体性、平面协调性、风貌整体性、文脉延续性等方面的规划和管控等。

核心区建设的具体规划内容为：北部继续完善以奥林匹克中心区为重点的国家体育、文化功能；东部以北京城市副中心为载体传承大运河文化，建设服务全市人民的文化设施集群；西部重点建设首钢近现代工业遗产文化区；南部通过南苑地区改造预留发展用地，未来塑造首都文化新地标。同时，发挥中关村国家级文化和科技融合示范基地、国家文化产业创新实验区、国家对外文化贸易基地（北京）、中国（怀柔）影视产业示范区、2019年中国北京世界园艺博览会、北京环球主题公园及度假区等已有文化功能区的示范引领作用。核心区既涵盖了首都历史文化名城保护的重点地区，同时也是展示首都形象的重要窗口。

第三，强化人才培养，提升文化软实力和国际影响力。《规划》进一步支持北京大学、清华大学等若干高等学校建成世界一流大学，形成一批世界一流大学和一流学科，并通过打造世界一流的高教园区，培育世界一流的文化团体，提升高等教育综合实力和国际竞争力。

第四，建设具有首都特色的文化创意产业体系，提升文化品牌的国际知名度。《规划》提出，通过创新、创意，融合传统文化元素与现代时尚符号，提升首都的文化内涵；充分运用现代科技手段，通过丰富的文化展示平台，多渠道、多层次地提升国际传播力；组织开展重大文化活动，打造一批展现中国文化自信和首都文化魅力的文化品牌；深入开展国际文化交流合作，发挥首都示范带头作用，讲好中国故事，传播好中华文化，不断扩大文化竞争力、传播力和影响力。

## （二）发挥国际交往中心功能，推动对外文化交流

首都发展的目标是"服务全国、面向世界"，这一目标的实现主要体现在首都国际交往中心的功能上。《规划》对国际交往中心的定位是："着眼承担重大外交外事活动的重要舞台，服务国家开放大局，持续优化为国际交往服务的软硬件环境，不断拓展对外开放的广度和深度，积极培育国际合作竞争新优势，发挥向世界展示我国改革开放和现代化建设成就的首要窗口作用，努力打造国际交往活跃、国际化服务完善、国际影响力凸显的重大国际活动聚集之都。"为凸显首都国际交往中心功能，《规划》对首都未来建设进行了空间布局，主要包含九类空间突出、不同领域的国际交往功能：重大外交外事活动区、国际会议会展区、国际体育文化交流区、国际交通枢纽、外国驻华使馆区、国际商务金融功能区、国际科技文化交流区、国际旅游区、国际组织集聚区。合理的城市空间布局可以推动首都国际交往功能的全面实现。

打造世界一流城市，为世界文明与文化成果汇聚与交流提供良好的平台，是首都国际交往中心的发展目标。在国际交往中心建设过程中不断提升对外文化传播力，就是要不断创新传播渠道和传播方式，讲好中国故事与北京故事，推动文化"走出去"，提升中华文化、北京文化的国际影响力。因此，"面向世界"应当包含两方面的内容，一是北京文化的国际化建设目标；另一方面是北京文化"走出去"，与世界文化交融，成为世界文化的一部分。

# 二 2017年北京国际交往中心建设与
# 对外文化传播发展成就

文化中心与国际交往中心的功能具有联动和相互促进的作用。在国际交往中，文化代表着国家与城市的软实力，推动更深层次、更大范围的国际交往，而国际交往力的提升又可以进一步推动文化的对外传播。根据 2016 年

北京市政府的"十三五"时期有关首都功能的规划以及2017年发布的《规划》，北京在文化的对外交流以及传播方面取得了很大的成绩，主要体现在以北京为主场的国际文化"请进来"，以及实施文化"走出去"战略，主动积极开展境外交流。

## （一）以北京为主场，搭建平台，提升国际影响力

北京市政府发布的《全面推进国际交往中心建设》，从首都国际交往中心的战略定位和战略规划出发，对2017年首都国际交往中心的建设成就做出了全面回顾，也从另一个侧面展现了北京对外文化传播的成就。

### 1. 服务国家重大外交外事活动

2017年北京承担了首届"一带一路"国际合作高峰论坛、中国共产党与世界政党高层对话会等意义重大、影响深远的主场国际活动，直接服务于国际交往中心的功能定位，极大地提升了中国文化和北京文化的国际传播力。具体如下。

首届"一带一路"国际合作高峰论坛于2017年5月14日至15日在北京举行。这次高峰论坛是"一带一路"框架下规格最高的国际活动，也是新中国成立以来由中国首倡、中国主办的层级最高、规模最大的多边外交活动。习近平主席出席了开幕式并发表主旨演讲，强调要坚持以和平合作、开放包容、互学互鉴、互利共赢为核心的丝路精神，将"一带一路"建成和平、繁荣、开放、创新、文明之路。通过本次论坛，我国政府对外发出了各方合力推动"一带一路"国际合作、携手构建人类命运共同体的积极信号，对推动国际和地区间的合作具有重要意义。共有29位外国元首、政府首脑及联合国秘书长、红十字国际委员会主席等3位重要国际组织负责人出席了高峰论坛，来自130多个国家的约1500名各界贵宾作为正式代表出席了论坛。

中国共产党与世界政党高层对话会于2017年11月30日至12月3日在北京举行。这是中国共产党首次与全球各类政党举行高层对话，是中共十九大后我国举办的首场主场多边外交活动。高层对话会以"构建人类命运共

同体、共同建设美好世界：政党的责任"为主题。中共中央总书记、国家主席习近平出席了开幕式并发表主旨讲话，全面阐释了人类命运共同体理念的丰富内涵和中国行动，为携手建设更加美好的世界注入强大动力。共有来自 120 多个国家的近 300 个政党和政治组织的领导人参加了此次会议。

除主场外交活动外，2017 年，北京还接待了多国政要的国事访问，其中有近邻，如韩国总统文在寅、越南国家主席陈大光；有远在非洲的"老朋友"，如罗伯特·加布里埃尔·穆加贝；还有大国元首，如美国总统唐纳德·特朗普、俄罗斯总统弗拉基米尔·弗拉基米罗维奇·普京等国际政坛重量级政要。

此外，根据北京市政府的统计，2017 年，北京市协助中央单位接待党宾国宾团组 208 个，安排参观考察活动共 252 场次 2270 人次。① 从外交外事层面极大地提升了中国文化和北京文化的国际影响力，推动了北京文化的传播。

2. 提升国际文化交流层次，打造国际文化品牌，汇聚国际高端资源

2017 年，北京通过主办重大国际展会，打造国际文化品牌，吸纳国际优秀人才以及文化民间交流等方式，积极汇聚国际高端资源，以提升文化内涵、带动经济发展。

（1）主办中国（北京）跨国技术转移大会、世界机器人大会等大型国际会议

2017 年 8 月 23～27 日，以"创新创业创造，迎接智能社会"为主题的世界机器人大会在北京举行。该会由北京市人民政府、工业和信息化部、中国科学技术协会主办，共有 100 多家国内外企业、300 多位专家学者和企业领袖参会。

2017 年 9 月 22～24 日，由中国旅游协会、北京市旅游发展委员会、北京市平谷区人民政府主办的第一届中国（北京）休闲大会在北京市平谷区

---

① 《全面推进国际交往中心建设》，北京市人民政府，http：//zhengwu. beijing. gov. cn/zwzt/cszl/gjjwzx/t1504110. html。

召开。会上发布了"中国休闲城市示范区数据排行榜",并且宣布在平谷区建立"中国城市休闲指数"评价报告永久发布地。

2017年11月27～29日,由科学技术部和北京市人民政府主办的中国(北京)跨国技术转移大会在北京举行。大会主题为"汇聚全球之智、共谋创新发展",来自40多个国家和地区的科技项目参展。

(2)持续开展中国北京国际文化创意产业博览会、中国北京国际科技产业博览会、北京国际电影节和北京国际旅游博览会等国际品牌活动

2017年4月16～23日,第七届北京国际电影节在北京举行。本届电影节由国家广播电影电视总局、北京市人民政府主办,旨在融汇国内国际电影资源,搭建展示交流交易平台,打造东方影视之都。共有50多个国家和地区,300多家中外电影机构约1.5万名嘉宾参加了本次电影节。根据此次电影节首次发布的中国电影大数据,截至2017年4月,我国有9914家影院,53824块银幕,银幕数量位居全球第一。其中,北京地区有25条院线209家影院,共放映电影273.7万场,观众7636.3万人次,票房收入34亿元;全年制作电视剧73部3140集,电视动画片22部6321分钟,电影350部,[1] 位居全国省份贡献排名前五。[2]

2017年6月8～10日,第二十届中国北京国际科技产业博览会(简称"科博会")在北京举行。此次会议以"科技引领、融合创新"为主题,展示了高精尖科技成果,促进了科技资源流动转化,示范性地带动了产业转型升级。来自联合国教科文组织、国际能源署、世界银行、国际商会世界商会联合会的4个国际组织,法国、比利时等19个国家和地区的20个政府、科技、工商代表团组参加了此次会议。

2017年6月16～18日,由北京市旅游发展委员会发起并主办的北京国际旅游博览会在京召开。本次展会以建设国际一流的旅游城市为目标,共有80余个国家和地区、国内近30个省区市以及旅游行业的主流企业参展。

---

[1] 《北京市2017年国民经济和社会发展统计公报》,中国统计信息网,http://www.bjstats.gov.cn/tjsj/tjgb/ndgb/201803/P020180302397365111421.pdf。

[2] 《排行 | 2017北京地区影院top10》,搜狐网,http://www.sohu.com/a/215826906_780800。

2017 年 9 月 11～13 日，第十二届中国北京国际文化创意产业博览会（简称"文博会"）在北京举行。本届文博会以"文化科技融合，传承创新发展"为主题，联合国教科文组织、欧中"一带一路"文化旅游发展委员会、国际多媒体协会联盟和世界贸易中心协会 4 个国际组织，俄罗斯、美国、德国、法国、荷兰、波兰、澳大利亚等 63 个国家和地区的 86 个境外代表团组参展参会。

此外，还有其他文化与体育盛事在京举办，如北京国际长跑节，共有来自 23 个国家和地区的 21000 名跑者参赛。

（3）动漫游戏产业发展迅速，成为文化"走出去"的重要产品

据北京市文化局、北京动漫游戏产业网站公布的数据，2017 年北京动漫游戏产业企业总产值达 627 亿元，相比 2016 年的 521 亿元，增长约 20%。北京已经成为全国动漫游戏产业的研发中心，并进一步推动动漫游戏成为当前中国文化产品"走出去"的重要力量。北京一些实力雄厚的企业积极收购海外的研发和发行公司，为开拓全球动漫游戏市场布局。以智明星通、昆仑游戏、完美世界、猎豹移动为首的原创研发企业网络游戏出口金额约为 116.09 亿元，与 2016 年的 60.2 亿元相比，增长了约 93%，原创移动游戏成为北京游戏出口中的新锐力量。①

（4）优化政策，提升国际人才交流层次，带动文化传播

第一，着力创新外籍人才引进激励机制。自 2016 年 3 月 1 日起，公安部推出支持北京创新发展 20 项出入境政策措施，涉及外国人签证、入境出境、停留居留等方面。此次出台的出入境政策措施主要针对北京创新发展中对外籍高层次人才、留学归国创业外籍华人、外籍青年学生和创业团队外籍成员四大类外籍人才的迫切需求，着重解决制约吸引和聚集各类外籍人才的政策瓶颈，并在中关村国家自主创新示范区先行先试，主要包括：为符合认定标准的外籍高层次人才设立申请永久居留"直通车"；公安部在中关村设

---

① 《北京动漫游戏产业 2017 年产值达 627 亿元，再创历史新高》，北京市文化局，http://whj.beijing.gov.cn//bjwh/zwgk0/bmdt/gzdt4/419660/index.html。

立外国人永久居留服务窗口，并缩短审批期限；对中关村市场化外籍人才申请永久居留实施积分评估制度；对中关村创业团队外籍成员和企业选聘的外籍技术人才提供办理口岸签证和长期居留许可的便利；对具有博士研究生以上学历或在中关村长期创业的外籍华人提供申请永久居留的便捷通道；允许境外高校外国学生在中关村短期实习；允许在京高校外国留学生在中关村进行兼职创业等。在 20 项政策的基础上，2017 年 5 月 2 日，北京市服务业扩大开放综合试点示范区外籍人才出入境改革"新十条"正式启动实施，作为示范区，朝阳区和顺义区分别设立了外国人出入境服务大厅，为外籍人才提供更为宽松便捷的出入境、停居留环境。此次"新十条"落地后，北京市初步形成了中关村科技服务人才、朝阳区商务服务人才、顺义区临空经济服务人才三位一体的外籍人才引智布局。自 2017 年 6 月 16 日起，公安部签发新版"中国绿卡"，将原有的"外国人永久居留证"更名为"外国人永久居留身份证"，具备了与中国公民身份证的同等功能，可以单独出示和使用，居住北京的外籍人士可按照规定参加北京市城乡居民医疗保险；实施"融智北京"外籍人士高端医疗险项目（于 2014 年启动），为外籍高端人士在京就医提供便利，进一步增加了高端外籍人才在京生活和工作的便利性。

为方便外籍人士在京的生活与工作，北京市加强北京多语言服务中心的建设，依托北京外国语大学的外语人才优势，通过与 110、120、999、12345 的全面对接，采取三方通话的形式，为在京外国友人提供 8 个语种、24 小时、365 天不间断电话外语服务。

根据北京市政府公布的数据，2017 年北京受理外籍人才永久居留申请662 人次，办理长期居留许可及签证 2368 人；"海聚工程"引进认定海外优秀杰出人才 916 名；累计引进诺贝尔奖获得者 5 人，"千人计划"（国家海外高层次人才引进计划）人才 1658 人，占全国近 1/4。①

---

① 《全面推进国际交往中心建设》，北京市人民政府，http://zhengwu.beijing.gov.cn/zwzt/cszl/gjjwzx/t1504110.html。

第二，来京留学人数呈上升趋势，生源结构不断优化，留学向高层次高质量发展。"留学中国计划"扩大了来华留学规模。2016 年，外国留学生有44 万人次在华学习，比 2012 年的 33 万人次增加约 11 万人次，学历留学生特别是研究生比例上升较快。根据教育部发布的数据，[①] 2017 年共有 48.92万名外国留学生在我国高等院校学习，规模增速连续两年保持在 10% 以上，其中学历生 24.15 万人，占总数的 49.38%，同比增长 15.04%。2017 年来华留学工作扎实稳步有序推进，中国政府奖学金吸引力不断提升，来华留学事业发展态势总体良好，向高层次高质量发展。

据教育部的统计数据，[②] 2017 年共有来自 204 个国家和地区的各类外国留学人员在全国 31 个省、自治区、直辖市的 935 所高等院校学习，其中硕士和博士研究生共计约 7.58 万人，比 2016 年增加了 18.62%。我国成为亚洲第一、全球第三的留学目的国。与 2016 年相比，前 10 位生源国稳中有变，依次为韩国、泰国、巴基斯坦、美国、印度、俄罗斯、日本、印度尼西亚、哈萨克斯坦和老挝。"一带一路"沿线国家留学生 31.72 万人，占总人数的 64.85%，增幅达 11.58%，高于各国平均增速。[③]

根据北京市政府发布的《全面推进国际交往中心建设》，2017 年，北京市中外合作办学机构和项目累计达到 143 个；在北京市高校和中小学学习的外国留学生超过 12 万人次左右；接受外国留学生的学校数量进一步增加，高校为 91 所，中小学为 284 所。

第三，北京成为留学归国人员创业首选城市。根据《2018 出国留学蓝皮书》的数据，近年来留学归国人员稳中有升，截至 2016 年底，留学回国人员总数达 265 万人。其中，2016 年出国留学人数为 54.45 万人，归国留学生总数在 2016 年达到 43.25 万人，占比达当年出国人数的 80%。2016 年

① 《教育部：2017 年有近 50 万外国留学生来华学习》，新京报网，http://www.bjnews.com.cn/news/2018/03/30/481305.html。
② 《"一带一路"沿线国家来华留学人数持续增加》，新华网，http://www.xinhuanet.com/abroad/2018-04/30c-1122764886.htm。
③ 中信银行股份有限公司：《2018 出国留学蓝皮书》，中信出版社，2017。

度与 2015 年度的统计数据相比较，出国留学人数增加了 2.08 万人，增长了 3.97%；留学回国人数增加了 2.34 万人，增长了 5.72%。归国人数增速首次超过出国人数增速。出国留学完成学业后选择回国发展的留学人员比例由 2012 年的 72.38% 增长到 2016 年的 82.23%。随着年度回国人数与出国人数的增长，两者之间的差距呈逐渐缩小趋势。年度出国与回国人数比例从 2012 年的 1.46∶1 下降至 2016 年的 1.26∶1。①

留学生回国就业、创业现象日趋普遍的原因有两个。其一是中国经济快速发展，就业政策良好，创业机会较多；其二是美国、英国等主流留学国家及地区签证政策的紧缩以及就业机会的减少。

在"海归"目前所在的城市中，北京和上海占据前两位，分别为 24.6% 和 13.7%，随后是深圳（4.9%）和广州（4.6%）。根据"2017 年中国留学回国人员发展情况调研报告"的统计，"海归"首先选择目前所在城市的五大理由有经济发展快、人脉关系好、环境舒适、基础设施齐备、多元文化及城市包容性强。调查结果显示，这五大理由所占的比例分别为 47.7%、36.8%、36.1%、34.2%、33.3%。"海归"其次选择目前所在城市的理由为产业基础好、公共资源集中、人才政策吸引。此外，房价等生活成本低也是"海归"在选择某城市时的重要理由（见图 1、图 2）。②

其中，在回国创业的留学人员选择的城市中，北京为首选，占回国创业总人数的 24.3%，尤其以中关村为代表的创新创业聚集区最富吸引力。根据《2017 年中国留学回国人员发展情况调研报告》发布的数据，在就职行业方面，位居前五名的依次为 IT/通信/电子/互联网（15.5%）、金融业

---

① 《教育部：我国留学生回国与出国人数"逆差"逐渐缩小》，网易新闻，http://news.163.com/17/0301/16/CEF5AUDK000187VE.html。

② 李庆、陈肖肖、杨薇：《2017 年中国留学回国人员发展情况调研报告》，载王辉耀、苗绿主编《中国留学发展报告（2017）》，社会科学文献出版社，2017。

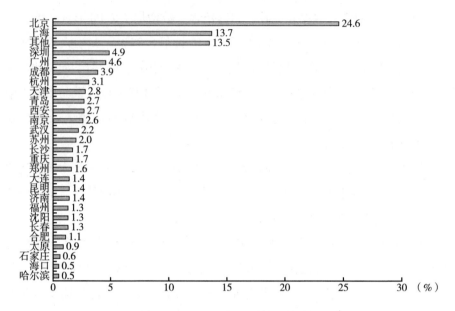

**图1 留学回国人员就业发展的城市选择（2017年）**

资料来源：李庆、陈肖肖、杨薇：《2017年中国留学生回国人员发展情况调研报告》，载王辉耀、苗绿主编《中国留学生发展报告（2017）》，社会科学文献出版社，2017。

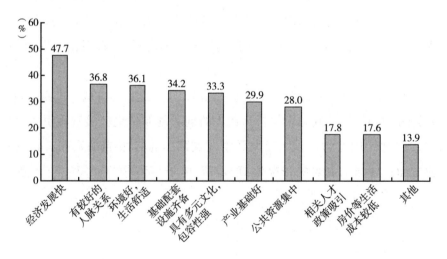

**图2 留学回国人员就业发展城市选择的主要理由（2017年）**

资料来源：李庆、陈肖肖、杨薇：《2017年中国留学生回国人员发展情况调研报告》，载王辉耀、苗绿主编《中国留学生发展报告（2017）》，社会科学文献出版社，2017。

（14.6%）、文体教育/工艺美术（9.9%）、贸易/批发/零售/租赁业快速消费品/耐用消费品（9.4%）、汽车/生产/加工/制造（9%）。北京作为科技创新中心，同时拥有大量的知名高校与研究机构，具有良好的创业环境、创业氛围和人才储备，对回国创业人员有着巨大的吸引力。

（5）多领域文化交往频繁，交流活跃

第一，友好城市持续增长，文化交流频繁。根据北京市人民政府外事办公室的统计数据，截至2017年9月15日，北京市共有55个友好城市，涵盖亚洲、欧洲、非洲、北美洲、南美洲以及大洋洲50个国家。① 通过友城平台，文化、科技、体育和交通等多领域交流进一步加强。在文化方面，北京市人民政府外事办公室举办"2017年北京友好城市汉语培训班"，全面展示北京首都风范、古都风韵和时代风貌；北京交响乐团开展国际巡演，发起北京国际友好城市交响乐团联盟；依托日本东京和德国科隆"中国节"、加拿大渥太华"北京周"、塞尔维亚贝尔格莱德"北京日"和北京"莫斯科周"等文化交流活动，增进友城间民众彼此的了解，推动友好关系的进一步深化，为项目实施和合作打下良好的基础。②

第二，拓宽非政府组织联系，以文化交流加强国际合作。充分发挥非政府组织在民间外交中的作用，打造具有民间特点、首都特色的品牌交流项目，通过民间方式展示北京形象，扩大并提升北京国际影响力。2017年开展的民间文化活动包括"北京国际友好林"植树活动、北京国际风筝节暨京津冀风筝交流活动、在京外国留学生"我与北京"主题征文比赛、"外国友人眼中的北京新起点"摄影文化活动等。

北京市人民政府外事办公室邀请日本、韩国等多个周边国家的传统友好组织来访，深化与美国、德国、挪威、意大利、澳大利亚、捷克等国家的友好组织的交流，与中国—南亚友好组织、尼克松基金会等10多个友好组织

---

① 《市级友好城市》，北京市人民政府外事办公室，http：//www.bjfao.gov.cn/yhjw/city/sistercity/10230.htm。

② 《全面推进国际交往中心建设》，北京市人民政府，http：//zhengwu.beijing.gov.cn/zwzt/ZWZT/CSZL/GJJWZX/t1504110.html。

新建联系，开辟了拉美及加勒比海 14 国的友好交流渠道；北京市人民对外友好协会与世界自然基金会等开展"地球一小时"北京主场熄灯活动，参加联合国气候变化大会，宣传北京市民间组织致力于环境保护方面的工作；北京市志愿服务联合会与北京市民间组织国际交流协会等成功举办以"共叙丝路情·共筑发展路"为主题的 2017 "NGO 北京国际对话会"，加强了北京市社会组织与世界各国社会组织的对话合作和民间国际合作。①

2017 年 1 月，公安部颁布的《中华人民共和国境外非政府组织境内活动管理法》，为境外非政府组织依法登记备案和开展交流合作提供了便利服务，取得良好成效。根据北京市政府颁布的《全面推进国际交往中心建设》的数据，2017 年共有德国机械设备制造业联合会等 4 家境外非政府组织在京设立代表处；截至 2017 年底，全国已依法登记境外非政府组织代表机构 242 个，完成临时活动备案 344 项，涉及 28 个国家和地区的非政府组织 400 余家，主要活动涉及经济、教育、科技、卫生、环保、济困救灾等领域。其中，北京地区共有包括盖茨基金会（美国）北京代表处、福特基金会（美国）北京代表处、国际救助儿童会（英国）北京代表处等 83 家境外非政府组织获颁登记证书，完成临时活动备案 89 项。

第三，中医药文化加快"走出去"步伐。2017 年北京积极开展与捷克、丹麦和土耳其等国在中医药方面的合作，同有机构签署卫生合作协议；与新加坡等地的国有机构开展合作，推动中医医疗、养生保健讲座等中医药服务"走出去"；截至 2017 年底，在中国和几内亚对口医院合作项目中，北京市派出的援几内亚医疗队对几方医务人员进行理论、操作培训，几内亚派医务人员来京进修。

第四，出入境游客持续增长。根据北京市统计局的数据，截至 2017 年 11 月，北京市接待入境游客总数约为 364 万人次，出入境外籍人员 626.1 万人次，首都国际机场旅客吞吐量为 8766.6 万人次。根据 2018 年北京市统

---

① 《全面推进国际交往中心建设》，北京市人民政府，http：//zhengwu. beijing. gov. cn/zwzt/ ZWZT/CSZL/GJJWZX/t1504110. html。

计局对旅行社组织出境旅游情况的统计数据，2017 年出境旅游人数①为511.5 万人次。

自 2017 年 12 月 28 日起，北京市、天津市、河北省将联动实施部分国家外国人 144 小时过境免签政策。144 小时过境免签政策正式实施后，过境免签停留时间由 72 小时延长至 144 小时。同时，过境外籍人员可选择从京津冀 3 地 6 个口岸中任意口岸入境或出境，停留区域从北京市扩大至京津冀 3 地，有利于拉动入境旅游消费增长。

### （二）北京对外文化艺术传播成果显著

为坚定文化自信，推动中华传统文化创造性转化、创新性发展，提升文化软实力和世界影响力，2017 年北京开展了系列文化艺术交流活动。

1. 北京对外文化交流活动丰富，培育特色文化交流品牌

2017 年度北京对外文化活动丰富，主要表现为以北京为主场以及北京文化"走出去"的境外文化艺术活动。主要大型品牌活动如下：

"驻华使节艺术沙龙活动"于 2017 年 12 月 14 日在奥加美术馆成功举办。此次活动由北京市文化局与北京市人民政府外事办公室共同主办，北京市海外文化交流中心组织承办，北京市演出有限责任公司执行完成。来自俄罗斯、希腊、西班牙、瑞典、荷兰、保加利亚等 30 国驻华使馆代表、外国专家学者及留学生等 100 余人参加了本次活动。在沙龙活动中，各国使馆代表体验了以中国古琴艺术及"琴、书、茶、花、香"为代表的中国文化传统"五道"的生活美学，感受中国特色的文人生活方式。此次沙龙活动形式丰富多样，中外嘉宾在奥加美术馆浓厚的艺术氛围下，通过视觉、听觉、嗅觉等多元化方式，深刻感受了的中华文化的无穷魅力。

"2018 狗年全球吉庆生肖设计大赛优秀作品展"于 2017 年 11 月 28 日至 12 月 3 日由北京市文化局联合中央美术学院、中关村工业设计产业协会等专业设计院校和机构在北京中华世纪坛联合举办。全球 30 余个国家和地

---

① 出境旅游人数：指经旅行社组织出境游客的实际人数，不重复统计。

区的 100 余所国内外优秀设计类院校及专业设计机构参展，共征集作品 3489 件。同时，该活动还特别邀请海内外知名设计师和设计机构代表的生肖设计作品同期参展交流。部分获奖作品还将被北京市文化局用于 2018 狗年"欢乐春节"海外文化宣传活动中，向世界讲述中国故事。北京文化品牌活动"全球吉庆生肖设计大赛"至今已成功举办了四届。

"鸡鸣东方"新春双城快闪活动是由北京市文化局和美国纽约市布鲁克林区政府支持、北京市对外文化交流事务中心主办、北京金烨菲林文化传媒有限公司和俏佳人文化传播有限公司联合承办的系列活动。2017 年 1 月，"唱响"鸡年的快闪活动分别在北京园博园、烟袋斜街等众多地标场所以及美国纽约街头举办。活动表达了两个友好城市的姐妹关系，推介春节文化走上街头，走出国门。

"日本小大使欢迎会"于 2017 年 10 月 18 日在北京举办。日本驻华大使馆以及北京市人民政府外事办公室、永旺 1% 俱乐部部分代表以及来自中日两国 140 名"小大使"出席了活动。2017 年 7 月，70 名中国高中生"小大使"曾访问日本，参观了日本的大学、品尝了日本的美食、体验了日本传统技艺以及现代科技发展。自 2009 年启动"小大使"交流活动以来，已经有近 1200 名中日学生参加了活动。学生们通过交流，学习语言，理解文化异同，从而为加强两国关系发挥积极作用。

"中国—中东欧国家文化艺术嘉年华"于 2017 年 9 月 29 日在北京园博园拉开帷幕。10 月 1~6 日，来自保加利亚、捷克、匈牙利、波黑等 11 个中东欧国家 14 个团组近 200 位中东欧国家的艺术家举行了民间歌舞、滑稽戏、儿童剧、流行乐、现代舞等 30 余场表演，各国还同时呈现了旅游文化展、手工非遗展和国际美食展等。此举有助于促进中国和中东欧国家在文化艺术领域的相互理解和交流合作。

2017 年北京还积极开展文化"走出去"的境外文化传播活动，创新活动形式，讲好中国故事，主要大型活动如下：

"欢乐春节"庙会活动分别于 2017 年 1 月 27 日（中国农历鸡年的除夕夜）和 1 月 29 日（农历大年初二）在芬兰首都赫尔辛基市和爱沙尼亚首都

塔林市举办。活动分别由北京市政府和赫尔辛基市政府以及北京市政府和塔林市政府共同主办。截至2017年，芬兰赫尔辛基"欢乐春节"庙会已连续举办11届，爱沙尼亚塔林"欢乐春节"庙会已举办8届。来自北京的艺术家们在庙会上带来民族舞、杂技、武术和国家级非物质文化遗产京西太平鼓等精彩表演。

除上述文化"走出去"的品牌化活动外，北京市还在友城德国科隆、捷克布拉格举办春节文艺演出和庙会；组织和参与了与驻美使馆和当地主流文化机构开展传统文化展示、中国新年家庭日等活动；在马德里中国文化中心、希腊雅典开展综合性文艺演出；首都图书馆与以色列、摩洛哥等国家的图书馆签署合作协议，在国外图书馆设置"阅读北京"图书专区等活动。根据北京市政府发布的《全面推进国际交往中心建设》数据，截至2017年底，出访国外及港澳台地区文化交流项目共有145批次，2761人次。

## 三　问题与建议

北京对外文化传播力的提升依靠的是首都文化中心和国际交往中心功能的建设发展，在提升文化影响力的同时方可提升文化的传播效果。文化是一个内涵丰富、复杂的概念，传播又涉及传播方与受众方，因此提升文化传播力需要多方的协调和努力，既要实现"走出去"，还要能够被对象国受众有效地接受。目前，随着首都功能建设的深化，北京对外文化传播在内容、渠道等方面都有了长足的发展，但依然存在很大的发展空间。

第一，北京应加大吸引更多国际高端资源在京集聚的数目。目前北京已有许多重要的国际组织，但是与世界其他一流城市相比，数目还远远不够，北京还需要吸引更多的高端国际组织和资源落户北京。同时，北京还需提高在京举办的国际会议、会展的规格，并借助外事外交以及民间外交不同层次、不同平台的活动提升北京文化影响力。

第二，北京要加大传播力的建设，力争传播渠道多元化。在文化传播过程中，北京要充分利用数字网络平台以及有影响力的社交网站等高科技手段，以便更易于让受众接受的方式传播北京历史以及文化艺术，让更多的人了解北京文化。同时，北京要注意在把我国核心文化价值观念有机地融入文化交流的过程中，注重对外文化传播的方式和途径，实现内容与形式的统一与结合，以增强文化传播的亲和力。

第三，针对北京对外文化传播的受众关注度不足的问题，我们应注意文化传播有效与否的决定性因素在于受众。当前文化传播中以传者为主体，对接受者的需求关注不足。而对外文化传播是一个双向互动的过程，我们不仅要对传播者的文化有充分的了解和自信，更需要对目标对象的文化类型有充分的了解，能够进行一定的分析研究和归类，要考虑不同文化下受众的接受力与接受喜好的差异性，避免无效传播。目前，北京文化"走出去"的活动在逐年增加，形式也日益多样化，但对活动的效果研究并不充分。因此，要想提高文化传播的效果，我们应当对传播对象国的文化差异有充分的了解和把握，只有如此，才能真正地提升传播效果，实现传播目的。

第四，北京对外文化传播的人才队伍建设有待进一步加强。虽然当前针对对外文化传播的人才培养主要集中在外语专业领域，并在传播学领域，如跨文化传播亦有所涉及，但这样的培养模式并无法满足对外文化传播的人才需求。对外文化传播领域的人才既要具备熟练掌握外语、熟知对外工作规则的专业素养，还需要对中国传统文化（包括历史、哲学、艺术等领域）知识以及传播学的部分知识有相当的储备，此外还要有文化差异的敏感性，以及具备较强的跨文化沟通能力。目前，部分市属高校开设了这样的人才培养实验班（如北京第二外国语学院英语学院的"对外文化传播实验班"），但是在课程模块的设置以及教师的配备方面尚存明显不足。因此，北京在人才方面还需要进一步挖掘和培养。

第五，我们应加强针对北京文化传播的研究。目前我们已有部分以北京为主题的前期研究，但数量不多。这些研究集中体现在由社会科学文献出版社出版的蓝皮书系列，其中与北京对外文化传播关系最为密切的是《北京文化发展报告》系列，该系列包含了从 2007 年起至今 10 年内北京文化年度发展状况。丛书中的 2007～2008 年，2008～2009 年，2009～2010 年三个系列主编为张泉；之后的系列主编均为李健盛。该系列中每种图书均有部分内容涉及文化传播，但所占篇幅不大。此外还有《北京经济发展报告》（2008～2017）、《北京社会发展报告》（2008～2017）、《北京公共服务发展报告》（2008～2017）、《北京社区发展报告》（2008～2017）、《北京旅游发展报告》（2012～2017）、《北京文化创意产业发展报告》（2012～2017）、《北京新闻出版广电发展报告（2016～2017）》等围绕北京专题的研究报告。除上述蓝皮书外，相关研究报告还包含由北京大学首都发展研究院推出的《首都发展报告2017》以及由北京第二外国语学院国际文化贸易研究中心推出的《首都文化贸易发展报告》（2008～2017）等。

　　此外，北京对外文化传播方面的学术论文数目也相对较少。在中国知网（CNKI）上输入"北京对外文化交流"或者"北京对外文化传播"的关键词，搜索结果为0；有关"北京文化'走出去'"的论文2017年为2篇，2016年2篇，2015年0篇；包含有"北京"与"国际交往"关键词或内容与之相关的研究论文共计6篇（2016～2017年）；包含有"北京""文化中心"且与首都功能相关的研究论文共计32篇（2016～2017年）；有关"北京文化符号"的研究2016～2017年共计1篇，2015年4篇，2014年3篇。从数量和质量上来看，学术研究与首都功能建设的规划实践相距甚远，远不能满足需求。

# 分　报　告

# 北京文化艺术的对外传播
# （2016~2017）*

**摘　要：** 文化艺术的对外传播是提升国家软实力、加强国际竞争力的重要途径。随着文化与艺术的融合，文化艺术服务市场逐渐形成了以文艺创作与表演服务、图书馆与档案馆服务、文化遗产保护服务等为主的市场形态。2017年北京地区演艺市场空前繁荣、精作涌现，引起了学术界的广泛关注，但对于其文化艺术对外传播的发展情况还亟待研究。本文主要梳理总结了2017年北京地区的文化艺术对外传播概况、对外传播方式，概括了2017年北京文化艺术服务市场的创新特点，以政府、企业组织为主要文化艺术对外传播主体并对其进行了翔实的案例分析。虽然2017年是文化艺术对外传播收获颇丰的一年，但这一历史任务仍然任重而道远。本文就北京地区文化艺术的对外传播，从政府管理、传播主体等层面提出相应建议。

* 程相宾，研究员，北京第二外国语学院国家文化发展国际战略研究院；李嘉珊，教授，常务副院长，北京第二外国语学院国家文化发展国际战略研究院。

**关键词：** 北京文化艺术　对外传播　文化艺术有效传播

# 一　北京文化艺术对外传播概况

北京作为全国文化中心城市，其文化艺术有着多年来的深厚积淀，代表着中华优秀传统文化的独特魅力，引导着全国各地区的文化艺术发展方向。除此之外，北京的文化艺术产业对外传播也承载着深刻含义，其文化软实力不仅体现在文化艺术作品本身所携带的文化元素上，还体现在地区文化艺术对外传播的能力以及影响力上。

## （一）北京文化艺术对外传播概念界定

随着中国文化与世界文化交流的不断加深，具有地域特色的文化艺术交流在不断推进，北京文化艺术的对外传播也大放异彩。

### 1. 文化艺术的概念及统计标准

在中国，"文化"一词古已有之。文化是一个群体（可以是国家，也可以是民族、企业或家庭）在一定时期内形成的思想、理念、行为、风俗、习惯以及由这个群体整体意识所辐射出来的一切活动。艺术是社会意识形态的一种，是人类实践活动的一种形式，也是人类把握世界的一种方式，艺术家按照美的规律塑造艺术形象。艺术起源于生产劳动并渗透到人类活动的各个方面，是人类自由创造能力的体现。形象性与审美性是艺术作品最突出的特征，它在发展过程中早已成为独立的精神活动领域。[①]

在当代，"文化"与"艺术"逐渐融合，但对"文化艺术"概念的界定一直没有可靠的依据。根据中国传统文化艺术分类，文化艺术涵盖书法、中国画、京剧脸谱、皮影戏、唐诗宋词、四大名著、诸子百家等；当代文化艺术包括文学、绘画、雕塑、建筑、音乐、舞蹈、戏剧、电影、曲艺、工艺

---

① 陈岸瑛：《重新定义艺术》，《文艺理论研究》2015 年第 6 期。

等，可见文化艺术具有种类多、涵盖广的特点。

2012年7月31日，国家统计局发布的《文化及相关产业分类（2012）》对"文化艺术"的概念做了详细界定，包括以下七大类：

（1）文艺创作与表演服务

（2）图书馆与档案馆服务

（3）文化遗产保护服务

（4）群众文化服务

（5）文化研究和社团服务

（6）文化艺术培训服务

（7）其他文化艺术服务

2. 文化艺术对外传播的概念及意义

国际传播是一种在世界上舆论国家形象、价值等方面信息的交流活动。从某一个国家角度出发的国际传播又被称为对外传播。按照学界的理论，对外传播有狭义和广义之分，广义的国际传播，指政府、组织、群体和个人从事跨越国界的信息传递，包含一切形式的交流互动；狭义的对外传播，是指依靠大众传播媒介进行的跨越国界的信息传递，不涉及人际传播和人际互动。[①]

本章所探讨的对外传播，主要研究和总结2017年文化艺术创作与表演服务、图书馆和档案馆服务、文化遗产保护服务三个范围内的对外传播活动，包括"走出去"的北京政府、企业、主流媒体、社会组织和个体与国际的一切交流互动进而传播自身形象、价值的行为。

对于国际上的文化传播战略，李艳以美国为例，认为"利用文化力量传播，美国意使本国的信仰与理念得到认同，实现自己的国家利益，一直都是美国的文化战略。文化产品体现着本民族的价值取向与思想意识，文化产品的输出不仅可以取得丰厚的商业回报，还可以推行美国的价值观念与民主制度，达到影响其他国家和民族政治、经济与意识形态的目的"。[②]

---

① 王廷信：《中国艺术海外传播的国家战略与理论研究》，《民族艺术》2017年第2期。

② 李艳：《以好莱坞电影为借鉴的中国文化对外传播策略浅析》，《文化艺术研究》2013年第23期。

　　如何解释中国传统文化艺术对外传播的重要性，杨凯认为："在国家形象的塑造中，文化形象相当重要，不仅因为它与政治、外交等因素一起构成了约瑟夫·奈所定义的软实力，更因为文化传播所包含的政治意味较隐蔽，遭遇的阻力较小，因而成为国家形象构建策略中的重要组成部分。作为国家文化形象构建的子系统，区域文化形象的塑造和对外传播，除了服务于国家整体形象，还直接提升区域竞争力，带来区域利益。因而，区域文化形象的塑造和传播也随着中国国家形象构建意识增强而成为一个趋势"。①

　　所以，文化艺术对外传播是时代与社会发展的一种必然趋势。通过文化艺术的对外传播，可以带动经济与贸易的发展、促进科学与技术的进步，塑造国家软实力，提升国际竞争力，最终促进人类社会的进步。总的来说，文化艺术对外传播注重的是对外传播中的以下几个方面：

　　第一，对外传播的基础。认同感是文化艺术对外传播的基础，文化艺术只有被世界充分接受，才能证明它真正具有民族性。如果我们国人自己都不喜欢本国的文化艺术，那必然也得不到国际友人的认同和接受。

　　第二，对外传播的意图。其一，促进他国艺术的发展，比如把京剧传到美国和英国去，促进京剧在当地的发展；其二，复兴本国的传统艺术；其三，扩大国家形象与影响力，展示国家形象，提升国家文化软实力；其四，综合发展，促进本国经济、社会、科技的进步，增强综合国力。

　　第三，对外传播的途径。一方面，以我们自身为主体，把我们的剧目和画作推广到国外，参加演出和展览；另一方面，如果外国人能够加入到中国文化艺术的对外传播中来，那他们也能算作是中国文化艺术对外传播的一个主体。同时，外国媒体也是文化艺术对外传播的一个重要力量，甚至有时候我国文化艺术对外传播的最终有效性很大程度上依赖于西方媒体对它的构建。此外，其他的传播途径还包括网

---

　　① 杨凯：《区域文化对外传播的问题与对策》，《对外传播》2014年第11期。

络传播、媒体传播（国内外媒体、电视）、印刷传播（图书、报纸、杂志）、舞台剧、展览等。

### （二）北京文化艺术对外传播的发展背景

#### 1. 文化艺术发展政策及相关重大活动

为深入贯彻十八大和十八届三中、四中、五中、六中全会精神，深入贯彻习近平总书记系列重要讲话精神，全国人大常务委员会、文化部、北京市文化局先后出台了文化产业、文化艺术服务方面的相关政策，如表1所示。

**表1　2017文化艺术政策汇总**

| 日期 | 出台政策 | 印发部门 |
| --- | --- | --- |
| 2016年12月29日 | 《文化部"一带一路"文化发展行动计划(2016~2020年)》 | 文化部 |
| 2017年3月1日 | 《中华人民共和国公共文化服务保障法》 | 全国人大常务委员会 |
| 2017年4月11日 | 《文化部关于推动数字文化产业创新发展的指导意见》 | 文化部 |
| 2017年4月19日 | 《文化部"十三五"时期文化产业发展规划》 | 文化部 |
| 2017年7月19日 | 《北京市非物质文化遗产保护条例》 | 北京市文化局 |
| 2017年7月6日 | 《创建首都公共文化服务示范区过程管理规定(试行)》 | 北京市文化局 |
| 2017年11月4日 | 《中华人民共和国公共图书馆法》 | 全国人大常务委员会 |

2016年12月29日，文化部印发《文化部"一带一路"文化发展行动计划（2016~2020年）》。2017年4月11日，文化部印发了《文化部关于推动数字文化产业创新发展的指导意见》，指导意见显示，我国文化产业发展相关试点创建成效显著。2017年4月19日，文化部印发了《文化部"十三五"时期文化产业发展规划》，这表明，文化产业发展的顶层设计在不断完善，文化产业投融资体系健康有序运转，以及文化服务平台和基础建设不断加强。文化部提出，要推进文化产业园区建设和企业发展工作会议，明确新时代文化产业发展思路，以推进园区建设和企业发展为抓手，推动文化产业健康持续发展。

**表2 2017文化艺术方面的重大活动**

| 时间 | 活动 | 参加国 |
|---|---|---|
| 2017年3月23日 | "北京之夜" | 莫桑比克、坦桑尼亚、阿联酋 |
| 2017年5月14日 | "一带一路"国际合作高峰论坛 | "一带一路"沿线国家 |
| 2017年6月28日 | 亚信非政府论坛第二次会议文艺演出任务 | 亚信成员国、观察员国 |
| 2017年9月15日 | 第二届中国—中东欧国家"16＋1"首都市长论坛 | 黑山 |
| 2017年9月17日 | 贝尔格莱德"北京日" | 塞尔维亚 |
| 2017年9月27日 | "中国—中东欧国家文化艺术嘉年华" | 保加利亚、拉脱维亚、捷克、斯洛文尼亚、波黑等 |
| 2017年10月8日 | 渥太华"北京周" | 加拿大 |
| 2017年11月17日 | "北京活动周" | 哈萨克斯坦 |

如表2所示，2017年北京举办的几项重大外交活动为文化艺术对外传播提供了有力支撑：成功组织的"一带一路"国际合作高峰论坛，向各国展示了故宫、御花园、文化展演活动及国家大剧院文艺演出；完成亚信非政府论坛第二次会议文艺演出任务；成功赴莫桑比克、坦桑尼亚、阿联酋等国举办"北京之夜"文艺演出；配合第二届中国—中东欧国家"16＋1"首都市长论坛，开展贝尔格莱德"北京日"、渥太华"北京周"、哈萨克斯坦阿斯塔纳世博会"北京活动周"等系列文化活动；共11个国家14个团组近200位中东欧国家的艺术家参加了在园博园举办的"中国—中东欧国家文化艺术嘉年华"。这是"中国—中东欧国家文化季"系列活动中参与国家最多、规模最大的项目。

2. 文艺创作涌现，国际品牌凸显

2017年北京市举办营业性演出24557场，吸引观众1075.8万人次，演出收入17.17亿元，实现逐年稳步增长。2017年北京市14家文艺院团（含国家大剧院）新创剧目28台，复排加工剧目6台。其中，重点主题创作成果显著，如围绕建军90周年、喜迎党的十九大等时间节点，推出一批凸显古都文化、红色文化、京味文化、创新文化的文艺精品（见表3）。

表3　2017年北京市部分文艺精选作品

| 创作单位 | 作品名称 |
| --- | --- |
| 北京京剧院 | 《大宅门》《狼牙山》《季子挂剑》 |
| 北京人艺 | 《玩家》《大讼师》 |
| 北京市河北梆子剧团 | 《春秋笔》 |
| 北京戏曲艺术职业学院 | 《谁共白头吟》 |
| 北方昆曲剧院 | 《赵氏孤儿》 |
| 北京市曲剧团 | 《花落花又开》 |
| 北京风雷京剧团 | 《缂丝箭衣》 |
| 北京凌空评剧团 | 《潮白人家》 |
| 北京交响乐团 | 《京杭大运河》《海坨戴雪》 |
| 北京市京昆文化艺术团 | 《大钊先生》 |

　　2017年，北京推出的文艺精选作品包括，北京京剧院策划创排历史题材京剧《大宅门》、革命历史题材京剧《狼牙山》、小剧场剧目《季子挂剑》；北京人艺改编创作话剧《大讼师》；北京市河北梆子剧团创作演出河北梆子《春秋笔》；北京戏曲艺术职业学院创作演出小剧场京剧《谁共白头吟》；北方昆曲剧院创排大戏《赵氏孤儿》；北京市曲剧团策划创排京味儿作品《花落花又开》；北京风雷京剧团策划创排话剧《缂丝箭衣》，该剧跨界融合了京剧和话剧元素；北京凌空评剧团出品评剧《潮白人家》等。北京交响乐团开展以2022年冬奥会为主题的交响乐《海坨戴雪》、以"一城三带"为主题的交响乐《京杭大运河》的创作工作，使舞台艺术水平得到进一步提高。此外，中国评剧院创作的评剧《母亲》荣获全国第十四届精神文明建设"五个一工程"奖；北京人艺创作的话剧《玩家》入选"2017年度全国舞台艺术重点创作剧目名录"；京剧《颜真卿》、北京曲剧《花落花又开》、河北梆子小戏《喜荣归》入围文化部戏曲剧本孵化计划，其中《颜真卿》《花落花又开》获得一类资助；北京市京昆文化艺术团创作的京剧《大钊先生》参加了文化部组织的2017年全国基层院团戏曲会演。

　　北京市不仅在新创剧目方面硕果累累，而且在为树立中国品牌"走出去"的"欢乐春节"活动方面也取得了显著成效。2017年，"欢乐春节"在全球140多个国家和地区的500余座城市举办了2000多项文化活动，海外受众总人数突破 2.8 亿人次，全球参与城市和人数再创新高，其中市场化运作项目达 500 余项，占项目总数的 1/4，海内外合作企业近 230 家。北京在赫尔辛基连续举办"欢乐春节"11 年，在爱沙尼亚塔林连续举办 8 年，这成为文化"走出去"品牌化、本土化、精品化的成功范例。此外，"欢乐春节"活动还包括在友城德国科隆、捷克布拉格举办春节文艺演出和庙会；与驻美使馆和当地主流文化机构开展传统文化展示、中国新年家庭日等活动；在西班牙马德里中国文化中心、希腊雅典开展综合性文艺演出。同时，北京还培育特色文化交流品牌，举办"2018 全球吉庆生肖设计大赛（戊戌狗年）"，全球范围征集作品 3489 件；在北京和纽约的地标性建筑举办"鸡鸣东方"新春双城快闪活动。至此，"欢乐春节"品牌效应逐步形成。

### 3. 图书馆与档案馆服务体系逐步完善

2017 年 11 月 4 日，中国第一部图书馆专门法《中华人民共和国公共图书馆法》出台，该法对公共图书馆的建设、运行、服务、管理和保障等都做出了具体规定，具有深远影响和里程碑意义。《中华人民共和国公共文化服务保障法》于 2017 年 3 月 1 日起施行，这是文化立法的一个重大突破。公共文化领域与群众文化生活密切相关，涵盖范围广，包括图书馆、博物馆、文化馆、美术馆、科技馆、纪念馆、体育场馆以及各种文化活动中心。此法的实施弥补了我国文化立法的短板，进一步完善了我国文化法律体系，对推进我国文化服务事业具有重大意义。

对于图书馆和档案馆服务的对外传播而言，提高自身公共文化服务设施建设是基础，加强公共文化服务基建是保障。北京市对图书馆和档案馆服务的建设正处于基础阶段。为推进文化馆图书馆总分馆制建设，北京市印发实施了《推进文化馆图书馆总分馆制实施方案》，确定北京市首都图书馆、北京群众艺术馆、东城区第一图书馆、朝阳区图书馆、石景山区图书馆、延庆区文化馆为法人治理结构改革试点单位。2017 年 7 月 6 日，由北京市政府制定的《创建首都公共文化服务示范区过程管理规定（试行）》，指导海淀区完成第三批国家公共文化服务体系示范区中期迎检工作，督导石景山区、房山区创建第三批国家示范项目。石景山区、西城区、门头沟区获得第四批国家示范项目创建资格，这将推动石景山区、丰台区、房山区、大兴区、通州区创建首都公共文化服务示范区。

4. 文物保护和利用水平不断提高

北京是全国的政治文化中心，其文化遗产数不胜数，因此，加强北京市文物保护工作是文化遗产保护服务的重中之重。为贯彻落实习近平总书记关于文物工作的重要批示指示精神，深入落实国务院《关于进一步加强文物工作的指导意见》，北京市文化局特编制"革命文物保护传承五年行动计划"，使文物合理适度利用不断加强，文物安全监管与执法工作切实改进，文物对外和对港澳台交流合作不断深化，中华典籍整理工程和国家清史纂修工程等方面取得新成效。

北京市非物质文化遗产（简称"非遗"）保护传承工作成效明显。2017年7月21日，北京市文化局推进《北京市非物质文化遗产条例》的立法工作，开展历史文化名城保护工作，配合牵头部门制定大运河文化带、西山永定河文化带、长城文化带保护建设规划、五年行动计划及年度工作计划，明确市文化局承担工作及目标任务等。此外，北京市文化局还梳理大运河文化带沿线各区非遗资源，拟定《北京段大运河非物质文化遗产名单》（征求意见稿），包括民间文学、民俗等类别的直接项目和辐射项目共计43项，用好国家级和市级非物质文化遗产保护专项资金，支持21个国家级非遗代表性项目、75位国家级代表性传承人和262位市级代表性传承人开展非遗保护传承工作，支持清华大学、北京大学等5所高校开展了17期中国非遗传承人群研修研习培训。

表4  2017北京市非遗项目参加活动汇总

| 举办时间 | 活动名称 | 参与地区 |
| --- | --- | --- |
| 2017.5.29 | 北京市第四届"非遗大观园" | 北京市等 |
| 2017.6.10 | 第六届中国成都国际非物质文化遗产节 | 柬埔寨、赞比亚 |
| 2017.9.1 | "魅力非遗——第二届上海合作组织夏令营·非物质文化遗产交流体验"活动 | 中国、俄罗斯、哈萨克斯坦、白俄罗斯、阿富汗、巴基斯坦、尼泊尔、柬埔寨、土耳其、伊朗 |

| 举办时间 | 活动名称 | 参与地区 |
|---|---|---|
| 2017.12.11 | 海上丝绸之路非物质文化遗产展 | 越南、尼泊尔、突尼斯、伊朗、土耳其等 |
| 2017.12.27 | 2017 北京非物质文化遗产时尚创意设计大赛 | 北京市 |
| 2017.12.30 | 第三届中国—中东欧国家文化合作部长论坛 | 中东欧 16 国 |

在完成文化遗产保护服务基建工作基础之上，2017 年北京市也开启了文化遗产保护服务的对外传播，带领北京的非遗技术、非遗文化走出国门、面向世界（见表 4）。在"一带一路"国际合作高峰论坛、美国总统特朗普来访等重大政治外交活动中，北京市举办了北京非遗技艺展示，习近平主席亲自向特朗普总统介绍景泰蓝制作技艺并参与互动；组织非遗项目参加"欢乐春节"、第三届中国—中东欧国家文化合作部长论坛等重大文化服务活动；参与主办"魅力非遗——第二届上海合作组织夏令营·非物质文化遗产交流体验"活动。此外，北京市还借助国内非遗主题大型活动加强交流，组织非遗项目参加第六届中国成都国际非物质文化遗产节、海上丝绸之路非物质文化遗产展，支持各区举办市级非遗专题活动，如西城区举办的 2017 北京非物质文化遗产时尚创意设计大赛，延庆区举办的北京市第四届"非遗大观园"端午游园会等，以增强非物质文化遗产现代传承的活力。

**表 5  2017 年已完成的非遗著作**

| 著作名称 |
|---|
| 《北京非物质文化遗产图典》 |
| 《北京志·非物质文化遗产志》 |
| 《北京非物质文化遗产传承人口述史》 |
| 《中国昆曲（北方）史稿》 |
| 《昆音笛技传承》 |

此外，北京市于 2017 年完成了涵盖北京地区全部市级非遗名录的专著《北京非物质文化遗产图典》的实地访录和图文编辑工作；启动了孙森等 10

位国家级非遗代表性传承人抢救性记录工作；完成《北京志·非物质文化遗产志》初稿，系统地梳理、记录了北京非遗代表性项目以及从发端至2010年的非遗保护工作；完成了《北京非物质文化遗产传承人口述史》（5册）的编辑出版；完成联合国教科文组织"人类非遗代表作名录"项目昆曲，并完成《中国昆曲（北方）史稿》《昆音笛技传承》等4部图书的出版；完成全市抢救性征集非遗代表性传承人实物作品319件入藏首图工作，汇总统计情况如表5所示。

5. 群众文化活动日益丰富

群众文化活动也是文化艺术服务市场中的一部分，2017年群众文化活动日益丰富，工作机制持续完善，惠民政策大力推行。群星奖获奖作品及优秀作品全国巡演1900余场，现场观众476.3万人次。全年举办各类文化活动2.4万场次，参与群众3100万人次。"群众演、演群众、群众看"已成为首都一道亮丽的风景线。丰富的群众文化活动主要体现在以下几方面。

第一，着力完善公共图书馆服务体系。一是健全配送体系，全年配送图书253万册，制定基层图书馆（室）选配书目（市级）和选配办法；二是推进公共图书馆资源社会共享，提高基层图书服务效能；三是着力完善公共图书馆公益演出体系，组织开展"文艺演出星火工程""周末场演出计划""百姓周末大舞台"等公益惠民演出活动超万场。

第二，开展各种惠民活动。一是实施惠民低价票政策。2017年55个剧场共推出惠民低价票演出2721场；择优补贴演出1856场，比上年（1365场）增长35.97%；补贴低价票23.3万张，受益观众达60余万人。支持"阅读北京·十佳优读空间——百姓身边的基层图书室"推优活动。二是继续扩大"首图讲坛""换书大集""市民读书计划"等品牌文化活动，"以互联网＋志愿服务"模式开展青少年经典导读活动。三是开展首都市民系列文化活动，围绕"歌唱北京""舞动北京""戏聚北京""艺韵北京""影像北京"和"阅读北京"六大板块，形成四级联动机制，带动市、区、乡镇（街道）和行政村（社区）四级文化品牌活动联动开展。

第三，采取政府购买服务方式。一是"文化＋互联网"的方式扩大了"2017文化惠民逛庙会"活动的影响力，北京市人民政府通过微信平台向市民免费发放30万张庙会门票，抢票率100%，吸引市民参与人数达372万人次，满意度为99%。二是采用"政府＋剧作院团＋公共文化服务机构"的合作模式，创办首都市民音乐厅，为市民欣赏高雅艺术提供新的平台，全年演出65场，剧场观众5万人次，网络观众达400万人次。

### （三）北京文化艺术对外传播的发展现状

从2017年北京市文化服务业的营收状况来看，北京市文化艺术服务业营业收入达323.4亿元（见图1）。从文化服务行业整体数据来看，文化艺术服务行业在文化及相关行业中的营业收入绝对额占比较低，这主要是由于本行业服务以提供社会公共服务为主，同时也提示该行业所具有的产业性发展空间巨大。

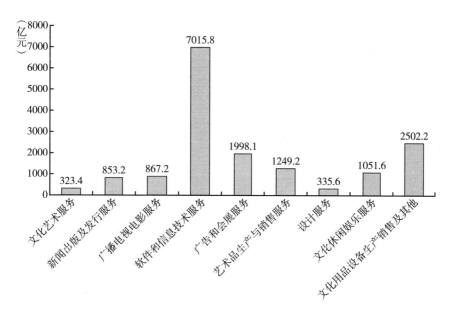

**图1  2017年度北京市文化创意及相关产业营收状况**

资料来源：北京市统计局。

截至 2017 年 8 月底，北京市票房总收入为 21.6 亿元（如表 6 所示），比 2016 年同期增加 0.75 亿元，同比增长 3.6%。其中，2017 年 1 ~ 2 月票房收入 5.33 亿元，同比增长 - 10.12%；2017 年 1 ~ 3 月，票房收入 7.39 亿元，同比增长 - 15.45%。2017 年 1 ~ 4 月票房收入 10.05 亿元，同比增长 - 5.90%。2017 年 1 ~ 5 月票房收入 12.5 亿元，同比增长 - 2.72%。2017 年 1 ~ 6 月票房收入 14.94 亿元，同比增长 - 3.74%。2017 年 1 ~ 7 月票房收入 17.8 亿元，同比增长 - 2.73%。2017 年 1 ~ 8 月票房收入 21.6 亿元，同比增长 3.6%。纵观 2017 年，北京市演出行业不断升温，市场规模不断扩大，同期差距不断缩小，发展空间巨大。

表 6  北京市 2016 年和 2017 年 1 ~ 8 月票房累计收入情况

单位：亿元，%

| | 时期 | 2017 年 | 2016 年 | 同比增长率 |
|---|---|---|---|---|
| 电影票房累计收入 | 1 ~ 2 月 | 5.33 | 5.93 | - 10.12 |
| | 1 ~ 3 月 | 7.39 | 8.74 | - 15.45 |
| | 1 ~ 4 月 | 10.05 | 10.68 | - 5.90 |
| | 1 ~ 5 月 | 12.5 | 12.85 | - 2.72 |
| | 1 ~ 6 月 | 14.94 | 15.52 | - 3.74 |
| | 1 ~ 7 月 | 17.8 | 18.3 | - 2.73 |
| | 1 ~ 8 月 | 21.6 | 20.85 | 3.60 |

资料来源：北京市新闻出版广电局（现为北京市广播电视局和北京市新闻出版局）。

1. 文艺创作与表演服务的对外传播

根据 2017 年北京市演出市场的数据统计资料（来自北京演出行业协会以及相关票务公司、演出机构提供的部分演出市场有关信息），2017 年北京市营业性演出场次共计 24557 场；观众人数共计 1075.8 万人次；演出票房收入共计 17.17 亿元，比 2016 年同期略有增长，增幅为 0.2%。演唱会、话剧演出票房突出，音乐会、旅游驻场演出略有下降。

其中，国外演出团体来京演出交流频繁，这意味着北京市文化艺术的国际合作方面在逐步扩大。2017 年，国外文艺表演团体及个人在京演出共

1301 场，观众数量为 90.7 万人次，票房收入达 1.98 亿元。2017 年 5 月，北京市文化局审批并向外商独资演出经纪机构——龙之传奇（北京）国际艺术有限公司颁发首张外商独资的《营业性演出许可证》，这意味着本市文化领域服务业扩大对外传播工作取得实质性进展，这是推动文艺演出市场政策经营管理创新的重大举措。

2017 年北京地区文艺创作表演服务的对外传播实现了两大壮举。一是举办第四届"世界互联网大会·乌镇峰会"的"包容互鉴：网上文化交流共享"分论坛。这是一场盛大的文化艺术交流活动，将"互联网 + 文化"思潮传播到美、英、日等国，与来自中国、美国、英国、爱尔兰、意大利、日本、韩国等国的政府、企业、学界及社会组织嘉宾共同探讨网上文化交流合作的新思路、新实践，推进各国网络文化包容、借鉴、互通的新征程；二是组织第八届"海之声"新年演出季。该活动荟萃了俄罗斯莫斯科州俄罗斯芭蕾国家剧院、匈牙利柯达伊爱乐乐团、澳大利亚悉尼歌剧院、意大利爱乐乐团、美国好莱坞电影乐团等国外知名艺术团体，使其与中央芭蕾舞团、中国儿童艺术剧院、中央民族歌舞团、北京市曲剧团、北京京剧院、南京市越剧团、黑龙江省同江市歌舞团等产生文化艺术碰撞的火花、充分进行文化艺术交流，将中国的文艺创作表演服务与众多国际文化进行碰撞与交融。2017 年，共计 89 项 329 场国内外演出节目在北京市海淀区的 12 个演出场所轮番上演。

2. 图书馆服务的对外传播

2017 年图书馆服务发展现状通过调查海外馆藏数量、海外影响力等指标来统计描述。根据《2017 中国图书海外馆藏影响力报告》，从海外图书馆藏数据视角，以中文图书这一文化标志在全世界的文化地理分布情况来分析，当一个国家、地区的图书馆服务系统拥有越多的中文图书馆藏，这就意味着中华文化在这个国家、地区的传播影响力越大。同时，这种影响力的构成也包含思想价值、学术水平、作者知名度、出版机构品牌等各种因素的综合考量。

根据表 7 北京地区 8 家出版机构的海外馆藏影响力排名，北京地区已经形成了一批具有一定品牌效应的世界影响力核心队伍，在国际品牌、学科领域等方面取得了显著成效，这些核心品牌出版社已经成为中国文化"走出去"事业的中坚力量。从另一个角度来说，上榜出版社也是海外学界和图书馆界眼中具有较强知识生产能力的代表机构。

表7　2017年北京地区部分海外馆藏影响力排名

| 排名 | 出版社名称 | 与2016年相比排名上升 | 进入海外图书馆系统品种数 |
| --- | --- | --- | --- |
| 1 | 中国社会科学出版社 | ↑ | 926 |
| 2 | 社会科学文献出版社 | ↑ | 862 |
| 3 | 科学出版社 | | 716 |
| 4 | 中华书局 | ↑ | 538 |
| 5 | 人民出版社 | ↑ | 535 |
| 6 | 法律出版社 | | 525 |
| 7 | 化学工业出版社 | | 469 |
| 8 | 北京大学出版社 | ↑ | 441 |

资料来源：《2017年中国图书海外馆藏影响力报告》。

通过整理2015～2017年北京地区出版社海外影响力排名（见表8），可以看到中国社会科学出版社、社会科学文献出版社、科学出版社、人民出版社、法律出版社、化学工业出版社稳居前8名。相比2015年和2016年的排名，2017年这8家出版社加强了以图书为媒介进行对外传播的贡献力，其中华书局在对外传播的过程中进步最大，从2016年的11名跃居到第4名，这说明各家出版社也在加快文化艺术对外传播的步伐。

表8　连续三年名列前茅北京地区图书海外馆藏影响力出版社

| 排名 | 出版社名称 | 2017年排名 | 2016年排名 | 2015年排名 |
| --- | --- | --- | --- | --- |
| 1 | 中国社会科学出版社 | 1 | 2 | 2 |
| 2 | 社会科学文献出版社 | 2 | 3 | 3 |
| 3 | 科学出版社 | 3 | 1 | 1 |
| 4 | 中华书局 | 4 | 11 | 10 |
| 5 | 人民出版社 | 5 | 8 | 7 |
| 6 | 法律出版社 | 6 | 4 | 4 |
| 7 | 化学工业出版社 | 7 | 5 | 17 |
| 8 | 北京大学出版社 | 8 | 13 | 5 |

资料来源：《2017年中国图书海外馆藏影响力报告》。

从表9的出版社排名可发现，北京时代华文书局一跃而起，跻身百强，中国友谊出版公司从去年的200名进入65名，中国大百科出版社从去年的196名进入80名。除这两家在北京的出版机构之外，2017年在窄口径统计下新进入百强的35家出版社，大部分为地方出版社或者专业出版社。

**表9　2017年新进入海外影响力TOP100的出版社**

| 排名 | 出版社名称 | 2017年排名 | 2016年排名 |
| --- | --- | --- | --- |
| 1 | 北京时代华文书局 | 34 | 新上榜 |
| 2 | 中国友谊出版公司 | 65 | 200 |
| 3 | 河北少年儿童出版社 | 73 | 149 |
| 4 | 哈尔滨出版社 | 75 | 135 |
| 5 | 大象出版社 | 76 | 178 |
| 6 | 台海出版社 | 79 | 159 |
| 7 | 中国大百科全书出版社 | 80 | 196 |
| 8 | 群言出版社 | 8 | 146 |

资料来源：《2017年中国图书海外馆藏影响力报告》。

以贾平凹的小说《极花》为例，该书被收入海外图书馆的地区分布如图2所示，其中澳大利亚有18家图书馆收藏该书，加拿大、瑞士、新西兰、新加坡等有极少量图书馆收藏该书，美国有49家图书馆收藏该书，位居第一。

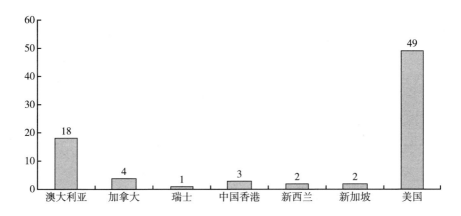

**图2　海外图书馆收藏《极花》的地区分布**

资料来源：《2017年中国图书海外馆藏影响力报告》。

总的来看，北京地区的这些出版机构，无论是已经具有一定世界地位的海外馆藏影响力出版社，还是初步具备海外馆藏影响力的出版社，都在以自身的方式通过扩大海外馆藏影响力进行文化艺术对外传播。从学术、教育角度来看，以品牌影响力占领海外图书馆藏机构的作用力、传播力特征越来越明显；从文学、艺术等角度来看，因文化艺术具有的独特出版资源而扩大海外馆藏市场的趋势越来越突出。对中国图书海外馆藏的研究分析，能帮助中国的图书产品真正走到国际主流社会，走进主流国家、主流语种和主流图书馆。

3. 文化遗产保护的对外传播

文化遗产的保护主要围绕文物和非物质文化遗产、博物馆、烈士陵园等方面展开。为深入落实 2016 年国务院印发的《关于进一步加强文物工作的指导意见》，北京市于 2017 年多次举办"文化周""文化日"等活动。但北京地区文化遗产方面的对外传播仍处在初期阶段，未形成文化艺术输出的盛大局面。根据北京市文化局 2017 年文化艺术对外传播事件汇总（见表 10），北京地区文化遗产对外传播现阶段主要通过展览、合作交流的方式向他国介绍北京地区的文化遗产。

**表 10　2017 年北京市文化局文化艺术对外传播事件汇总**

| 传播方式 | 具体事项 | 传播地区 |
|---|---|---|
| 展览 | 首都博物馆接待国际博物馆协会主席 | 慕尼黑、巴伐利亚、法国、马来西亚 |
| 展览 | 首都博物馆接待匈牙利国家博物馆馆长一行 | 匈牙利 |
| 展览 | 加拿大博物馆协会到访首都博物馆 | 加拿大 |
| 展览 | 中日韩联合国协会会长三边会议代表团到访首都博物馆 | 中国、日本、韩国 |
| 展览 | 泰国军队最高司令素拉蓬上将一行参访首都博物馆 | 泰国 |
| 展览 | 土耳其伊斯坦布尔市代表团到访市文物局 | 尼泊尔 |
| 展览 | 美国弗利尔与赛克勒美术馆馆长一行到访首都博物馆 | 美国 |
| 展览 | 巴黎市博物馆联盟代表一行到访首都博物馆 | 法国 |
| 交流 | 瑞士卢加诺市高等学校文化交流团到北京西山大觉寺管理处参访 | 瑞士 |

续表

| 传播方式 | 具体事项 | 传播地区 |
| --- | --- | --- |
| 展览 | 南加州大学亚太博物馆馆长喻瑜来到首都博物馆参访 | 美国 |
| 展览 | 老舍纪念馆参与主办的"中华名人展"在温哥华圆满举办 | 加拿大 |
| 展览 | 首都博物馆接待智利参议员 | 智利 |
| 合作 | 澳大利亚维多利亚博物馆与首都博物馆签署合作备忘录 | 澳大利亚 |

资料来源：北京市文化局。

表10介绍了2017年国际博物馆协会主席、匈牙利国家博物馆馆长一行、加拿大博物馆协会、中日韩联合国协会会长三边会议代表团、泰国军队最高司令素拉蓬上将一行、美国弗利尔与赛克勒美术馆馆长一行、巴黎市博物馆联盟代表、南加州大学亚太博物馆馆长、智利参议员来首都博物馆参观，通过向对方介绍"燕地青铜艺术精品展""古代玉器艺术精品展""老北京民俗""京城旧事·老北京民俗展""古代瓷器艺术精品展""古代佛像艺术精品展""古都北京·历史文化篇""燕地青铜艺术精品展"等展览，意在加强展览合作及人员交流，促进中国与他国文化发展，传播古老中华文明。

瑞士卢加诺市高等学校文化交流团来到北京西山大觉寺管理处开展文化交流活动，西山大觉寺向文化交流团传播了传统文化艺术——大觉寺的古文化、品茶、学习书写毛笔字；老舍纪念馆参与主办的"中华名人展"在温哥华圆满举办。此次展览展出20世纪包括老舍、宋庆龄、李大钊、鲁迅、郭沫若、茅盾、梅兰芳和徐悲鸿8位文化名人的生平和事迹，海外媒体如加拿大《星岛日报》、城市知道、都市、温哥华天空等报纸、网站、电视台等媒体均对此予以报道。2017年度北京地区文化遗产保护取得的最大成就是首都博物馆与澳大利亚维多利亚博物馆签署合作备忘录，双方就未来在展览、人员、技术等方面进行了深入的交并交换了意见。该合作意向书的签署意味着文化遗产保护对外传播将开启一个良好的开端。北京地区文化遗产保护的对外传播应打造出更多的中国文化活动，以便未来更好地开展国际性文化合作交流。

## （四）北京文化艺术对外传播方式

当今世界文化艺术对外传播的途径在与时俱进。一方面，我国自身作为文化艺术对外传播的主体，促使本国的文化艺术"走出去"，把我们的剧目和画作推广到国外参加演出和展览；另一方面，外国人加入到中国文化艺术的对外传播中间来，以他人为中国文化艺术对外传播的主体。文化艺术的对外传播方式按照传播媒介可分为以下四类：传统媒体传播（印刷、广播、电视）、网络传播、民间艺术交流活动（舞台剧、展览）、文旅传播，其中传统媒体传播包括印刷传播（图书期刊、报纸、杂志）、电视传播等，互联网传播是新兴媒体，文旅传播是新趋势。本节基于以上四种传播途径，对北京文化艺术对外传播现状进行分析。

### 1. 传统媒体传播

在对外传播媒介中，传统媒体以其针对性强、图文并茂、包容量大、易于保存、阅读方便等特点，发挥着其他媒体无法替代的重要作用。时至今日它仍然是许多发展中国家，如坦桑尼亚、埃塞俄比亚、孟加拉、巴基斯坦、印度等国接受外部信息最重要的来源，依然是教育程度不高、经济不发达地区最主要的大众传媒。我国文化艺术等各行各业的即时信息传播到海外的传统媒体主要分以下三类①：

一是中国外文出版发行事业局（简称"中国外文局"）下属的期刊社和出版社，《中国日报》及其下属的报刊，以《人民日报》为首的面向国内传播但同时也具备国际传播功能的其他报纸、杂志。

二是广播媒体。在当今互联网取代纸质图书的质疑声下，广播在文化艺术等各行各业信息对外传播中，仍具有自己的优点，比如传播迅速、收费低等。我国文化艺术等各行各业信息对外传播的主流媒介是中国国际广播电台，它是我国拥有海外受众最多、影响最大的国际广播机构之一。中国国际广播电台通过与美国、俄罗斯、英国、加拿大、巴西等 10 多个国家的电台

---

① 吴立斌：《中国媒体的国际传播及影响力研究》，博士学位论文，中共中央党校，2011。

合作，使其服务涵盖了北美、欧洲、拉美和非洲等地区。

三是电视媒体。电视被称作是广播和电影相结合的产物。在对外传播方面，电视节目声像栩栩，补充了广播只能听声音的不足，电视媒体新闻传播速度快，节目感官体验强，并且有着极强的感染力和说服力。中国中央电视台中文国际频道是我国第一个面向全球观众24小时播出的对外窗口，随后中央电视台又陆续开播了英语、西班牙语、法语等国际频道。电视媒体虽然不如新兴媒体发展迅猛，但一直在对外传播中坚守自己的岗位，不断将中国的时事政治、剧作经过翻译加工后传播到世界各地。

2. 网络传播

移动互联网终端的不断发展丰富了文化传播渠道的同时，也使受众可以更加主动、快捷地选择传播内容。国内最具影响力的报刊如《人民日报》《中国日报》等开发了电子报刊平台，利用互联网升级了传统的媒体传播服务。我们用百度搜索关键词"北京市文化艺术对外传播"，共有1.04万条相关信息。在互联网传播中，文化艺术信息主要来源于文化艺术专业网站。

目前共有12家专业网站有与北京市文化艺术相关的内容，包括北京市文化局网站、北京演出行业协会网站、北京京剧院网站、北京人民艺术剧院网站、北京市公共图书馆计算机信息服务网、北京市文化遗产保护中心网站、中国青年网、中国外文出版发行事业局网站、中国文化网、中国文化市场网、文化和旅游部网站、中国文化传媒网。此类网站主要提供文化艺术服务的交流活动。专业网站的建立为文化艺术对外传播提供了更为详细的信息和更广阔的舞台，实现了文化艺术的高效快速传播。为此，我们应该充分利用网络新媒体这种方式传播优秀的文化艺术，引发海外爱好者们对中国演出剧作创作、文化遗产保护、图书馆博物馆的文化艺术的相互交流。充分利用网络传播，才能适应时代的需要；利用网络优势，才能推动文化艺术的网络化发展；利用网络文化所提供的信息化手段，才能将文化艺术作为内容，将数字化作为载体，用新的传播方式、先进的文化手段去推动文化艺术的发展。

### 3. 文化艺术交流活动

随着经济实力的持续增长和文化事业的发展，我国文化艺术建设和对外文化交流已步入快车道。在文化艺术对外传播中，政府发挥了主导作用，同时将具有传播内容丰富、传播方式灵活多样等优势的民间对外文化交流与传播作为补充，已逐步形成了广泛的影响力。

如表 11 所示，通过对文化艺术对外传播主导主体的不同类型进行分类，由政府发起、企业组织开展的文化艺术在对外传播交流活动中起了主导作用。在文化艺术的对外传播中，政府发挥先导作用，企业组织和个人是推进文化艺术对外传播的关键推手。2017 年，在北京市政府主办的"北京之夜""北京日""北京周""北京活动周"等文化艺术交流活动中，北京的京剧、剧作、非遗技艺、非遗文化被传播到海外。在这一文化艺术的传播过程中，

**表 11　北京市文化艺术交流活动汇总**

| 主体类型 | 文化艺术交流活动 | 主办方 |
| --- | --- | --- |
| 政府主导 | "北京之夜" | 北京市政府 |
| | "北京日" | 北京市政府 |
| | "北京周" | 北京市政府 |
| | "北京活动周" | 北京市政府 |
| 企业组织 | 《大钊先生》 | 北京市京昆文化艺术团 |
| | 《玩家》 | 北京人艺 |
| | 《京杭大运河》《海坨戴雪》 | 北京交响乐团 |
| | 《大宅门》《狼牙山》《季子挂剑》 | 北京京剧院 |
| | 《大讼师》 | 北京人艺 |

**表 12　北京市文化艺术类出版著作情况汇总**

| 主体类型 | 出版著作 | 编撰方 |
| --- | --- | --- |
| 社会组织 个体编纂 | 《北京非物质文化遗产图典》 | 中国艺术研究院学者 |
| | 《北京非物质文化遗产传承人口述史》 | 王氏装裱技艺·王旭 |
| | 《昆音笛技传承》 | 北方昆曲剧院徐达君老师 |

企业组织和个人成为中坚力量，其中社会组织和个人撰写的北京市非遗项目著作为文化艺术对外传播交流活动提供了大量的研究支持。由各企业组织如北京京剧院、北京人艺等将中国自己的演出剧目和文化艺术在活动中展示，传播了中华文化，形成了中国品牌。

4. 文旅传播

文旅传播是"文化 + 旅游"的对外传播方式。旅游业在国民经济，特别是在国家创汇和就业中具有重大作用。政府把旅游业与文化业结合起来管理，更有利于促进文化产业和旅游产业的有机协同发展，有效地打通文化产业和旅游产业的融合发展。根据国家统计局的最新数据，2017 年，我国全年实现旅游总收入 5.40 万亿元，同比增长 15.1%。旅游的场景性和体验性为传播中华文化、加强对外文化交流做出的贡献总结如下：

文旅融合，有利于加强文化遗产保护服务。我国有大量的文化遗产需要进行有效保护，这种保护需要数额巨大的财政支持，而单单依靠国家资金是难以支撑的。根据国内外对文化遗产保护的实践，对文化遗产进行保护性开发是最佳途径，而发展旅游业则是保护性开发最为有效的手段。

文旅融合，有利于中华文化更好地"走出去"。我国已经成为世界第二大经济体，但文化软实力和经济硬实力仍未匹配，我们需要加强文化基础设施建设和现代文化对外传播能力建设，更好地促进中华文化"走出去"。在新型媒体作为对外传播主流的新时代下，旅游能够给用户带来更好的现场体验，让外国游客更好地了解中国传统文化。

文旅融合，有利于使文化对外传播获取认可。文化艺术对外传播的途径是传播中相对重要的方面，旅游是对外传播文化艺术的良好途径。要提高文化艺术对外传播力，一是扩大文化对外传播范围，二是提高海外人士对我国文化的认可度和接受度。目前，虽然在我国图书馆海外馆藏影响力分析中，已有较多数量的图书在海外出版，其影响力和传播力也在不断优化。但相比之下，旅游的场景性和体验性使文化传播过程更加生动、富有趣味性，更容易得到传播对象的认可。

## 二　北京文化艺术对外传播的特点

### （一）文艺创作与表演服务，创新模式层出不穷

1. 内容为王，创新形式丰富多样

2017 年，演艺市场内容更加多元，细分更加突出。《大钊先生》《大宅门》《狼牙山》《赵氏孤儿》等创新作品大量涌现，《三体》实现了科技数字作品与文化产品的创新性交融，沉浸式体验模式令无数科幻粉丝为之疯狂；《二马》激发大众对传统文化、经典文学的热情，并融合当下流行元素，与年轻人进行一场多个回合的妙趣对话。《大清相国》从传统文化中汲取力量，赋予其新的时代意义，以小见大、见微知著，回望经典、致敬经典、重塑经典。

2. 国际引进，音乐剧大年喜忧参半

国外优质剧目的引进也为北京演出市场增光添彩。以音乐剧为例，2017 年，引进国外原版音乐剧共 6 部，中文版外国音乐剧共 6 部，国外原创音乐剧共 12 部，中外音乐剧在剧目数量上各占得"半壁江山"。《修女也疯狂》《保镖》《魔法坏女巫》《金牌制作人》《泽西男孩》均为首次在京上演。《想变成人的猫》《洗衣服》《我，堂吉诃德》《变身怪医》《音乐之声》《谋杀歌谣》等中文版外国剧目登上北京舞台，与 10 余部中国原创音乐剧相互交融、隔空呼应，共襄北京音乐剧大年。引进国外原版和制作中文版剧作，都将大幅度提升文化艺术对外传播，大大增加文化艺术渗透性。

3. 民营院团，扶持政策激发活力

随着北京演出市场的发展，民营院团及中小型剧场活力释放，以适应市场不断细分的现状，倾力打造文化综合体、戏剧专卖店。在北京市委宣传部的指导下，由北京市文化局主办，搭建北京市剧院运营服务平台，将市场运营作为演出市场可持续发展的原动力，大力扶持民营院团。此外，在北京文

化艺术基金 2017 年陆续结项的 97 个项目中，超过 60% 以上的项目来自民营院团。2017 年，京沪民营院团创新发展论坛、剧目展演层出不穷，这些演出积极投身十九大精神所指引的创新发展的探索与实践，从而带动民营院团乃至整个演艺产业的深度交流、联动、合作、共享。

### （二）图书馆与档案馆服务，消除"服务盲区"

#### 1. 敞开服务大门

作家豪尔赫·路易斯·博尔赫斯（Jorge Luis Borges）在《天赋之诗》中提到："我心里一直都在暗暗设想，天堂应该是图书馆的模样。每个人都应该能在图书馆中享受到阅读之美。"图书馆应致力于为更多的读者提供服务，敞开大门，消除"服务盲区"，鼓励更多的人走进图书馆，真正实现"全民阅读"。

但是直到现在很多人都以为图书馆借阅图书是收取费用的，来图书馆的低收入群体、外来务工者并不多，他们把图书馆定义为"文化人"去的地方，与自己无关。为解决这样的盲区，图书馆将不能完全以传统的实体图书馆的方式存在。

#### 2. 提供线上借阅

除了传统的借阅、看书，公共图书馆还提供线上借阅服务。北京市图书馆正在加大数字图书馆的建设，把一些知识数字化。现在北京市图书馆馆藏数字资源容量为 330TB，在此基础上建立的网络平台，让读者可以远程进入图书馆传递、下载获取信息，以及线上借阅。

2017 年，北京市图书馆还开展了针对各年龄层的公益性讲座、阅读推广、培训、展览等 560 多场活动，从传统文化到音乐、英语沙龙，活动内容非常丰富。但很多人不知道图书馆也有这样的服务，或者认为这些活动都是要收取费用的。有的图书馆限于资金或场地规模，在此方面比较薄弱，举办不了更多的文化活动。而这一点也是《中华人民共和国公共图书馆法》提到的具体指标之一，北京市图书馆将在活动题材方面更加细化，邀请更多读者参与。

## （三）文化遗产保护服务，让"文物"活起来

### 1. 北京市政府大力支持

当互联网与文物相遇时，"互联网＋中华文明"有望成为极具成长性的文化传播模式。近年来，北京市政府及文物部门高度重视、大力支持"互联网＋"，注重用政策的引导和市场的思维培育"互联网＋"，使"互联网＋中华文明"的创新态势持续向好，并让"互联网＋中华文明"相亲相爱、花开并蒂，让文化遗产融入现代生活，让中华文化展现永久魅力和时代风采。今后北京市政府要从健全对话机制、促进开放合作、加强项目对接、打造网上文化交流共享平台、提升社会参与便利化程度等方面继续进行深入探索实践。

文化与互联网有着天然的亲和力和融合力。北京市故宫现在可以用AR技术 360 度全方位模拟文物并展示细节。现在，文化不仅在互联网上传播，也在互联网上创造，更在互联网上扩展和丰富。网络文化已经成为重要的文化形态，网络文化市场已经成为新业态出现最快、新内容最多、创造活力最强的领域。中国政府对世界各国优秀的网络文化内容始终持包容开放的态度。

### 2. "互联网＋文物"的对外传播

互联网为文化的交流传播提供了全新的感觉，这种"新"感觉就是"互联网＋文物"的绝对优势，这种优势将会给消费者提供全新的感观模式，吸引海内外大量参观者。互联网上汇集的海量资源又为文化的创造创新提供了空前丰富的选择和素材。

互联网技术为传统文化和文物提供了更新鲜、更丰富、更立体的表达方式，今后我们应该继续潜心深入探索该领域，更加系统地梳理优秀传统文化资源，让收藏在禁宫里的文物、陈列在广阔大地上的遗产、书写在古籍里的文字通过互联网及所承载的高新科技以更加充分、鲜活、灵动的形式展现在观众眼前。

### （四）"文化＋旅游"，对外传播新模式

1. 文化艺术对外传播由被动变主动

一般而言，旅游者在前往某地，尤其是异国旅游前，会提前通过互联网、书籍、朋友等方式了解关于目的地国家的政治、经济、文化等方面的信息。在这一过程中，旅游者自觉了解目的地的意愿是关键因素。旅游者自愿了解当地的风土人情，才能让当地的文化艺术深入人心，这也是文化艺术服务的宗旨和最终意图。因此，各地政府部门可以在国外主流旅游预订网站上发布关于该地的基本旅游信息，并鼓励国内旅游企业在这些网站上发布、上架相应的入境旅游产品。

2. "文化＋旅游"模式对外传播优势分析

（1）注重文化内涵建设，有利于文化深入人心

当旅游者到达目的地国家时，文化传播的主体重心转移到了目的地国家的旅游形象和文化展览方式上，这一文化感知过程是对外文化传播的关键环节。这个过程既包括了具有象征意蕴和文化内涵的景观器物，也包括各种民俗文化，同时可以体现价值观念、道德品质、审美品位等一个民族或国家的文化中最具有特性的东西。

因而，目的地国家首先要在注重保护景观的原真性、注重旅游商品的文化性、保护民俗文化、开发高水平的文化演出等方面下足工夫，充分展示出优秀文化的魅力；其次要重视解说文化系统的建设。唯有让旅游者了解物质文化与艺术文化中所蕴含的思想文化，才能让文化更加深入人心，达到更好的传播效果。

（2）塑造良好的文旅形象，重视口碑传播

旅行结束后，文化传播的主体转移到旅游者身上。旅游者在互联网、社交媒体上发布并与亲朋好友分享关于目的地国家的图片、视频、经历、感受等都是延续文化传播的方式。它扩大了对外文化传播的受众群体，甚至会促使客源国更多的游客前往该目的地国家旅游，展开新一轮的文化传播进程。但是旅游者传达的信息并非都是正面的，因此为了提高正面信息出现的频

率，我们不仅要做好文化信息渠道建设和提升旅游体验，还要利用大数据的方法测评海外游客在社交媒体上对我国旅游经历的评估，并据此及时做出调整，以便更好地塑造我国旅游形象，促进对外文化传播。

### （五）北京文化艺术对外传播经典案例

1. 北京市海外"欢乐春节"

（1）"欢乐春节"花开各地

"欢乐春节"自 2002 年春节起已经连续开展了 16 年，是北京配合国家外交，开展对外交往和展示北京特色文化的重要平台。2018 年，北京市共派出 17 个团组近 400 人次，以"一带一路"沿线国家和地区为重点，赴 35 个国家和地区的 60 多个城市举办了内容丰富、形式多样的"欢乐春节"活动，吸引观众近 25 万人次（见表 13）。北欧"欢乐春节"庙会、捷克"欢乐春节——北京之夜"等活动已形成了"政府主导、市场运作、社会参与"的运作模式和"深入当地，扎根民众"的良好态势。

**表 13　2018"欢乐春节"传播地统计**

| 2018 年具体项目 | 传播地 |
| --- | --- |
| "北京'一带一路'文化之旅"活动 | 菲律宾 |
| "欢乐春节——北京周""欢乐春节——赫尔辛基中国春节庙会" | 芬兰 |
| "京风津韵·巴拿马春节综艺晚会" | 巴拿马 |
| "欢乐春节"文化交流活动 | 希腊、丹麦 |
| "鸡鸣东方"快闪活动,北京杂技团表演《踏鼓激情》为美国职业篮球赛助兴 | 美国 |
| 交响音乐会 | 加拿大 |
| "欢乐春节——北京之夜" | 捷克 |

资料来源：中国文化网。

2018 年春节是中巴两国建交之后迎来的首个春节。2018 年 2 月 16 日大年初一，"京风津韵·巴拿马春节综艺晚会"首度在巴拿马成功举办。晚会上呈现了多种艺术形式，包括《爱的祝福》《欢庆的节日》《丝韵唐风》等节目在内的舞蹈、民乐、昆曲、魔术等，向巴拿马人民展示了北京文化艺术的独特韵味。这同时也是中巴建交之后的一次文化艺术层面的深入合作交流。该活动服务于我国外交大局，进一步巩固稳定我国同巴拿马之间的友好关系。

（2）"欢乐春节"对外传播的影响

积极整合联动，以文化搭台促进"欢乐春节"在多领域多层次的转型升级。北京市多个部门联动形成合力，实现了"欢乐春节"在春节文化庙会基础上的升级扩容。北京市首次增设公共文化服务交流内容，首都图书馆在丹麦哥本哈根市中心图书馆设立"阅读北京"图书专区，《习近平谈治国理政》等系列图书成为首批上架公开借阅的中国书籍；冬奥组委会与北京市体育局在芬兰举办了冬奥会相关产业推介会；京津冀三地外宣办协同在美国比佛利山市联袂打造"欢乐春节·魅力京津冀"活动，向美国民众介绍了京津冀一体化概念等。

深挖内涵突破创新，推动中西节日文化的交流互鉴。北京市大力推动春节文化内涵的实用性开发，实用创新取得新突破。例如，北京市文化局与中央美术学院共同举办"2018全球吉庆生肖设计大赛（戊戌狗年）"，共收到来自全球3072位设计师设计的3489幅作品，部分获奖作品已实现产品转化。北京市的重点节日文化资源得以整合创新，文化融汇方式取得新突破。例如，在圣诞老人的家乡——芬兰罗瓦涅米市举办了"北极村过大年"生肖快闪活动，快闪视频在国内外视频网站上播放，点击率已达约130万人次。

2. "北京周"

（1）"北京周"走近渥太华

北京作为加拿大渥太华市在世界范围内的唯一友好城市，在渥太华举办了"北京周"活动，以此来庆祝加拿大建国150周年，为渥太华市民带去浓郁的"北京风"。"北京周"活动以"友城祝福——北京与渥太华"为主题，旨在增进北京与渥太华两市的深厚友谊，并对外树立良好的北京城市形象。

（2）"北京周"对外传播的影响

"北京周"的开幕恰逢中国重要的传统佳节——中秋节。来自北京歌剧舞剧院、中国杂技团、北京民族乐团、北京戏曲艺术职业学院的演艺人员联袂献上了流光溢彩的开幕式文艺演出——"北京之夜"。这场演出通过对舞蹈、京剧、杂技、民乐合奏等节目的精心编排，让嘉宾们深深体验到中国传统文化之美。女声独唱《月光下的诉说》，更唤起现场华人浓浓的家国情。晚会高潮出现在加拿大乔治主席乐队登场的时刻，当歌手用中文唱起他们原创的《北京—渥太华友好城市之歌》时，现场观众的热烈掌声让整个演艺大厅成为欢乐的海洋和中加两国深厚情谊的见证。

北京文化庙会同时也是本次活动中的重要内容，筹备方以吴裕泰、护国寺小吃、豆腐脑白、年糕钱等老字号企业为主的北京特色美食，以及景泰蓝、宫毯、京作、京剧脸谱、北京兔爷、北京扎燕风筝、北京绢人等非物质文化遗产互动展示项目深受当地民众的喜爱。通过品尝地道北京美食，体验北京古老的传统手工技艺，使加拿大人民近距离感受到中华文化独特的魅力，增进了加拿大人民对中华优秀传统文化的了解，拉近了两国人民的距离。

（3）"北京周"对外传播的成果

在渥太华"北京周"开幕式嘉宾的共同见证下，2019 北京世界园艺博览会（简称"世园会"）吉祥物"小萌芽"雕塑揭幕，北京世园局与加拿大太阳马戏正式签署战略合作协议。太阳马戏将从北京世园会"绿色生活 美丽家园"的主题出发，在坚持"原汁原味"的太阳马戏品质风格的同时，巧妙地融入中国文化和园艺元素，开发出独具"中国底蕴"的特色创意方案。在此次基础上，双方将进一步深化合作，由太阳马戏在 2019 北京世园会运营期内量身制作并呈现具有国际水准的娱乐演出活动。

另外，在本次渥太华"北京周"活动上，北京市文化投资发展集团与加拿大瑞石艺术文化中心签订战略合作协议，双方将在中加两国文化艺术交流活动方面开展紧密合作，共同促进两国文化艺术领域的融合发展。北京博飞文化有限公司与加拿大 Lofty Sky Entertainment 公司就影视动漫游戏领域的合作达成共识，签署了战略合作协议。

3.798 艺术节汇聚中外

（1）798 艺术节简介

798 艺术节于每年 9 月底在 798 艺术区举办。随着活动的日益成熟，798 艺术节的内容和形式也越来越丰富。798 艺术区经过多年的发展已成为北京地区乃至全国文化创意产业的代名词，也成为国际上知名的文化创意产业园区，并以其多样性和艺术的前沿性，吸引越来越多的国内外艺术家在这里举办展览，展示自己的艺术作品，推动国际艺术交流。如今 798 已经引起了国内外媒体和大众的广泛关注，成为了北京都市文化的新地标。

自 2006 年起，798 艺术区被北京市和朝阳区政府分别列为第一批文化创意产业集聚区。为推动 798 艺术区的发展，北京 798 艺术区在民间自发组织艺术节的基础上，从 2006 年起，每年由官方主办 798 艺术节等多项大型文化艺术活动。经过几年发展，798 艺术节因活动的多样性和超高的人气，已经成为艺术和文化创意产业领域的国际盛会，有力地推动了国际文化艺术的交流与发展，促进了 798 艺术区艺术品的展示与交易。

（2）2017 年 798 艺术节——"艺象·筑梦"

2017 北京 798 艺术节以"艺象·筑梦"为主题，共推出主题系列展、同盟展、户外雕塑展、推介展、中荷艺术交流展等近百场艺术活动。活动种类多样、作品丰富、公众的参与度较高，迎来了数十万国内外艺术爱好者及游客到 798 艺术区参观。

艺术节期间，14 位艺术家的雕塑作品以凹凸不同的艺术形式、复杂的空间关系带给游客不同以往的雕塑观念，使人仿佛置身于游乐园之中；推介展将艺术视角推广至人自身之外，以大地和太空的视角，让人们对地球文明、生态状态、甚至是生存和毁灭的问题进行思考，其中主题雕塑作品《悟空》被 798 艺术区永久收藏。中荷艺术交流展《景观之上》是中国和荷兰艺术家在中荷两地的艺术实践作品展。另外，国内外知名艺术大展"teamLab 花舞森林与未来游乐园""赵半狄的中国 Party"、卡洛斯·加莱高亚的个展"动物寓言集"、《仿生人会梦见电子奶牛吗》《莫名·奇妙——刘索拉音乐变焦》等也吸引了广大观众前来观看。

（3）798艺术节对北京文化艺术对外传播的影响

①品牌效应

798艺术节已经成为文化艺术交流、展示的国际盛会，每年都会汇集众多国内外知名艺术家和艺术机构的参与，同时798艺术节也接纳一些新兴青年艺术家的优秀作品。经过多年的发展，798艺术节已经具有了强大的品牌号召力和认知度，致力于打造朝阳区、北京市的文化艺术品牌，提升区域的总体文化形象。

②文化效应

798艺术区作为当代艺术的展览展示中心、中外文化的交流中心，因其本身所具有的独特艺术内涵，已经成为北京当代文化艺术的标志和符号，也成为中国文化创意集聚区的成功典范。每年在此举办的798艺术节为国内外文化艺术交流提供了一个持续性的综合创新平台，在展示我国文化艺术独特魅力的同时，也吸纳了国外的优秀文化艺术元素，促进中外文化艺术领域的深入交流，使东西方及世界各地文化在此碰撞产生出新的文化艺术火花和新的创意作品。

③艺术经济效应

798艺术节除以推进文化艺术交流为宗旨的主导理念之外，同时兼顾着文化艺术经济效应的实现，积极促进艺术品交易活动有序、健康地进行，为艺术区和艺术节的良好发展打好经济基础。

4.北京文化艺术基金资助项目

（1）北京文化艺术基金简介

为深入贯彻落实党的十九大精神及北京市关于繁荣发展社会主义文化艺术的相关指示，坚定文化自信，推动社会主义文化繁荣兴盛，发挥首都文艺资源优势，推动全国文化中心建设，促进优秀文艺成果的传播交流，不断扩大北京文化品牌的国际影响力，北京文化艺术基金面向社会收集选取优秀年度舞台艺术创作项目、传播交流推广项目、艺术人才培养项目，并对其进行资助。其中，2017年度北京市获该项目的传播交流推广资助项目共33项（见表14）。

表14　北京文化艺术基金 2017 年度获传播交流推广资助项目名单

| 序号 | 获资助项目名称 | 制作单位 |
|---|---|---|
| 1 | 打开艺术之门 | 北京保利紫禁城剧院管理有限公司 |
| 2 | 2017 当代小剧场戏曲艺术节 | 北京天艺同歌国际文化艺术有限公司 |
| 3 | 第八届"北京·南锣鼓巷戏剧节" | 北京蓬蒿人剧场 |
| 4 | "致春天"优秀剧目展演 | 北京国京演出有限公司 |
| 5 | 2017 年北京喜剧艺术节 | 东方(北京)国际文化艺术中心有限公司 |
| 6 | 2017 年北京国际流行音乐周 | 北京喜肯琵雅国际文化发展股份有限公司 |
| 7 | 百年巨匠——四十三位文学艺术大师作品展 | 百年艺尊(北京)文化传播有限公司 |
| 8 | 北京京剧名家名师艺术传承推广项目 | 中国戏曲学院 |
| 9 | 根茎——中国当代艺术的自主性研究展 | 北京今日美术馆 |
| 10 | 中国意象——当代艺术展 | 北京电影学院 |
| 11 | 第 57 届威尼斯双年展"不息"——北京巡回展 | 北京时代美术馆 |
| 12 | 2017 炎黄文化艺术节 | 炎黄艺术馆 |
| 13 | "德国 8"——德国当代艺术先驱 | 北京市劳动人民文化宫 |
| 14 | "看见圆明园"——圆明园数字艺术展 | 北京数字圆明园科技文化有限公司 |
| 15 | "谈艺说戏话北京"北京戏曲文化分享会 | 北京青年报 |
| 16 | "周末艺聚"天桥艺术中心系列公益推广活动 | 北京天桥艺术中心管理有限公司 |
| 17 | "民间瑰宝·魅力之都"时尚非遗公益体验系列活动 | 北京市西城区非物质文化遗产保护中心 |
| 18 | 《天使的微笑》儿童慈善摄影展 | 央视(北京)娱乐传媒有限公司 |
| 19 | 镌刻世纪——中华文化先贤新影像展 | 中华世纪坛艺术馆 |
| 20 | 北演青少年戏剧教育推广普及系列活动 | 北京市演出有限责任公司 |
| 21 | 国家大剧院高雅艺术普及推广系列活动 | 北京市国家大剧院演艺中心有限责任公司 |
| 22 | 欢聚海淀——街道戏剧社艺术推广活动 | 北京天地君盛文化传媒有限责任公司 |
| 23 | 《"乐享四季"北京广播音乐会》系列活动 | 北京人民广播电台 |
| 24 | 北京城市副中心建设者话剧体验公益行动 | 北京市见地社会组织能力建设促进中心 |
| 25 | 北京市河北梆子剧团赴澳大利亚巡演 | 北京市河北梆子剧团有限责任公司 |
| 26 | 儿童剧《原始一家人》赴法国阿维尼翁巡演 | 北京儿童艺术剧院股份有限公司 |
| 27 | 《西域流光》音乐会赴海外巡演 | 北京保利紫禁城剧院管理有限公司 |
| 28 | 《胡弓传奇》民族音乐会赴澳大利亚巡演 | 北京民族乐团有限责任公司 |
| 29 | 北京当代芭蕾舞赴海外巡演 | 北京当代芭蕾舞团 |
| 30 | "天地故事"中国二十四节气文化体验展演 | 北京风向乐动数字音乐文化传播有限公司 |
| 31 | 2018 年"欢乐春节"——旧金山花车大巡游及非遗教学展演活动 | 北京泓羽文化艺术有限公司 |
| 32 | 话剧《戏台》赴海外巡演 | 北京大道文化节目制作有限公司 |
| 33 | "瓷上丝路·北京故事"——中国当代书画陶瓷艺术中亚巡展 | 《艺术市场》杂志社股份有限公司 |

资料来源：中国文化网。

以上获资助的 33 项传播交流推广项目在各个领域，从当地到海外，全方位服务于北京文化艺术的对外传播。

（2）"北京·南锣鼓巷戏剧节"

2017 年 6 月 26 日，第八届"北京·南锣鼓巷戏剧节"成功举办。戏剧节综合了国内外优秀的文化艺术作品，于南锣鼓巷开展了一场东西方作品的视觉盛宴。79 岁的日本舞踏大师大野庆人带来他的经典作品《花与鸟》；法国著名导演帕斯卡尔·朗贝尔继《爱的落幕》之后推出《爱的开端》；法国默剧大师菲利普·比佐携新作《最后的船》和《安妮霍克的一天》登场；法国导演让·克里斯托弗·布隆岱尔与挪威知名剧作家弗雷德里克·布拉特伯格合作《回归》。此外，戏剧节还邀请了昆曲《怜香伴》诠释清代剧作大家李渔的手笔。昆曲小全本《狮吼记》，"全男班"《牡丹亭》，延续戏剧节对中国非物质文化遗产的关注。

（3）"瓷上丝路·北京故事"

在新时代、新起点、新思路、新理念的愿景下，从北京到中亚的一条新丝路正在开启。2017 年 11 月 10～24 日，"瓷上丝路·北京故事"中亚三国巡展分别在乌兹别克斯坦、吉尔吉斯斯坦、哈萨克斯坦三国举办，巡展共展出庄小雷、马海方、郑山麓、张铁林、李呈修、程茂全（淳一）、李学伟 7 位中国艺术家的 104 幅（件）以北京为主题特色的书法作品、水墨作品及陶瓷作品。7 位艺术家均为目前活跃在中国国画界卓有成绩的艺术家，且都来自北京，经过多年的笔墨锤炼，他们的艺术面貌已渐趋成型。此次展览从不同的侧面反映出他们多彩丰富的艺术面貌，体现了当代多元艺术语言交汇与契合的创新性和学术性，既是对中国传统文化的展示与交流，又是在新起点上，中国故事、北京故事的再出发。他们将中国传统文化以一种新的形式更好地呈献给中亚人民以及世界其他各国人民，以文化交流促进彼此的了解与友谊。

5. "中华文化讲堂"

（1）"中华文化讲堂"简介

"中华文化讲堂"由文化部创立于 2015 年 6 月，以讲好中国故事，促进人民友好为宗旨。讲堂立足于思想文化交流，以国内外文化名家、大家为资源依托，面向国外政界、文化界、学术界和青年精英等人群，以传播文化的方式讲好中国故事，阐释中国文化的精神内涵，以此加强我国与世界各国的文化交流与文明互鉴。讲堂集讲授、展示、交流为一体，内容涉及大文化领域的方方面面，形式灵活多样，已成为中外文化交流的又一重要途径。截至 2017 年 10 月中旬，"中华文化讲堂"已在全球五大洲 30 多个国家成功举办 32 期 100 余场活动（见表 15）。

表 15　2017 "中华文化讲堂" 传播地情况统计

| 2017 年具体项目 | 传播地 |
| --- | --- |
| "筝与诗——中国音乐文化之旅"舞剧《孔子》 | 美国 |
| "天人相应——中医文化与当代生活" | 尼泊尔 |
| "行走千年的琴韵与画意"中秋晚会 | 法国、意大利 |
| 《中国再发现》主题讲座 | 葡萄牙、荷兰 |
| "东方戏韵—中国京剧艺术之美" | 俄罗斯、瑞典、哈萨克斯坦 |
| "千年之约——中国服饰的古典与时尚" | 毛里求斯、南非 |
| 中医讲座 | 孟加拉 |
| "中西弦韵" | 奥克兰、澳大利亚、泰国 |

资料来源：中国文化网。

（2）"东方戏韵——中国京剧艺术之美"

在俄罗斯、哈萨克斯坦和瑞典，国家京剧院一级演员、中国戏剧"梅花奖"获得者袁慧琴担任讲座主讲人，她从中西方文化对比的角度深入浅出地向当地观众讲解了中国京剧的艺术特色、表演风格、美学特征，并且为了更加形象地阐释京剧基本行当、四功五法和极具特色的虚拟化与写意化特征，国家京剧院的多名优秀青年演员陆续演绎《游园惊梦》《三岔口》《霸王别姬》《盗御马》《杨门女将》的选段，使中国京剧中人物的造型之美、表演的虚拟之美、服饰的绚丽之美、脸谱的夸张之美、手势的变化之美、行当的多样之美、音乐的和谐之美、唱腔的传神之美在方寸舞台上展现得淋漓尽致。

（3）"中华文化讲堂"对外传播的影响

中华文化艺术在多年的发展过程中集成了灿烂辉煌的篇章，北京作为全国文化中心城市，最能够代表中华文化艺术的发展态势。北京地区文化艺术面之广、意之深，使国外受众难以对其进行更加全面深入的了解。"中华文化讲堂"通过一系列讲座与文艺晚会的形式，从服饰到音乐，再到京剧等，向国外友人展示我国文化艺术的优秀成果，为他们提供了一个了解中华优秀传统文化、走进北京地区文化艺术的便利平台，多维提高了文化软实力与对外开放水平。

6."中国文化年"

（1）"中国文化年"在墨西哥

2017 年正值中墨建交45 周年，中墨两国文化部、中国驻墨西哥大使馆和墨西哥中国文化中心共同举办了墨西哥"中国文化年"，以进一步密切中墨两国在文化领域的交流合作关系。期间，双方共同举办了190 多场文化活动，包括舞台表演艺术、视觉艺术、非物质文化遗产专题展、美食文化展、人文交流、文化产品交易等，向22 个州、市的100 万墨西哥民众呈现了一个多元、充满活力的美丽中国。

在"中国文化年"框架内，中墨双方在视觉艺术、音乐、文学、电影、图书、美食、旅游等领域开展广泛的交流，举办包括演出、展览、讲座、电影周、图书节、学术交流、美食品鉴、旅游推介等类型各异、内容丰富的活动，场所覆盖政府机构、主流剧院、艺术场馆、高等院校等，基本做到"月月有活动、时时有精彩"。以北京市为主的众多大型歌舞剧团借助墨西哥知名文化品牌活动和艺术节平台，推动中国原创艺术作品走进墨西哥，促进中墨文化交流，进一步提高了中国文化在墨西哥的能见度、传播力和影响力。

（2）文化艺术对墨西哥传播的影响

墨西哥已成为与中国文化交往规模最大、数量最多、影响最深远的拉美国家之一。在中墨元首的引领下，双边关系正处在历史最好阶段，文化交流深入人心。得益于"中国文化年"，成千上万的墨西哥民众有机会近距离了解灿烂的中国文化，"中国文化年"系列活动大大加深了彼此的了解。尽管语言并不相通，但文化交流拉近了两国人民的距离。由此也可以看出，只要有足够的意愿，强大的合作模式使得中墨两国在过去的 45 年间建立并发展了牢固的友谊。兵马俑和玛雅文物早已互相造访过彼此的故土；京剧艺术和玛利亚奇音乐在对方国度都拥有众多粉丝；郎朗的琴声和迭戈·里维拉的画作曾在两国顶级艺术殿堂赢得喝彩和赞誉；中国文化中心在墨城落地生根，来自墨西哥的青年汉学家们陆续造访中国，两国人民间友好情谊在文化交流中历久弥新。

（3）对外传播成果

2017 年 11 月 28 日，中国对外文化集团公司与墨西哥费芮演出制作公司签署了《中国对外文化集团公司与墨西哥费芮演出制作公司战略合作协议》。中国对外文化集团公司将充分运用墨西哥"中国文化年"的品牌效应和塞万提斯艺术节等成熟的国际性平台，快速接触潜在客户，进一步推动高科技文化装备"走出去"、发展文化贸易，为国家文化软实力的提升做出实实在在的贡献。

## 三　北京文化艺术对外传播的问题与对策

文化艺术传播主体的质量差异会对文化艺术的传播成果产生很大的影响。根据相关调查，全球 100 个最具影响力的文化品牌，美国有 68 个，欧盟有 25 个，日本有 6 个，而中国一个也没有。同时，全世界每天新闻发稿量的 80% 来自于美联社、路透社、法新社、合众社。全球 95% 的传媒市场份额被西方约 50 家媒体跨国公司占有，美国媒体完成了全球 75% 的电视节目制作量，西方通讯社的舆论几乎左右了国际社会对中国的看法。[1] 中国在国际舞台上需要不断和"被妖魔化"以及"中国威胁论"的话语体系相抗衡，更需要有效的文化传播形成包容和共享的世界文化，增强我国文化软实

---

① 李嘉珊：《国际文化贸易论》，中国商务出版社，2016。

力以及文化自信。

北京作为全国文化中心更需要加强中国文化艺术全方位的国际传播。然而，由于对自身文化资源的挖掘和利用不够、文化产品和服务国际竞争力不足等因素，导致文化艺术的国际传播力低下、传播效果不理想。

## （一）北京文化艺术对外传播存在的问题

### 1. 政府层面文化管理职能分散

北京市政府层面的文化管理机构众多，各个机构都有涉及文化管理职能的部门。但因为这些部门在职权和管理服务范畴上存在重叠和交叉，在缺乏上层规划和统一部署的情况下难免会存在遗漏和盲点，部门之间也不可避免地会出现管理相互牵制的现象。文化管理政出多门，使得文化管理职能分散，不便于统一管理。管理上的无序和冗杂不利于文化企业和社会团体组织的文化艺术传播和交流。一方面使政府的管理和行政负担不断加重，另一方面也制约了文化企业和社会团体组织的自主发展。

### 2. 忽视文化艺术系统的整体传播

多年来，各方对中国文化国际传播认识不充分，国际传播观念守旧，通常只是"为传播而传播""为报道而报道"，未能形成政府、组织、群体、个人从事跨越国界信息传播的体系。具体表现为：往往是只关注媒体本身，而忽略其他群体和个人的传播作用；只重视新闻报道本身，而忽略其他产品、企业、市场等的媒介反馈；只重视政府层面的官方对外交往，而忽略其他层面的民间外交；只重视文化艺术交流本身，而忽略其他任何形式的交往互动，等等。

### 3. 非营利文化机构发育不良

随着经济社会的发展和物质生活水平的不断提高，单靠政府宣传推广我国文化艺术的方式已远远无法满足目前的需求。非营利文化机构在文化艺术领域的宣传和推广上具有不可估量的作用，然而其作用却被一直忽视。因此，我们需要积极引导非营利文化机构开展文化交流与服务，进一步完善政府的规范管理、扶持职能。我国非营利文化机构由于发展时间较短，缺乏持续性的资金支持以及宣传策划，对外交流与传播往往很难达到对外文化传播的效果，不能使我国文化在更大范围内生根、发芽。因此，中国文化艺术的核心价值在进行全面、生动的国际传播方面还有很长一段路要走。

4. 传播主体市场营销能力欠缺

市场营销在很大程度上决定了文化艺术作品能否顺利有效地实现对外传播。全世界马戏行业最具有代表性的太阳马戏团的营销团队会根据每个即将进行演出城市的特色做细致的、差异化的全方位宣传，并且不惜财力招募最优秀的最具有表演天赋和才能的表演人才。而北京文化艺术对外传播能力却不足，缺乏对海外文化市场的认知和了解，对外传播主体缺乏市场营销能力。同时，北京文化艺术对外传播营销能力也不足，从受众的目标定位到吸引媒体的包装，再到营销团队的建设，都还有很大的空间去完善。

## （二）推动北京文化艺术对外传播的政策建议

1. 明确北京文化艺术对外传播的理念和目标

北京文化艺术对外传播需要明确传播理念和目标。北京文化艺术要想走向世界，就需要找准自己的发展定位，发挥北京文化艺术的产业优势，制定发展目标、战略规划和具体有效的行动措施。首先，要确立文化竞争力是国家核心竞争力的理念，积极落实国家的文化大发展战略，确立文化资产是重要无形资产的理念，使文化和艺术资本进入金融体系。其次，确保文化艺术产业在传播我国优秀文化精神和国家形象时发挥其关键作用，以"润物细无声"的方式不断提升我国文化软实力和国际影响力。北京可以先行一步发挥龙头作用，整合优质资源，创造模范带动效应，形成优秀文化艺术输出品牌项目。

2. 以市场经济为导向加快北京文化艺术产业发展

政府方面应进一步放宽政策，加大鼓励和支持力度，加快发展、扶持文化艺术企业，使其实现规模化、形成竞争体系，并通过市场机制有效筛选出优秀的文化艺术企业，使其逐步成长为国际性的文化艺术传播机构，进一步扩大北京文化艺术在国际上的话语权和影响力。以市场经济的方式发展文化

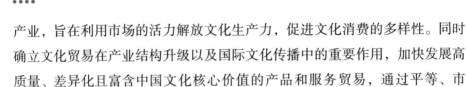

产业，旨在利用市场的活力解放文化生产力，促进文化消费的多样性。同时确立文化贸易在产业结构升级以及国际文化传播中的重要作用，加快发展高质量、差异化且富含中国文化核心价值的产品和服务贸易，通过平等、市场、自愿的方式传播我国的文化艺术资源。

### 3. 开展广泛的国际文化交流与合作

通过开展广泛的国际文化交流与合作，北京市政府可以搭建一个北京文化艺术"走出去"的国际平台。文化艺术领域的国际交流与合作是文化艺术对外传播的有效方式，开展国际交流与合作有利于拉近北京文化艺术与世界优秀文化艺术水平之间的差距。比如，通过合拍电影可以充分利用国外资源，在短时间之内提升电影质量。近年来，我国出现一些口碑比较好的大制作电影，包括《捉妖记》《集结号》《长城》等，这些电影都和美国好莱坞、韩国影视特效公司合作。通过开展国际合作，我们还可充分学习借鉴其他国家和地区的优秀文化艺术的发展模式及其路径，有效进行文化艺术的对外传播。

### 4. 学习借鉴有效的对外传播模式

在全球化的时代，一个成功的商业模式可以在全球范围内迅速推广，取得很好的效果。《中国达人秀》《中国好声音》《中国好歌舞》等项目都是全球化的、商业运作的文化对外传播合作模式，并且都取得了很好的经济效益和社会效益。这些合作模式的成功其关键是目标观众明确、宣传手段精准、形成了良好的品牌、进行了体系化的市场营销、实现演出业的规模化和标准化，从而最终实现其产业化、国际化。借鉴对外传播成功的商业模式，可以减少北京文化艺术对外传播过程中的阻力，使其"走出去"过程更加顺畅。

### 5. 搭建多元文化艺术传播平台

北京文化艺术对外传播的主体，除国内政府和非政府层面的组织机构之外，还有驻外使领馆、办事处等很好的文化艺术传播平台，应充分挖掘其在文化艺术传播上的桥梁作用。驻外机构不仅携带着本国文化元素，而且也掌握一些驻外地本土的相关背景，在文化艺术对外输出的过程中，有力借助驻外机构在当地的关系网络，以及当地的华人华侨，可使北京文化艺术更容易、更有针对性地展示在受众面前。

# 北京旅游文化的对外传播
# （2016~2017）*

**摘　要：** 2016~2017年，北京市的旅游文化产业取得了较大的成绩，表现为旅游业转型升级步伐加快，公共服务体系进一步健全；旅游供给侧改革效果明显，各区旅游业各具特色；旅游市场秩序规范，重大活动服务保障任务圆满完成；旅游协同发展和对外交流合作取得了很大进展。旅游文化对外传播的要素及旅游形象的构成包括旅游目的地的资源、目的地的环境、服务设施以及感情要素等。旅游文化对外传播的特征包括全面性、文化性、原真性、舞台化、体验性等。与此同时，北京市的旅游文化对外传播还存在着如下问题：传播定位和目标不清晰、传播战略缺乏突破口、受众和市场战略未细分、品牌战略无特色等。为了更好地进行旅游文化对外传播工作，北京市旅游文化工作部门应当树立旅游文化对外传播的意识与理念，积极开展对外传播战略与策略体系研究，综合运用各类传播方式提升目的地形象，凸显自己的特色，不断提高自身的竞争力，使北京市的旅游文化对外传播工作拥有强大的影响力。

**关键词：** 北京旅游　旅游文化　对外传播

---

\* 王天星，副教授，北京第二外国语学院国际法学院。

# 一 北京旅游文化的发展概况

2016 年是国家"十三五"计划的开局之年，2017 年又是北京实施"十三五"规划、建设国际一流城市、和谐宜居之都的关键一年。北京的旅游文化对外传播迎来了难得的机遇，但同时也面临着诸多的挑战。北京旅游行业围绕市委市政府的中心工作，以供给侧改革为主线，立足首都城市战略定位，努力推动转型升级、提质增效，为北京市稳增长、促改革、调结构、惠民生做出了积极贡献，同时也为旅游文化的对外传播发挥了重要的作用。2016～2017 年北京旅游文化的发展概况如下：

2016 年，北京全年实现旅游总收入 5021 亿元，同比增长 9%；旅游总人数 2.85 亿人次，同比增长 4.6%；旅游购物和餐饮消费额占社会消费品零售总额的 24.3%，旅游投资额占社会固定资产投资的比重为 9.4%。进入 2017 年，北京市旅游业继续保持平稳发展，实现旅游总收入 5469 亿元，增长 8.9%；接待游客总人数 2.97 亿人次，增长 4.2%。旅游餐饮和购物总额 2891 亿元，增长 8%，占全市社会消费品零售额的比重为 25%，提高 0.7 个百分点。旅游相关产业完成固定资产投资 984.4 亿元，增长 23.8%，占全社会固定资产投资的比重为 11%，同比提高 1.6 个百分点，旅游相关产业投资快速增长。总的说来，从 2016 年到 2017 年，北京旅游市场呈现稳中有进的局面。具体表现在：第一，国内旅游市场保持稳定增长态势。北京市国内旅游总收入 5122 亿元，增长 9.4%；北京市国内旅游总人数 29354 万人次，增长 4.4%。外省来京旅游和市民在京游两个市场均保持了稳定增长态势。其中，外省市来京旅游人数 17924 万人次，增长 4.7%；旅游收入 4674 亿元，增长 9.4%；人均消费 2607 元，增长 4.5%。北京市民在京游人数 11430 万人次，增长 4%；旅游收入 448.7 亿元，增长 9%；人均消费 393 元，增长 4.8%。第二，入境旅游人数下降，但外汇收入仍有小幅增长。2017 年，北京市接待入境游客 392.6 万人次，下降 5.8%，韩国游客减少 14.4 万人次是入境量下降的主要原因。其中，接待外国游客 332 万人次，下降 6.4%，占比 84.6%。接待的前三大客源国分别为美国游客 67.3 万人次，下降 4.3%；日本游客 24.2 万人次，下降 2.5%；韩国游客 23.5 万人次，下降 38%。接待港澳台游客 60.6 万人次，下降 2%，其中香港游客 35.7 万人次，增长 1.1%；接待台湾游客 23.5 万人次，下降 5.6%；接待澳门游客 1.4 万人次，下降 12.5%。旅游外汇收入 51.3 亿美元，增长 1.2%（折合 346.4 亿元，增长 2.8%）。人均消费 1307 美元。第三，出境旅游市场大幅下降。2017 年，北京市拥有出境经营许可权的旅行社组织公民出境游 511.5 万人次，下降 10.5%，减少了 60 万人次。主要是由于赴韩国和泰国游客分别减少 68 万人次和 28 万人次。出境游排名前五的国家分别是前往日本 104 万人次，增长 6.7%；泰国 76 万人次，下降 27%；法国 26.8 万人，下降 25%；韩国 25.4 万人，下降 72.8%；意大利 22.3 万人次，下降 25.8%。前往香港台湾地区旅游人数呈下降趋势，前往香港旅游 14.8 万人次，下降 19.8%；前往澳门旅游 13.2 万人，下降 12.7%；前往台湾 6.2 万人次，下降 57%。①

## （一）旅游业转型升级步伐加快，公共服务体系进一步健全

旅游业是首都的支柱产业和功能性产业，但北京旅游业的发展不能单纯依靠低水平重复，而应实现从数量规模性向质量效益型的转变。首先，在过去的两年中，北京市通过深化改革、优化结构、强化管理，实现了产品规模和产品结构的提升，在旅游产业规模不断壮大的同时，全市的旅游产品结构持续优化，传统景区、景点的旅游品质不断提升，如故宫、长城、颐和园等景点。其次，定制的旅游产品种类也在不断增加，如中医养生、文化演出、体育赛事、文博游学等项目。此外，休闲采摘、乡村酒店、汽车野营等郊区旅游新业态也呈不断增长之势。

在转型升级旅游项目的同时，北京市以增强旅游公共服务能力和游客满意度为重点，狠抓旅游公共服务体系建设，着力实施了"十个更加"工程，取得了明显成效。

---

① 宋宇：《北京旅游发展报告（2017）》，社会科学文献出版社，2017。

## （二）旅游供给侧改革效果明显，各区旅游业各具特色

2016 年，北京市人大常委会对《北京市旅游条例》草案进行了三次审议，积极增加高端旅游产品供给。全市推出了 30 条中医体验旅游路线、22 条精品文博旅游路线和 31 个中医国际医疗旅游服务包。同时，北京市立足国际交往中心定位，大力发展以会议、会展、国际商贸及文化交流活动为主的高端商务旅游。

积极推进旅游业供给侧结构性改革，全面构建京郊旅游产品供给体系。北京市各区按照全市旅游工作总体部署，结合自身实际加快发展：东城区坚持文化旅游相结合；西城区着力在规范和整治市场秩序上下工夫；朝阳区注重旅商结合；海淀区深入挖掘皇家园林文化内涵，推动旅游与科技、教育、文化等产业融合发展；丰台区努力打造休闲旅游产业聚集区；石景山区打造西部文化、生态、旅游休闲综合服务区；通州区以城市副中心建设为契机，推进转型升级；顺义区积极培育"舞彩浅山"品牌；房山区大力发展红色旅游、葡萄酒庄等旅游新业态；大兴区重点培育了十大旅游主题小镇；密云区着眼民宿特色品牌，推进组织化、标准化、规范化、网络化和特色化"五化"建设；门头沟、昌平、平谷、怀柔、延庆 5 个区被国家旅游局认定为"国家全域旅游示范区创建单位"，也都各具特色。

## （三）旅游市场秩序规范，重大活动服务保障任务圆满完成

北京市政府办公厅制定并印发了《北京市人民政府办公厅关于加强旅游市场综合监管的通知》和部署了《旅游市场秩序治理专项督查工作方案》，建立了政府牵头、部门协作、属地联动的执法机制和案件转办机制，并成立了旅游警察队伍，依法依规查处了多起社会影响大的典型案件。2016 年全年，北京市共接到旅游投诉 3108 件，同比下降 71.5%，其中非法"一日游"投诉 1612 件，同比下降 78.5%，旅游市场秩序治理成效十分明显。

在过去的两年内，在北京市委市政府的统一部署下，北京旅游业还高标准完成了全国"两会"、北京国际电影节、首届世界旅游发展大会、G20 能

源部长会议、"一带一路"国际合作高峰论坛、全国少数民族文艺会演、中国网球公开赛等重大活动的服务保障任务，使全行业的能力和素质得到了极大的锻炼和提升。

### （四）旅游协同发展和对外交流合作取得了很大进展

在国内合作方面，北京市旅游工作积极融入京津冀协同发展战略，编制并实施了《京津冀旅游协同发展行动计划（2016~2018年)》，突出文化完整性、市场品牌性和产业聚集性，在京东休闲旅游示范区、京西南生态旅游带、京北生态（冰雪）旅游圈建设上取得了实效，并组织了雁栖湖旅游论坛、中国北方旅游交易会等活动。同时，北京市不断创新旅游对口支援工作方式，受到支援地区和社会各界的好评。在对外交流合作方面，北京市以中美旅游年、中印旅游年等为契机，服务国家和北京市对外战略，加大了首都形象的对外宣传力度，目前已经成功举办了北京新年倒计时、北京国际旅游节、北京国际青年旅游季、北京国际旅游博览会、北京国际旅游商品与旅游装备博览会、北京国际商务及会奖旅游展览会、澳门世界旅游经济论坛北京主宾市展览推介等活动。

与此同时，成立于2012年9月的世界旅游城市联合会是首个总部落户中国、落户北京的国际性旅游组织，并且其作用日益凸显，成功举办了2016年重庆香山旅游峰会、2017年洛杉矶香山旅游峰会。该联合会在促进北京和世界旅游城市加深了解、扩大合作方面发挥了积极作用，深化其与联合国世界旅游组织等国际旅游组织的合作，推动了与"一带一路"沿线旅游城市之间的交流与合作。

## 二 北京旅游文化的对外传播

### （一）旅游文化对外传播概述

旅游文化对外传播是将某一地域旅游文化传递给外部受众的过程，也是受众感知目的地旅游文化的过程，这一过程影响着受众对目的地旅游文化的认知情感以及评价，对目的地在受众心目中文化的形成以及形成之后受众的行为起到了重要的作用。旅游文化对外传播包括以下特征。

第一，旅游文化对外传播的地域文化特性。从上述概念中我们可以看出，在目的地文化的构成中，这些概念基本上强调了一地的文化在该地文化构成的重要性。某一地的地域文化是在长期的历史发展中积淀下来的，并深刻影响着该地域民众的生活方式、价值选择以及文化观念。因此，旅游文化对外传播中的地域文化成为区别不同地域文化的核心所在。可以说，地域文化成为地域旅游文化的识别标志。因而，对北京旅游文化对外传播的研究要将北京特有的地域文化纳入北京的旅游文化中，突出北京地域的特点。

第二，旅游文化对外传播的媒介和对外传播方式的多样性。旅游文化对外传播的全过程性使旅游文化在对外传播过程中涉及了多种对外传播模式和多种对外传播方式，包括各种媒介进行的大众对外传播，游览过程中涉及的旅游服务人员从业者、导游以及当地居民与游客之间的人际对外传播，游览者个人对旅游目的地的风土人情、文化的领悟涉及人们的对外传播，旅游中组织活动又涉及组织对外传播，等等。正是这些不同的对外传播模式和对外传播方式丰富了游客的旅游游览过程。

第三，旅游文化对外传播的直接目的是为了对旅游目的地进行营销活动，最终目的是促进目的地文化的外部认同和接受。旅游文化对外传播的目的是传递给游客旅游地的信息，并接受游客的信息反馈。通过旅游文化的对外传播来提高旅游地的知名度、美誉度，可以形成游客对该旅游地的游览忠诚度，使旅游地在游客心目中留下独特的位置和良好的印象，并形成口碑效应，从而带动旅游地更好地发展。

第四，旅游文化对外传播具有双向互动性。在自媒体时代，受众的信息反馈渠道越来越便利。一方面，受众会将游览过程中的信息反馈给目的地开发经营者和媒体信息发布者，以便其对该地的旅游文化进行进一步的建设和有关目的地信息的优化对外传播；另一方面，也是更为重要的一面，是受众会通过口碑营销的方式影响潜在受众的游览行为。可以说，受众的游览反馈越来越多地影响着目的地文化的对外传播。因而，本文所认为的旅游文化对外传播是一个具有主观性构建和映射的对外传播过程，是受众对所接收到的旅游目的地的客观环境条件和文化内涵的信息进行的解码和反馈，从而形成的以该地地域文化为核心的总体文化认知。

## （二）旅游文化对外传播的要素及旅游形象的构成

旅游文化对外传播的要素及旅游形象的构成包括下列内容：

第一，旅游目的地的资源，这是文化对外传播的基础与前提。在以往的研究中，旅游文化对外传播包括景观、名胜、博物馆等指向目的地资源的要素。目的地资源是人们来到该地游览的目的和动力，受众正是通过对这些资源的欣赏与感受形成了对该地的实地印象。在以自然资源为主的目的地中，人们主要是感受高山岩石或湖泊海水的美丽景色，感受大自然的鬼斧神工。而在人文类景观面前，人们除了感受人工建筑的美轮美奂、精巧设计外，还可以感受到不同的人类活动在当地留下的痕迹，给当地带来的变化以及对当地的影响，人文景观总是带给人们在物质景观之外的多层次感受。因而，受众形成的旅游形象正是在目的地资源的基础之上形成的。

第二，旅游形象的构成包括目的地的环境。目的地的整体环境是旅游形象构成的诱导性因素。这里的环境主要由两部分构成，一部分是目的地的自然环境，另一部分是社会环境。前者在以往研究中主要体现在目的地的天气、气候，以及目的地的整洁度等，后者在以往研究中则主要体现在一地的政治经济文化因素，以及居民的接纳程度和购物环境等。自然环境对形成目的地形象的影响很大。人们常常用气候宜人、环境优美、四季如春等词来形容一个地方的环境。在一地游览时，尤其是对于人文类旅游的目的地来说，除了本身资源的吸引力之外，一地的整洁程度、当地居民对游客的态度以及购物环境的便捷等社会环境因素也构成了人们对该地的印象。对于人文类的景观地来说，社会环境对形象认知的影响往往大于自然景观。因此，游览过程中的整体环境因素对旅游形象形成起到了辅助性作用，良好的自然以及社会环境能使旅游者身心愉悦，从而形成对该地良好的形象。

第三，受众游览过程中旅游地的服务以及设施等方面是旅游形象构成的保障性因素。在以往的研究中，学者们以住宿舒适度、餐饮质量、服务人员的服务态度和质量、消费的价格与价值、基础设施建设等要素来反映这一指标。一地的服务与设施虽然对旅游形象形成的贡献因素不占主要地位，却是必不可少的辅助性因素。一地风光景观即便再美，如果服务人员态度差，住宿、餐饮不便利，或者停车位、公厕数量等设施不完善，也会让游览的整体形象大打折扣。良好的服务态度和设施建设会对目的地形象的构成起到积极的辅助作用，有利于受众形成良好的旅游形象。

第四，旅游形象的传播要素还包括在对目的地感受之上形成的表现为情感要素的主观认知。

综上分析，旅游文化对外传播的要素及旅游形象的构成主要包括目的地资源、目的地整体环境、服务设施以及情感要素四个部分。

### （三）旅游文化的对外传播特征

相较于传统的传播过程，从传播学的角度结合旅游形象的特性来阐释旅游文化的传播，可以从以下几方面概括出旅游文化对外传播的特征。

1. 旅游文化对外传播的全面性

旅游文化的形成与传播是一个综合累积的过程。旅游文化对外传播的全面性体现在两个方面：一方面是旅游文化对外传播内容的全面性。旅游文化不仅仅是受众对目的地实物景观的印象，也不限于对目的地民俗和文化的了解程度，也不仅仅是广告中所呈现的形象与广告宣传语。目的地形象是一个综合性的构成，既包括目的地的景观、设施以及交通服务管理等硬件条件，同时还包括目的地的风土人情，历史文化以及精神文化等软件条件。另一方面，在目的地形象的形成传播过程中包括原有形象认知，实地形象感知，也包括与亲友交谈或在网络上进行旅游见闻意见交流反馈等。这些阶段都伴随着交流和传播过程。同时，人们常说旅游的六要素——"吃、住、行、游、娱、购"也都渗透着传播过程。因此，旅游文化对外传播的全面性主要体现在传播内容和传播过程两个方面。

2. 旅游文化对外传播的文化性

旅游文化对外传播本身是一种文化交流传播活动。从目的地形象的定义来看，不同国家或地区的人对某一地域形象认知的形成过程，是不同国家和地区的人带着不同的文化背景，接受不同于自己文化背景的文化的过程。这恰恰是旅游文化对外传播的魅力所在，也正是其最吸引人的地方。

旅游文化对外传播本身具有文化性。某一目的地的形象或因其历史背景、社会功能、人为宣传等因素使得该目的地在受众心目中具有某种文化特性。如以山西平遥古城和乔家大院形象为代表的晋商文化，以北京胡同形象为代表的京味文化，等等。再如，三亚的"天涯海角"代表着爱情的永恒不变，三亚旅游局也适时地从1996年起举办"天涯海角国际婚礼节"（后更名为"天涯海角国际婚庆节"），烘托"天涯海角"所代表的爱情文化。还有以寺庙为代表的宗教文化信仰的传播，红色旅游地背后的爱国主义教育等都为旅游文化对外传播注入了文化性。

3. 旅游文化对外传播具有跨文化性

正如上文所说，旅游文化对外传播的受众主要是异地或者异国的受众。对于这些受众来说，旅游的文化对外传播具有不同的文化体验，因而受众的背景文化与目的地的异地文化之间存在着跨文化的传播过程。这首先体现在文化的涵化过程中。文化涵化是描述文化变迁的一种形式和状态，指的是两个或两个以上文化系统通过持久的接触和相互影响而形成的一方或者双方的文化变迁过程。在旅游文化对外传播中，文化涵化的作用分为两个方面：一方面目的地的文化会影响异地的受众，另一方面目的地在长期的发展过程中，也会吸收异文化因素，使得目的地的原真文化与异文化发生融合。其次，这种跨文化还体现在文化休克上。"在异文化中表现出的不适应性和陌生感而让人丧失辨认、认知能力"就是文化休克。文化休克是旅游文化跨文化传播中面临的最大的问题，而语言不通是文化休克产生的最主要的原因之一。因而，旅游文化对外传播要避免进而解决文化休克的产生。

### 4. 旅游文化对外传播的原真性

旅游文化对外传播要遵循原真性开发保护的原则。尤其是对于古迹类、或者是历史文化类的旅游目的地而言，原真性首先体现在景观的原真性上，当然这其中涉及文物古迹的保护问题，在不破坏景观的基础上，通过原真性的保护复原景观的原有面貌。此外，还要使目的地的环境保持原真性，这一环境包括目的地的人文环境、社会生活等，让人们在欣赏景观的同时，感受到目的地原汁原味的环境。但目前国内很多地域虽然做到了景观的原真性，但却因为经济利益等原因丧失掉了环境的原真性。如福建永定的土楼，在独特圆形封闭性建筑外观下，蕴含着的是客家人团结而且紧密联系的家族观念。而当土楼成为旅游景点后，原来土楼内上百户的居民早已人去楼空，只有在底层做生意的一些老人还居住在那里，现在的土楼已经感受不到其精神内涵所在。因此，目的地形象的传播一方面在于其景观的原真性传播，能让受众者真正完全欣赏并领悟到目的地魅力的关键，另一方面在于其整体环境的原真性传播。

### 5. 旅游文化对外传播的舞台化

在以原真性为首要原则的同时，为了使目的地形象更加有效地传播，让受众更好地理解，旅游文化对外传播还要体现其"舞台化"传播的特征。在一些地域，尤其是拥有悠久历史文化的地域，其历史文化的内涵和精髓往往是无形的或是深奥难懂的，这就需要在保证原真性的基础上对该地的旅游吸引物进行"舞台化"呈现。通过适当的演绎，让该地文化的对外传播更加生动鲜活。如近几年十分火爆的"印象"系列，由著名导演张艺谋等指导。该系列借助地域的自然风光，通过灯光音响和特效，打造的原生态大型实景歌舞演出，至今已成功地开发出《印象丽江》《印象刘三姐》《印象大红袍》等作品，形成了"印象"品牌。正是这种全新的"舞台化"展现，赋予了这一地域全新的形象展示。"印象"系列的"舞台化"是一种纯粹的舞台化展示，对于大多数目的地来说，实现难度很大。很多目的地通过导游的讲解、旅游地的标志以及一些历史场景重现活动等手段来加深人们对该地的认识和理解，也是旅游文化对外传播的"舞台化"重现。

6. 旅游文化对外传播的体验性

受众在接受某一地域的形象信息后，会形成关于该地的形象认知，受众对这一认知形象接受并感兴趣，会产生到该地进行游览的旅游动机，从而到该地进行游览旅游，并通过自我真实的感受形成进一步的对该地的形象感知。因而，旅游文化对外传播还是一种实地体验活动，受众对旅游文化的整体认知不仅仅局限于媒体的描述，而是会亲身到该地感受。这是其他传播形式很难达到的效果，也是旅游文化对外传播的鲜明特征之一。旅游文化对外传播与诸如新闻、电视节目等传播形式相比，虽然目的地是经过一定上程度上的包装修饰，并呈现出一种"拟态化"的真实，但是新闻传播受众一般不能去新闻发生现场，节目传播受众也很难都到节目录制现场。这些传播塑造的拟态环境与旅游文化对外传播的"舞台化"真实相比，旅游文化对外传播的过程是基于受众自身观察实地感知判断的结果，一定程度上弱化了把关人的作用，因而使传播更具真实感知性。同时，这种真实感知性也使得旅游文化对外传播的传播方式和模式区别于以往的传播活动。

# 三　北京旅游文化传播的成果及存在的问题

## （一）北京旅游文化传播的成果

2017 年北京市的旅游文化对外传播工作继续深入推进。具体来说，旅游文化对外传播的工作包括如下内容。

第一，旅游形象宣传力度不断加大。2017 年，北京市投入资金 3000 万元，通过对外加大宣传力度、对内创新宣传手段的方式持续推介北京旅游。针对入境市场，2017 年北京市举办了海外推介会十余个，如北京举办的天坛迎新年倒计时活动首次在纽约时报广场倒计时庆典上亮相。同时，以"熊猫神游北京"在伦敦及都柏林推介演出、北京旅游团队领跑科隆狂欢节、旅游推介走入台湾香港等活动为代表的一系列海外推介活动取得积极成果。Visit Beijing 旅游网站在 Alexa 网站综合排名上升至 5 万位以内，居全国政府旅游公共服务官方网站之首。北京市借助视频网络推出了 *Love Beijing* 微电影、《北京故事》旅游纪录片、宣传片等。依托微博、微信等新的传播媒介，北京旅游官方微博粉丝和"悠游北京"APP 的浏览量实现新的突破。

第二，借服务保障外交大局之机，持续推进北京的文化对外传播。北京市服务保障在京举办的重大外交活动，如成功筹备组织"一带一路"国际合作高峰论坛人民大会堂欢迎晚宴伴宴演出，领导人配偶故宫御花园文化展演活动及国家大剧院文艺演出，完成美国总统特朗普来华访问文化服务保障工作，完成亚信非政府论坛第二次会议文艺演出任务；服务保障市领导出访活动，如组织赴莫桑比克、坦桑尼亚、阿联酋等国举办"北京之夜"文艺演出，配合第二届中国—中东欧国家"16＋1"首都市长论坛、贝尔格莱德"北京日"、渥太华"北京周"、哈萨克斯坦阿斯塔纳世博会"北京活动周"等开展系列文化活动；主动融入"一带一路"倡议，以文化交流促民心相通，如组织赴法国、摩洛哥、以色列进行交流。此外，北京市在园博园举办"2017 中国—中东欧国家文化艺术嘉年华"，11 个国家 14 个团组近 200 位中东欧国家的艺术家参加了本次活动，这是"中国—中东欧国家文化季"系列活动参与国家最多、规模最大的项目。

第三，积极开展文化交流交往，不断推进北京的文化对外传播。为巩固扩大春节文化影响力，北京市分别在赫尔辛基和爱沙尼亚的塔林连续举办了 11 年和 8 年的"欢乐春节"活动，这已成为文化"走出去"品牌化、本土化、精品化的成功范例。同时，北京市在友城德国科隆、捷克布拉格举办春节文艺演出和庙会；与驻美使馆和当地主流文化机构开展传统文化展示、中国新年家庭日等活动；在马德里中国文化中心、希腊雅典开展综合性文艺演出。为培育特色文化交流品牌，北京市举办了"2018 全球吉庆生肖设计大赛（戊戌狗年）"，全球范围征集作品 3489 件；在北京和纽约地标性建筑举办"鸡鸣东方"新春双城快闪活动；举办 2017"驻华使节艺术沙龙活动"，开展"琴、书、茶、花、香"等文化体验。

第四，稳步做好对港澳台文化交流活动，推进北京文化在港澳台地区的深度传播。2017 年，北京市完成全国对港澳文化交流重点项目的组织申报，其中 2 个项目获得了资助；参加纪念香港回归 20 周年中国戏曲节演出，举办香港警察书画学会作品展，昆曲表演艺术家赴港台开展学术交流；完成港澳大学生文化实践活动、两岸学子暑期文化实习月、两岸城市文化互访的相关工作；实施 2017 两岸青年戏剧人才培训扶持计划项目，发掘青年编导人才。2017 年，北京市文化局共受理出访国外及港澳台地区文化交流项目 145 批次 2761 人次，引进国外及港澳台地区共 48 批次 1050 人次。

第五，2017 年北京市旅游文化对外传播的具体成效之一为成功举办了"一带一路"国际合作高峰论坛。根据北京市委市政府工作安排，北京市文化局承担了领导人配偶故宫御花园文化展演、欢迎晚宴交响乐伴宴演出和高峰论坛文艺演出的组织、筹备工作。在"一带一路"国际合作高峰论坛中央筹备委员会、北京市服务保障领导小组的领导下，北京市文化局组织文艺演出 3 场，非物质文化遗产展示 1 场，圆满完成了各项任务。同时，服务国内外贵宾 2000 余人次，得到了出席领导、与会嘉宾、新闻媒体的高度评价。

第六，积极参加 2017 哈萨克斯坦阿斯塔纳世博会的相关工作。2017 哈萨克斯坦阿斯塔纳世博会于 2017 年 6 月 10 日至 9 月 10 日在哈萨克斯坦首都阿斯塔纳举行。这是首次由中亚国家举办的世博会，有 115 个国家和 20 家国际组织参展。根据北京市政府工作安排，作为世博会"北京活动周"成员单位，北京市文化局负责世博会开幕式系列文化活动的组织和策划工作。当地时间 6 月 16 日，主题为"美丽北京，绽放世博"的"北京活动周"正式在阿斯塔纳世博会中国馆拉开帷幕，北京市是首个在阿斯塔纳世博会中国馆亮相的省区市。北京市文化局组派的北京戏曲艺术职业学院、北京民族乐团和中华龙韵功夫团一行 29 人圆满完成开幕式迎宾演出、开幕式演出以及开幕式招待会演出等三项演出任务。

第七，积极推动雅典中国文化中心筹建工作进程。根据文化部与北京市共建雅典中国文化中心协议，2017 年双方已委托新华社智库机构完成在雅典推广中国文化课题调研，成立专门的运营机构，完成更名和扩编工作，并多次参加文化部外联局关于推进市部合作共建雅典中国文化中心工作协调会等方面的前期筹备工作。同时，双方制定了雅典中国文化中心装修改造筹备方案，并协调市财政局给予相关经费的保障。

第八，积极发挥北京文化、外事资源优势，大力开展以图书、戏剧、音乐为载体的文化交流。为发挥首都文化在"一带一路"文化交流中的引领作用，北京市文化局与首都图书馆赴法国、摩洛哥、以色列，围绕阿维尼翁戏剧节演出、"一带一路"公共图书馆合作等事项与当地政府文化部门、相关团体组织进行了会晤和交流。三个国家和城市文化部门负责人对"一带一路"文化交流做出了积极回应，表达出充分的认同和加强文化合作的迫切愿望，体现出文化在促进民心相通、增强共识方面的重要作用。同时，北京市文化局与首都图书馆还在塞尔维亚贝尔格莱德举办了"北京日"活动。活动期间，首都图书馆分别与塞尔维亚、斯洛文尼亚签署了《首都图书馆与贝尔格莱德图书馆战略合作协议》《首都图书馆与卢布尔雅那大学艺术学院、社会科学学院谅解备忘录》，推动与两市图书馆的文化交流。北京交响乐团于2017年2月赴美国、加拿大举办了3场交响乐音乐会，并与加拿大渥太华交响乐团签署友好乐团合作备忘录，共同发起北京国际友好城市交响乐团联盟。

第九，持续扩大"欢乐春节"品牌活动的影响力，做好港澳台文化交流活动。2017年春节期间，全市有34个团组813人参与全球"欢乐春节"活动，分别赴美国、德国、芬兰、捷克及港澳台等34个国家和地区，开展了百余场文艺演出、展览展示等活动。活动逐渐由过去的文化部门主办、文艺演出为主，转变为北京市文化局牵头、多方面协作、多样式呈现的综合型国际文化交流平台。北京市文化局成功组织了来自京台两地的30名青年实习生，以结对实习交流的形式参加了为期25天的"台湾学子暑期文化实习月"活动，有效推动了文化实习与青年交流的有机融合；实施"2017两岸青年戏剧人才培训扶持计划"，招募大陆和台湾地区的青年戏剧人才，在京台两地进行专家培训、参访交流、工作坊等活动；举办"港澳大学生来京文化实践"活动，邀请了来自香港高校的12名大学生来京，赴国家大剧院、国家博物馆、北京天桥艺术中心、首都图书馆等文博机构工作实习，进行参访、交流、座谈等文化交流活动。这几项活动已成为弘扬和传承中华优秀传统文化、增强京港澳台青年交流沟通的重要平台。

## （二）北京市旅游文化对外传播存在的问题

2017 年，北京市的旅游文化对外传播虽然取得了较大的成绩，但还存在一定的问题，如对外文化传播的层次与影响力有待提升、文化传播方式和手段有待创新，国际高端文化资源荟萃的城市文化品牌形象尚未形成，从而导致北京的国际旅游竞争力减弱，入境市场持续下滑。其中，亚洲地区下降幅度明显，日、韩、俄三大客源国下降幅度较大。具体来说，北京市的旅游文化对外传播还存在着如下问题。

第一，传播定位和目标不清晰。北京市希望借助良好的传播与媒介发展旅游业，但并未对具体的传播做一个清晰的定位。把旅游传播无论定位为支柱产业还是主导产业，都反映了人们发展旅游业的强烈愿望，体现了一种传播定位导向。而无论将其定位为以上两种产业中的任意一种都将对旅游业的发展起着重要的推动作用。说到底，这确实是一种人为的定位过程，要求我们无比慎重。事实上，不论北京市将旅游业定位为支柱产业还是主导产业，我们都应当抓住机遇，清晰定位。在目前我国"政府主导型"的旅游产业发展政策的环境下，我们应大力发展旅游业，使其为整个国民经济的发展做出更大的贡献，以带动人们的生活水平。而使整个国民经济的发展有了更大飞跃的同时，也为人们生活水平的提高做出更大的贡献，从而提升旅游业的发展高度。我们应结合主导产业和支柱产业的选择标准，同时结合北京市旅游业发展的实际情况，探明其定位的清晰性。

北京市应根据自己的旅游资源特点进行定位，最大限度满足游客的需求。虽然没有一个旅游目的地可以满足所有旅游者的需求，但尺有所短寸有所长，每个目的地都有自己的优势。因此，北京市旅游业的定位应该根据其旅游资源的特点，最大限度地满足游客的需求。

第二，传播目标短浅。早在北京市旅游业发展初期，北京曾有一个中外皆知的传播目标就是，将其打造为旅游胜地。但时至今日，这一旅游传播目标已经无法体现北京旅游的特色，跟不上时代的步伐，不利于旅游业的全面发展，影响了北京旅游业的可持续发展。如今，根据国家对北京的新定位，此一目标甚至已经成为一种信息误导。诚然，在北京，我们的确要逛故宫、走西单、进胡同、溜前门大街，但却忽略了北京作为国家首都真正的文化内涵。北京的其他旅游资源，如北京新文化运动纪念馆、李大钊故居等红色文化资源，对我们来说也是极为宝贵的。我们要把目标放远，不能把旅游产业发展的着眼点人为降低，仅仅局限于胡同、故宫之中。如今，根据中央对北京的新定位，北京要做全国的文化中心。就北京的文化而言，其内容包括红色文化、古都文化、京味文化、创新文化等。在新时代，对于境外游客而言，北京的吸引力主要在其古都文化、红色文化，而非京味文化、创新文化。对京味文化感兴趣的群体，主要是京外的国内游客；对创新文化感兴趣的群体，主要是京外的小众群体，如创业者、企业家等。对于境外游客而言，他们来北京，是希望能在北京充分、全面、深入地接触与感受红色中国的文化印象，同时能够品味北京作为中国六朝古都的历史风貌。通过这些，去了解、把握中国的文化。可以说，只走京城一地，就可以感受中国文化，因为这里是中国的文化中心。但是，我们之前对北京旅游的定位，并没有全面体现这一要求。

第三，传播战略缺乏突破口。传播策略在旅游传播过程中一直存在，但难以寻到有价值的突破口。所有一切竞争，究其根本都是文化的竞争。文化是运行之道，其传播策略可以策划，经科学研究可以找到突破口。制定成功的文化传播战略可以在市场竞争中占据差异化的竞争优势。这要求我们要有创新性思维，寻找传播战略的突破口。北京旅游文化传播的本质含义和核心内容是，借助各种载体或具体形式进行传播。理论知识的科学精神和人文精神主要体现在哲学，文化方面的理想信念，包括道德、精神、价值取向、思维方式、行为举止等为核心的科学精神和人文精神。文化传播过程中应当理性分析、科学对待、辩证解决。我们应着力弘扬和提升北京的科学精神和人文精神。只有经过科学分析、理性判断，才能利用传播战略发展北京文化，在北京文化旅游产业发展中有所贡献。

对北京优秀的文化特征，我们应该利用传播战略，大力推进文化旅游业的发展。我们应借助北京文化，使北京成为拥有强大文化力量的经济、政治首都。

第四，受众和市场战略未细分。受众战略笼统作为传播环节的终端，既是旅游文化传播与媒介战略研究的直接受益者，又是其质量高低、水平优劣的最佳检验者，也就是说旅游者在旅游传播过程起着主导作用。同时，受众战略也是北京旅游传播媒介战略研究得以迅速发展的重要原因之一。

北京旅游文化传播拥有相当大的受众，也取得了很好的口碑效应。在北京旅游传播的受众战略市场上，受众战略未被得到足够的重视。在市场经济中，受众才是真正的主人。受众战略的根本出发点是满足受众多而杂的需求。北京旅游文化传播就媒介战略而言，在广泛的受众基础上，恰当正确的受众战略是其生存与发展的必备条件。

第五，目标市场分散。北京市缺乏对旅游资源的统一规划，目标市场分散。只有合理区分目标市场，我们才能确定北京市的目标客户。只有对北京市旅游文化传播的目标客户进行相应的区分，我们才能明确其传播方向。目标客户的细分可借鉴人口地理学和行为心理学的理论，并以行为心理等因素为标准，将目标市场细分为几个亚市场，并在其中选择几个子市场。在传播旅游文化时，传播者可以根据市场需求，提出想法，创作新的旅游产品，满足游客的需求，从而使旅游文化传播的效果更好。

第六，品牌战略无特色。北京市虽然拥有世界著名的景点，但高端境外游客的数量相对较少，其最主要的原因是，北京市没有扩大品牌宣传，品牌战略没有特点。虽然北京市旅游资源相对丰富，但北京旅游文化传播过程出现了品牌战略无特色的诟病，未塑造出其特有的核心专长。

## 四　关于完善北京旅游文化对外传播的建议

旅游文化传播是一种无形中拉动目的地经济文化发展的重要方式，对其战略策略体系的研究具有重要意义。世界旅游组织（UNWTO）于2016年12月发布未来展望：旅游业本世纪的最大特征体现在原始自然风光和历史遗迹的市场份额将呈现低落趋势，而旅游文化产品则恰恰相反，会表现出强劲的发展势头。从旅游者行为模式的研究也可以看出，游客并不会停留在旅游的初级阶段，即走马观花式地赏景拍照，而是会逐步向更高层次的文化旅游方向发展，也就是说旅游文化消费的追求将会持续增长。对于境外的旅游者来说，其不远万里地飞到北京，最主要的是要去体验、品味、鉴赏北京本地独有的文化，如长城、故宫、颐和园、天坛等文化景点，而非去游览风景独特的延庆龙庆峡，也不是为了去行走平谷的京东大峡谷。

为了满足境外旅游者的消费需要，对于旅游目的地北京市来说，必须具备旅游文化传播的意识与理念，积极开展传播战略与策略体系研究，综合运用各类传播方式提升目的地形象，才能创新和凸显自己的特色，不断提高自身的竞争力，使之发展拥有持久的生命力。

## （一）全面、准确、及时地搜集、整理、分析相关信息，为确立北京旅游文化传播战略策略体系建立坚实的信息基础

通过与国家移民管理局等管理部门沟通，我们需全面、准确、及时地搜集、整理、分析境外旅游者入境北京的相关信息。只有掌握了上述信息，我们才能知道哪些国家、地区的游客才是北京最主要的客源地，我们的宣传、传播力量与资金应该投放到哪里，我们应针对哪个国家和地区游客的文化背景来设计自己的传播战略策略体系。

通过与专业性市场调查机构及相关文化类景区管理部门沟通，我们需全面、准确、及时地了解境外旅游者在京文化消费的偏好、模式、购买力、购买意愿、构想意向等，准确、及时地了解境外旅游者的文化消费动向、发展趋势，并以此为基础规划、开发、改造北京的旅游文化设施与资源。

通过与境外专业性市场调查机构合作，我们需全面、准确、及时地了解境外旅游者在京游览期间对北京市整体文化氛围、文化设施、文化资源的感受、判断与评价，并以此为基础，对北京市文化设施、资源及其管理模式、管理机制等进行相应的调整与改进。

### （二）根据各类传播方式的特点，选择多样化的旅游文化传播渠道

1. 电视传播

旅游文化境外传播的媒体选择，当然要选择电视这一渠道。随着家庭电视普及率的迅速提高，电视出现在各家各户。虽然网络、报纸等媒体发展趋势迅猛，但电视依然难以被替代。电视是旅游最常使用的媒体，而且它可以与生活、娱乐、购物等相融合，从而形象地展示旅游产品。

电视媒体已成为最直接、最方便、最快速、最简单、最深入的家庭沟通的工具，主要表现在电视媒体的传播范围相当广泛，尤其是在空间通信时代。到达率是衡量一种媒体的传播效果的重要指标之一，电视媒体覆盖面广，到达率高，又是人们日常习惯生活中获得各种信息的主要途径，是重要的信息发布渠道。

电视的注意率高。电视广告被注意的程度，即受众的注意率在信息发布中是一个重要指标。电视对消费者的影响高于其他媒体。

电视的实时性强。根据对北美、西欧、东亚等地区受众的调查结果，绝大多数人将电视作为第一媒体。电视以其收视群体广大、能够提供视觉和活动图像的优势，成为当前当之无愧的首位受欢迎的媒体。因此，电视对于境外旅游消费者的影响大于其他媒体。

2. 报纸、杂志、书籍等纸质传统媒体

报纸、杂志、书籍等印刷媒体信息具备以下优点：印刷媒体一般比电子媒体拥有更高的威望；具有广泛与稳定的读者；阅读地点无选择，而且可以重复阅读，并可以通过反复阅读，加深印象；报纸内容深浅皆宜；信息量大，读者的选择余地大；印刷媒介上的资料便于剪下保存。

同时，印刷媒体信息也具有如下缺点：在发行、运输等中间环节，容易受到阻碍；受文化水平的限制。广播使用口头语言，电视使用形象生动的有声图像，适合各种人群，而印刷媒体不适合文盲或文化水平低的人；时效性差。现在媒体网络时效性最强，广播、电视次之，报纸再次，杂志、书籍最差。但是对于东亚、北美、西欧等北京传统的境外客源市场来说，其民众的

文化程度较高，日常生活中对报纸、杂志、书籍的阅读习惯依然有很大的偏爱。因此，我们对该渠道必须保有相应的重视，不能因为网络、电视的兴起而对该渠道予以废弃。

3. 广播电台

广播电台信息具备以下优点：传播速度迅速、及时；口头语言是人类的主要表达方式，广播使用口头语言，能够方便地表达喜怒哀乐等情感，能够引起听众的共鸣；靠电波传播内容不受空间阻碍；传播对象不受文化程度限制，老弱、妇幼、不识字者、无阅读习惯者都可收听；节目制作简易，成本也较低；在从事其他工作时可以收听广播，而且在相同的时间内，人们从收音机中获得的信息比从报纸上获得的多。

广播电台信息具备以下缺点：收听受时间限制，远不如报纸方便；广播信息转瞬即逝，如不及时录音，内容无法保存与重复收听，听众如有不明之处，也无法慢慢反复思考；广播通过印象传播信息，没有图像，无法展现图片、表格与人物形象，在这方面不如电视与报纸。

## （三）制定旅游文化对外传播战略，实施整合传播

### 1. 基于时间的全时化传播

网络时代的实践为我们提供新的隐喻，它是指传统的旅游，及时性的规则和全天候24小时规则。这从理论和实践上给了我们另一个关键词和面向未来的新闻时代——全时性（timelessness）。旅游新时代，所有视图的旅游价值是对传统低质媒体的改进与融合，这可以使其更深刻、更人性、更准确地反映新闻的时代意义。它反映了全天候、全方位的历史维度和过程维度的网络交往实践，为绝对时间、程度、出发点、相对时间带来了丰富的思考时间的技术。

全时性在传播战略中非常重要。其特征体现在全天候服务，不分昼夜。全时性的供应非常及时，按需供给。同时也启发了我们如何对网络新闻本身做基本的解释。

网络新闻时代的全时性以受众旅游者为导向，不以新闻文字和故事

（旅游产品），或新闻机构和人员的生产者（景区服务人员）为主导。这意味着，旅游终于可以真正听观众"安排"或"指向"。网络新闻时代的全时新闻倡导以人为本的服务。全时新闻以时间战略实现了空间战略。网络新闻时代的"全时观"在提升传统新闻价值方面，通过对"及时性"进行改进和集成，使它更强大、更深刻、更精致、更好地体现新闻的意义。网络新闻时代的所有新闻，包括网络新闻和传统新闻，还包括所有的面向未来的媒体，这些新闻将借助网络的力量，成为未来最重要、最具影响力的新闻。

2. 基于力度的影响力传播

在网络时代，文化传播的载体由单一媒体转向各种媒体，其中新媒体的影响力最大。因为网络技术和数字化技术的发展为文化创新和传播开辟了多种融合渠道。如今人们可以将新媒体形式用于网络电视、手机电视、移动电视、户外大屏幕等，进行全方位的文化信息资源的开发和交付。人们可以在互联网上获取大量的经验、知识，并可以在更短的时间内完成知识的学习。以文学作品的传播为例，过去的作品只有通过报纸、杂志、书籍才能进行传播。如今，网络文学与网络媒介的融合，不仅实现了文学作品广泛和快速的传播，还培养了大量的网络文学作家。为了使北京的旅游文化尽快向国内外传播，2008 年北京市旅游局启动了"联合促销，捆绑营销"的品牌传播模式，以"这里是北京"为指导，联合全市十六个区、两个郊区县，以及部分重点旅游景区景点在内的多家单位，进行影响力传播。北京市旅游局在中央电视台、北京电视台、凤凰卫视等市内外权威主流媒体进行形象宣传，创建了国家旅游品牌集群传播的范式。北京旅游影响力传播的有效实施，扩大了影响，拥有了连续的显示效果。"北京旅游"的品牌形象实现了更广泛、更深入的传播，可以说，北京旅游形象已经升级。独特的"北京旅游文化传播模式"在业界引起了空前的反响，许多省、自治区、市也采取这种方法。该模式被中央电视台称为"全国首创，众省效仿"。

3. 基于范围的全球化传播

北京旅游文化传播的基本目标是，在地域上要实现全球范围的传播，也就是实现全球化传播，这也是北京旅游文化传播的全球战略。实现北京旅游文化传播的全球战略，有两种方式：标准化生产与差别化生产。标准化生产是根据全球受众的通常心理进行形象创制；差别化生产是根据区域化的文化特点、生活习惯等进行个性化创制。唯有采取标准化与差别化的手段，对北京旅游文化进行传播，才能实现其全球传播战略。

4. 进行精准定向的品牌化传播

旅游文化的传播和推广，不仅是为了促进北京旅游业的发展，还应该上升到一定的高度，赋予其特定的价值，从而促进旅游文化产业的大发展。在此方面，北京市旅游局在进行深入调查的基础上，聘请专业知名公司，对北京旅游文化的内涵进行挖掘、提升、提炼，突出北京旅游业的文化内涵。此外，北京市旅游局根据北京市重大活动多的特点，在北京的体育、文化、贸易、经济、金融、教育等重要活动中，在北京的主要人流聚集地，如王府井、前门大街、颐和园、亮马河、中关村五道口、北京动物园、国家图书馆、北京图书大厦、北京西单大悦城等区域，对北京旅游品牌及其文化内涵进行立体宣传，从而使北京旅游品牌得以全面推广。

## （四）建立各级保护部门的协调机制

如前所述，北京旅游文化对外传播的各有关主体在不同程度上存在沟通渠道不畅的问题，给现实的对外传播工作带来一定阻碍。换个角度来看，旅游文化对外传播的主体多意味着资源丰富，但如果协调沟通不畅就会将其优势化为劣势，甚至成为北京旅游文化对外传播的掣肘因素，因此建立各主体之间的协调机制十分必要。第一，要分清不同旅游文化对外传播主体之间的权责，在传播工作中形成清晰的分工思路；第二，打破各传播主体的圈地思维，在对外传播的组织管理方面相互分享资源，共同发力；第三，保证各主体间信息通畅，运用各主体的网站和微博及时对外发布信息；第四，努力完善全市统一的旅游文化建设和对外传播机制，比如每年的文化遗产日，北京文物局都要列表公布主要宣传活动计划。这种模式可进一步推广完善，将传统节日、文化遗产日、北京国际旅游节等重要节庆活动由旅游部门统一发布。这不仅有利于沟通协调，还可以达到更好的对外传播效果；第五，加强北京市旅游部门的对外传播协调职能。随着国家文化和旅游部的成立，作为北京市政府，其下属的文化、文物部门与旅游部门也将会合并，其在推进北京旅游文化对外传播方面，也应该承担更多的沟通协调工作。

### （五）开发品牌化的旅游文化活动

北京历来重视为演艺性旅游文化建设项目，每年组织多场大型的旅游文化集中展演活动，还有不计其数的境外小型演出。然而热闹的背后却隐藏着北京旅游文化品牌建设遭遇瓶颈的尴尬。许多旅游文化项目，如天桥中幡等，虽亮相频繁，但仍属于零敲碎打，成为节庆文化和广场文化的点缀性元素，独立的品牌效应不强，社会认知度相对较低。在旅游文化品牌建设方面，可以借鉴张艺谋团队的"印象"系列，尝试类似"北京印象"的品牌性商业演出，以北京代表性的非物质文化遗产项目为骨，以京味文化为魂，以传统与现代相结合的演艺方式为血脉，将卢沟桥传说等民间故事串联起来，形成舞台演绎的故事主线，糅合京剧、太极拳、抖空竹、京西太平鼓、传统幻术等曲艺杂艺，整合包装，加入现代声光电等创意元素，在前门、南锣鼓巷等历史文化街区划出专门地块进行常态化的类"北京印象"演出。这种品牌化的大型旅游文化演出不仅聚集人气，也可带动非演艺性其他旅游文化项目的发展，比如演艺场所附近可以进行京味传统饮食和非遗工艺品的展览和售卖。这有利于境外游客在京旅游期间提升对北京旅游文化的整体认知度，从而促进北京旅游业的全面发展。

建立适应现代都市生活的传习方式，使非物质文化遗产代代传承，需要建立开放的、符合现代社会生活发展变化的传习方式。尤其是在北京这个现代都市，非遗文化的传习方式更应该尝试突破现有模式，面向更广大的公众、更广阔的都市生活空间。比如2014年，北京在非物质文化遗产技艺传习方面出现一些新变化。2014年8月14～29日，西城区非物质文化遗产保护中心首次面向社会招募非遗传承志愿者，最终从来自全国的100名候选人中选出42人，跟随北京刻瓷、戏曲盔头制作等5项非遗项目传承人进行面对面学习，最终择优进入正式传承人序列。这种面向社会的传承人遴选模式是一种可贵的探索。

然而从整体情况来看，北京非遗项目的传习活动并没有从真正意义上走向大众，融入现代生活，开放性和融合度都显得差强人意。非遗文化保护与传承不能遵循"文化鸵鸟主义"，关起门来自娱自乐，而是应该融入现代生活，融入大众文化，体现都市气派，紧跟时尚潮流，呈现出大众化、时尚化、青春化的新面貌。

### （六）尝试借用流行文化的运作方式和传播方式

旅游文化是北京文化的一部分，人们习惯将其与当前的流行文化进行对照，甚至将两者对立起来。其实站在历史的角度来看，旅游文化在特定的历史时期往往也是一种流行文化。将旅游文化与流行文化割裂的思维已不适于当下文化发展的需要。相反，将旅游文化重新输入流行元素、外文字幕，使其重新成为来京境外游客追捧的宠儿，这样，北京旅游文化才能真正地活在来京境外游客的脑海里、心灵里、记忆里、交流的故事里。鉴于这种思路，北京旅游文化的传播可以尝试借用当下流行文化的运作方式和传播方式。在运作方式上，可以借鉴近些年北京涉外文艺演出市场流行的"小团队 + 小剧场"模式。在展示形式上，可以借用外文字幕、外文画外音等来吸引人气，增加传播效果。这对于旅游文化的对外传播具有积极的意义，起码可以吸引更多的在京外国人关注北京旅游文化，进而投身北京旅游文化的传播中来。此外，在受众人群上，北京旅游文化的传播需要深耕在京留学生文化市场。在条件成熟的情况下，旅游文化项目传承人甚至可以走偶像化、明星化路线，展现青春气质，引领时尚潮流。

### （七）充分利用互联网媒介的传播优势

近年来，"互联网＋"的概念持续火热，互联网对于旅游文化对外传播的重要意义越来越受到关注。可以说，互联网作为一种全新的公共领域，其提供的话语环境为旅游文化的传播与发展提供了全新的视角与舞台。在旅游文化传播领域中，互联网媒介早已是不可或缺的环节。事实上，北京利用互联网进行旅游文化传播走在了全国前列，站在了时代潮头。北京市旅游发展委员会、北京市文化局等职能部门都在网上发布大量旅游文化信息，不少热门的旅游文化项目、非遗文化遗产老字号及传承人都开通了微博微信，而且还有数量繁多的民间论坛、网络自媒体等在参与旅游文化的网络对外传播。通过互联网，旅游文化对外传播在线上线下形成互动，旅游文化活动更为活跃。旅游文化对外传播工作是一个连续的、流动的过程，应该适应社会发展、因应时代变化，顺应文化潮流。在文化大发展大繁荣的战略背景下，旅游文化对外传播工作更应该更新思路，积极变革，将北京旅游文化的魅力展现在世人面前。

### （八）北京旅游文化对外传播必须基于北京的历史传统和社会发展现实，提炼出贴切描述北京旅游文化特色、精神的中国话语

有自己独立的话语体系是参与国际文化交流的前提。在开展文化之间交流互鉴、相互合作的过程中，我们必须有自觉且清晰的文化表达。文化是一种反映社会生成活动的现象。要准确传播我们的文化，就必须客观反映我们的现实生活。要表达北京旅游文化的话语方式，就必须反映北京旅游业的生动实践。创新北京旅游文化对外传播必须立足于北京旅游业的历史传统和当前实践，提炼出能够打动"他者"心扉的人间文化话语。要让北京旅游文化的基本特征、价值和功能获得最广泛的理解，就必须回到作为文化基础的旅游实践本身。因此，在对外传播北京旅游文化时，北京要学会通过用境外旅游业者、旅游参与者的语言和境外旅游业者、旅游参与者亲身经历的故事来描述北京，让北京的旅游文化，通过鲜活的旅游叙事和行动故事显现其理念的光辉和理想的力量，从而打动世界旅游者的心扉。

### （九）创新北京旅游文化对外传播必须重视用外语讲述北京旅游文化、传播北京旅游文化的能力

即使在纯粹的话语形式层面，我们也应该注意传播话语交互理解的可能性。对外国人讲话，表达我们的利益追求和看法，我们应使用外国人能够理

解的说法或话语。讲述北京旅游文化，我们不仅要讲北京的旅游故事、旅游资源，而且要讲能够打动世界游客的北京旅游文化话语；不仅要学会用中国语言阐述北京旅游文化，还要学会用包括英国、法国、日本、德国等发达国家和亚非拉各发展中国家的语言，如英、法、日、德、西、葡语等讲述北京旅游文化和旅游故事。

### （十）创新北京旅游文化对外传播，要充分利用在京外国留学生群体

毋庸置疑，北京历史悠久、人文丰富，具有得天独厚的吸引留学生来华留学的人文资源。在北京旅游文化对外传播的视角下，北京旅游文化已经到了可以作为完整的文化概念走上文化传播教学的舞台。虽然北京旅游文化还没有准确的界定，但是这并不妨碍我们可以将北京旅游文化作为一个完整的文化概念和文化形象传播给在京留学生，进而在留学生群体中树立一个同中华优秀文化相联系的北京旅游文化。利用北京高校的汉语教学建立一个北京文化传播的有效途径，促使教学实践活动对留学生进行传播，甚至促使其进行消费。整个教学输入过程是一种浸润式的传播，可以使留学生这些文化个体在完整认同北京文化的价值后以异质文化的整体评价态度影响世界。这既填补了北京作为一个完整的文化对象向外国留学生传播的空白，又赋予了留学生汉语教学中的跨文化训练以新的内容和内涵。

北京，作为中国的首都，在北京旅游文化传播中不仅仅具有独特的历史使命或起到建构文化交往平台的作用，更是作为文化传播的一个重要品牌加以输出。基于此，我们要把北京旅游文化有形无形的具体内容，把北京的现代文化中的文化创意产业与名胜古迹的共存与互补打造成旅游文化品牌传播给留学生，进而再通过以点带面的形式传播给世界。

## 五　案例

第十九届北京国际旅游节于 2017 年 10 月 1~4 日在奥林匹克公园主会

场和顺义鲜花港、石景山游乐园、大型月季园3处分会场成功举办。本届国际旅游节以"丝路连世界，欢乐游北京"为主题，围绕"一带一路"和"京津冀"协同发展的国家战略，着力于服务首都国际交往中心城市定位，邀请来自亚、欧、美等16个国家和中国北京、河北、江苏、香港等地25支优秀表演团体近千名中外演员参与，在各会场成功举办了15场独具特色的旅游文化活动。

10月1日，本届国际旅游节在主会场奥林匹克公园庆典广场举行了开幕式暨盛装行进表演，北京市人民政府副市长程红、中国残疾人联合会副主席吕世明、国家旅游局副局长王晓峰、哥伦比亚驻华大使奥斯卡·鲁埃达、拉脱维亚驻华大使馆副馆长伊娜丝、北京市人民政府副秘书长徐志军、国家旅游局旅游促进与国际合作司司长薛亚平，北京市旅游发展委员会主任宋宇，中共北京市朝阳区区委书记吴桂英、朝阳区人民政府区长王灏、北京市人民政府外事办公室副主任高志勇等中外嘉宾出席了开幕式，北京市旅游发展委员会主任宋宇在开幕式上致辞，各大媒体、游客、市民等7000余人在现场共同见证了开幕式的活动盛况。10月2～4日，本届国际旅游节在石景山游乐园、顺义国际鲜花港、大兴月季主题园分别设立分会场，与同期举办的菊花文化节、月季文化节、国际西餐文化节相结合，组织中外演出团队为广大市民和游客奉献了多场具有不同民族风情的演出。10月4日，本届国际旅游节在大兴月季园举行了旅游节闭幕式并为优秀表演团队颁奖。分会场活动期间，北京市旅游发展委员会主任宋宇、副主任于干千和顺义区、石景山区、大兴区区领导分别出席了各分会场活动及闭幕式。

本届国际旅游节立足于综合性旅游节庆活动的定位，着力于提升旅游节庆活动品牌的影响力，更加突出国际化、大众化和公益化的风格，首次把旅游助残列入重点活动内容，将中华老字号和北京礼物等旅游相关企业引入"幸福由你·乐游北京"的旅游咨询活动，在主会场和各分会场进行了现场咨询和展示，举办北京旅游图片展，并面向全球游客投票征选大家最喜爱的北京旅游资源，举办了"骑游北京·共享京彩"城市单车微旅行传播活动。本届国际旅游节为广大市民和游客呈现了多场汇聚国际风情的精彩演出，体现了一流世界性节庆活动的国际艺术水准，集中展示了古都北京的丰富旅游资源，对北京旅游和北京世界城市进行了多方位的品牌营销，不但彰显了北京国际旅游节文化传承和文化包容的精神内涵，还宣扬了旅游助残的社会人文关爱，是一场主题鲜明、内容丰富、亮点突出、精彩纷呈的中外旅游文化交流盛会。

据不完全统计，本届国际旅游节活动现场共吸引5万多人次参与，提供了4万多人次的旅游咨询服务，发放了8万多份北京旅游宣传资料，在"十一黄金周"期间为广大市民和游客带来了精彩纷呈的文化享受和别样的旅游服务体验。本届国际旅游节通过国内各大媒体、海外Facebook、Instagram等社交媒体和北京旅游海外网站等宣传覆盖海内外近20个城市，受众达1200万人次，国际影响力得到了进一步提升。

# 北京新闻出版业的对外传播
## （2016～2017）<sup>*</sup>

**摘　要：** 北京作为中国的首都，提升新闻出版对外传播影响力，既是新闻出版界的责任，也是区位优势的重点体现，2016～2017年，北京地区新闻出版业充分担当责任，发挥优势，优化产业，全方位推进"走出去"的步伐，国际影响力日益提高。本报告从宏观、中观、微观三个层面总结了北京新闻出版行业近年来对外传播的整体状况。本报告从宏观层面，分析了宏观政策、顶层设计、平台建设等方面，总结了北京地区新闻出版行业对外传播的基本成就；从中观层面，对北京地区新闻出版业对外传播基本特征进行了系统分析，包括对外传播主体日趋多元化、对外传播内容丰富多样、多种策略降低文化折扣、新闻出版企业本土化发展、输出地范围进一步拓展、数字化进程不断加快等；从微观层面，呈现了多语种版的《习近平时代》在北美热销、《中国关键词》多语种传播、北京出版集团"品读北京"文化交流等新闻出版对外传播的经典案例。

**关键词：** 北京文化　新闻出版　对外传播

北京作为中国的首善之都，提升其新闻出版对外传播影响力，既是新闻

---

\* 王春枝，副教授，北京第二外国语学院国际传播学院。

出版界的责任，也是区位优势的重点体现。从全球市场看，新闻出版业的国际竞争非常激烈，北京作为国际大都市，是中国参与全球文化交流和竞争的战略区域，北京地区新闻出版业必须围绕文化"走出去"和"一带一路"战略，在服务国家大局中发挥独特作用，成为面向世界的国际文化传播的重要输出地。从全国城市功能布局来看，2017年9月27日，国务院《关于报请审批〈北京城市总体规划（2016年—2035年）〉的请示》进一步明确了北京作为全国政治中心、文化中心、国际交往中心、科技创新中心的定位，提升文化软实力和国际影响力，是建设"文化中心"的应有之义。北京同时也是新闻出版行业信息发布与交流的中心，是全国新闻出版业主要产业政策制定的发源地，北京地区新闻出版业的成就对整个行业都有极强的影响力和辐射力，在全国发挥着重要示范带动作用。从行业资源区位分布看，北京地区汇聚了大量在全国乃至全球有广泛影响力的新闻出版单位，优势资源集中，在提升媒体国际竞争力方面承担着独特而重要的责任。北京地区新闻出版充分担当责任，发挥优势，优化产业，全方位推进"走出去"的步伐，国际影响力日益提高。

# 一 北京地区新闻出版对外传播的基本成就

## （一）宏观政策环境不断优化

2016年，中央和北京市地方政府以及各级新闻出版广电行业主管部门和其他相关部门围绕文化体制改革、新闻出版广电产业发展和国际竞争力提升等问题，出台了一系列政策，为新闻出版广电业提升国际传播能力营造了良好的发展环境。

第一，关于深化经济体制改革的政策。2016年4月4日，中共中央办公厅、国务院办公厅印发了《关于进一步深化文化市场综合执法改革的意见》，指出当前我国文化开放水平不断提高，各类文化市场主体迅速发展，新型文化业态大量涌现，迫切需要创新文化市场管理体制机制，丰富方式手段。要高度重视文化市场管理问题，进一步完善文化市场综合执法，推动现代文化市场体系建设，更好地维护国家文化安全和意识形态安全，更好地促进文化事业文化产业繁荣发展。2017 年 3 月 16 日，国务院办公厅发布《关于进一步激发社会领域投资活力的意见》。要求面对社会领域需求倒逼扩大有效供给的新形势，深化社会领域供给侧结构性改革，进一步激发医疗、养老、教育、文化、体育等社会领域投资活力，着力增加产品和服务供给，不断优化质量水平。

第二，关于产业发展规划的政策。2017 年 1 月 25 日，中共中央办公厅、国务院办公厅印发了《关于实施中华优秀传统文化传承发展工程的意见》，要求到 2025 年，中华优秀传统文化传承发展体系基本形成，具有中国特色、中国风格、中国气派的文化产品更加丰富，文化自觉和文化自信显著增强，国家文化软实力的根基更为坚实，中华文化的国际影响力明显提升。

2016 年是"十三五"建设的开局之年，各相关部门相继发布了"十三五"规划。2017 年 5 月 7 日，中共中央办公厅、国务院办公厅印发了《国家"十三五"时期文化发展改革规划纲要》。"十三五"期间文化发展改革的目标之一是：文化开放格局日益完善，中华文化影响力持续扩大，中国故事、中国声音广泛传播，良好国家形象全面展示，国家文化软实力和国际话语权进一步增强，促进世界文化多样化发展。提高文化开放水平的具体任务包括：推动中华文化"走出去"，统筹对外文化交流、传播和贸易，创新方式方法，讲述好中国故事，阐释好中国特色，让全世界都能听到、听清、听懂中国声音，不断增强中国国际话语权，使当代中国形象在世界上不断树立和闪亮起来。2017 年 1 月 25 日，国家版权局印发了《版权工作"十三五"规划》，要求按照《国务院关于新形势下加快知识产权强国建设的若干意见》规划，努力推进版权强国建设，不断拓展版权国际交流合作，提升版权国际话语权和影响力。

2017 年 2 月，北京市新闻出版广电局发布了《北京市"十三五"时期新闻出版业发展规划》，提出要围绕中央加强周边国家外交和推进"一带一路"建设的重大战略部署，扩大北京新闻出版业"走出去"的范围，提升出版产品在周边和沿线国家的市场份额和影响力；鼓励市属新闻出版企业积极参与经典中国国际出版工程、中国图书对外推广计划、丝路书香工程等重大工程、计划，深化与国际跨国销售机构的合作，积极拓展海外互联网营销渠道；扩大北京市新闻出版业对外文化交流与合作的渠道和范围；加强北京市属新闻出版企业国际传播能力建设，为中华文化走向世界贡献力量，加快实施北京市新闻出版"走出去"工程。规划提出，到2020年，要"将北京建设成为中国特色和国际一流的'阅读之都'和'版权之都'"，并将出版业的国际影响力指标具体设定为："十三五"时期，版权输出的增长速度达到4%，到"十三五"期末，版权输出规模达到5800种；版权输出品种与引进品种比例达到1∶1.80。

## （二）顶层设计推动供给侧改革

北京作为全国文化之都，其整体对外传播实力与国际先进水平相比还存在较大差距，其中精品力作供给不足是一个显著存在的问题。习近平总书记在2015年中央财经领导小组第十一次会议上首次提出"供给侧结构性改革"，强调要在适度扩大需求的同时，也要着力加强供给侧结构性改革，注重提高供给体系的质量和效率，通过优化生产要素配置等方法，推进生产领域的改革，减少无效和低端供给，扩大有效和中高端供给。

基于这种情况，全国到北京市各相关部门，立足于为供给侧结构性改革进行顶层设计，发挥政策引领作用，突出重大工程、重点项目建设，鼓励生产主体充分释放生产要素的潜力，从生产领域鼓励原创作品，提升作品质量，扶持优秀作品，更好地推进北京文化中心建设的目标，提升国际传播力和影响力。

国家新闻出版广电总局（现为新闻出版总署）组织了"走出去"三大重点工程，分别是经典中国国际出版工程、丝路书香工程重点翻译资助项目、中国当代作品翻译工程项目。经典中国国际出版工程重点支持国内出版单位向世界主要国家和地区输出经典作品，立项语种侧重于英语。丝路书香工程重点翻译资助项目着力推动中国优秀图书在周边国家和"一带一路"

沿线国家翻译出版，立项语种侧重于周边国家的语种和"一带一路"沿线国家的主要语种。中国当代作品翻译工程项目精选具有代表性的中国当代文学作品，对其翻译出版和海外推广进行资助。国务院新闻办支持的中国图书对外推广计划和中国文化著作翻译出版工程也是鼓励中国出版"走出去"的品牌工程，致力于推动中国图书走出国门、走向世界，讲好中国故事、传播好中国声音，阐释中国道路。这些项目向国际图书市场推出了一批有吸引力、感染力和影响力的主题出版物，还鼓励出版机构在国际出版、营销、发行等方面与国际同行业的合作不断深化，以多种方式进入世界舞台，传播中国声音。

这些国家级资助项目，对北京地区出版企业起到积极的引导作用，也为出版社"走出去"提供了更多的发展机遇，许多出版企业早早开始布局，充分利用这样的重大机遇，取得了显著的成效。例如北京语言大学出版社、人民教育出版社、北京龙之脊文化传播有限公司等单位提出的丝路国家汉语品牌教材建设与传播项目、印度汉语学习网项目等直接成为丝路书香工程汉语教材推广类首批入选项目。北京出版集团2015～2016年期间共有25种图书入选丝路书香重点工程翻译资助项目。[①]

在国家项目资助之外，北京市也专门针对本地区的"走出去"发展战略开展了多项部署，以提升北京市新闻出版对外传播力。2016年7月，北京市新闻出版广电局发布了《北京市提升出版业国际传播力奖励扶持专项资金评审办法（试行）》，设立3000万元支持出版"走出去"专项基金，用以奖励从事新闻出版"走出去"取得良好社会效益与经济效益的北京地区企业，旨在加强对外推广平台建设，助力产品和项目走向国际市场，提升海外影响力。具体的奖励扶持类型主要包括：原创出版物版权贸易奖励扶持、国外经营业绩奖励扶持、国外优秀出版物输出奖励扶持、优秀版权输出奖励扶持、版权代理奖励扶持、数字出版产品"走出去"奖励扶持和优秀版权出版

---

① 王坤宁：《北京出版集团版权输出引进比高于全国平均比》，《中国新闻出版广电报》2016年8月25日，http://www.chinaxwcb.com/2016-08/25/content_344226.htm。

物翻译费奖励扶持。其中国外优秀出版物输出奖励扶持分为两类：以国际出版、版权输出或合作出版等形式进入国外主流销售渠道的优秀出版物；获得国际主流媒体宣传报道产生较大影响的优秀出版物。优秀版权输出奖励也分为两类：版权交易平台；优秀版权输出项目及面向国外市场的合作出版项目。

2017年北京市进行了政策调整，重点建设"提升出版业国际传播力项目库"。"项目库"这一概念的提出，改变了以前扶持资金对成品的事后奖励的做法，转为事前遴选项目入库与事后项目完成再验收奖励相结合的双重工作机制，依托项目库建设，从被动等待到主动引导，更加有效地服务"走出去"战略。2017年扶持项目支持方向主要包括六个方面：优秀版权输出作品翻译、出版企业国外经营、优秀出版物及版权贸易输出、国际版权交易平台、版权代理机构、数字出版产品"走出去"。

在整个"十三五"期间，北京市还规划了多个提升新闻出版国际影响力的项目，包括北京多语种出版基地工程、"一带一路"精品内容建设工程等。这一系列鼓励扶持政策的实施，将有效提升北京市出版企业"走出去"的积极性，并从产品源头提升新闻出版的质量，为海外影响力的提升奠定坚实基础。

### （三）各类展会平台助推"版权之都"建设

北京自2012年确立了打造国内首善、国际上有重大影响力的"版权之都"的目标，围绕这个目标，北京市积极扶持各种展会的平台建设，创新理念方法，促进新闻出版版权和实物贸易。《北京市新闻出版广电局2016年度绩效任务》中就提出，将近1亿元预算资金用于搭建对外展示与交流平台、推动企业参加国际大型展会等，以推动产品和项目走向国际市场，提升海外影响力。

北京国际图书博览会（简称"图博会"）是国内出版企业家门口规模最大、最经济实惠的版权贸易平台，也是与法兰克福书展和伦敦书展齐名的世界三大版权贸易成交平台之一。图博会的宗旨是"把世界优秀图书引进中国，让中国图书走向世界"。图博会充分发挥连接中外、沟通世界的作用，推动了中外出版界的交流与合作。2016年图博会各项指标创新高，书展总面积达到78600平方米，增长19％；参展的国家和地区达到86个，增长4.8％；参展商达到2407家，增长4.3％；共有来自英国、法国、美国、韩国、日本、印度等国的1379家海外出版机构参展，增长5.7％。本届图博会共展览展示了30多万种精品图书，举办了1000多场文化交流活动，参展参观人数近30万人次。最终达成各类版权输出与合作出版协议3075项（含合作出版），同比增长6.5％；引进输出比为1∶1.58。[①] 版权输出的核心成果包括：浙江人民出版社的《中国道路与中国梦想》《中国梦与浙江发展》等主题图书，输出到德国、韩国、俄罗斯、印度、阿尔巴尼亚等国家；中国人民大学出版社的《一个人的聚会》及部分文学类图书输出到哈萨克斯坦、以色列、韩国等国家；广西师范大学出版社在图博会上正式宣布成功收购英国ACC出版集团，完成国际化出版发行全产业链布局；安徽时代出版集团与西班牙blue bottle biz达成电子图书平台合作协议，实现了数字出版版权贸易。

2017年图博会又上新的台阶，总面积92700平方米，2500多家参展商中海外展商1460家（新增102家），占比58％，海外参展商来自全球88个国家和地区，在美国、英国、法国、日本等发达国家和地区持续参展的基础上，"一带一路"沿线国家的参展规模不断扩大，包括波兰、印度尼西亚、匈牙利、捷克、克罗地亚等28个国家，其中阿曼、阿塞拜疆、乌克兰3国首次参展。本届图博会最终共达成中外版权贸易协议5262项，其中版权输出与合作出版协议3244项，同比增长5.5％，引进输出比为1∶1.61。[②] 版权输出的核心成果包括：人民出版社与施普林格·自然出版集团、俄罗斯尚斯国际集团、日本侨报社分别签订了《习近平讲故事》的英文版、俄文版和日文版版权；外文出版社在图博会上为《摆脱贫困》的英、法文版、《中

① 张贺：《第23届北京国际图书博览会闭幕版权输出创新高》，《人民日报》2016年08月29日，http：//www.xinhuanet.com/newmedia/2016-08/29/c_135641943.htm。

② 李苑：《第24届北京图博会闭幕图书出版的"丝路"充满机遇》，《光明日报》2017年8月27日，http：//media.people.com.cn/n1/2017/0828/c40606-29497357.html。

国工农红军长征史》的英文版举行了国内首发式；《人民的名义》等原创文学作品成功达成输出到日本、俄罗斯、阿拉伯等国家和地区的意向。

北京市新闻出版管理部门也强化了版权保护和促进的政策，为"版权之都"的建设提供保障。《北京市"十三五"时期新闻出版业发展规划》还强调创新版权保护机制，推动版权产业跨越式发展：加大支持版权进出口贸易的力度，推动版权产业实现持续、健康、跨越式发展，提升版权支撑经济发展和文化建设的能力；继续实施鼓励和支持原创的版权产业"涌泉工程"，促进版权输出的"远航工程"，规范版权市场的"正版工程"和"科技维权工程"，调动著作权人的创作积极性，推进新闻出版单位的版权输出工作；全面提升北京市版权产业的质量和水平，逐步把北京打造成全国版权创新的核心区、版权贸易的集聚区、版权运用的先行区、版权管理的示范区、版权服务的模范区。

在各类平台推动、政策保障的背景下，北京市建立"版权之都"的目标已经取得初步成效。2016年，北京地区共输出出版物版权5347种，占全国的48.03%。其中，图书4058种，录音制品71种，录像制品12种，电子出版物1149种，其他57种。与上一年相比，版权输出数量增长15.21%。版权输出目的地的分布为：美国209种，英国171种，德国168种，法国78种，俄罗斯257种，加拿大9种，新加坡119种，日本139种，韩国326种，香港地区321种，澳门地区48种，台湾地区769种，其他国家或地区1444种。[①]

## 二　北京地区新闻出版对外传播基本特征分析

### （一）对外传播主体日趋多元化

新闻出版行业"走出去"，除在主流平台推广之外，还需要民营力量的

---

① 张稚丹：《听，图书走出去的铿锵足音——第二十四届北京国际图书博览会巡礼》，《人民日报》海外版2017年9月12日。http://paper.people.com.cn/rmrbhwb/html/2017-09/01/content_1802285.htm。

参与。打造外向型骨干文化企业，鼓励各种所有制企业参与新闻出版产品和服务出口，加大内容创新力度，推动新闻出版行业用市场化的方法讲好中国故事，把更多优秀作品输出到国际市场上，是推动新闻出版对外传播的一项重要政策。国家新闻出版广电总局制定的《非公有制文化企业参与对外专项出版业务试点办法》自 2014 年 10 月 1 日起执行，鼓励在文化教育领域，允许非公有制文化企业参与对外出版业务，引领国有出版单位与民营书企资源的有效对接和优势互补，从而有力提升本土文化企业开拓海外市场的能力。

北京时代华语图书股份有限公司是北京地区新闻出版行业民营机构"走出去"的一支重要力量。该公司已成功在美国开设分公司——美国时代出版公司（CN Times Books Inc.），采用市场化、本土化的方式运作，目前已经是欧美地区最人的英文版中国图书出版企业之一。近年来，该公司陆续推出《习近平时代》《习大大说如何读经典》《中国梦》《中国的威胁》《钓鱼岛主权争议与美国的介入》《文化苦旅》等多种英文版中国版权图书，通过美国最大的发行商英格拉姆集团进入主流销售渠道，构建了英文版中国图书的营销网络。2016 年 9 月 3 日，美国时代出版公司在美国主流媒体《纽约时报》上刊登整版彩色广告，对 G20 杭州峰会和第九次"习奥会"的成功举行表示祝贺，同时也推介了本公司出版的两本中国主题的英文图书《习近平复兴中国：历史使命与大国战略》和《大国领袖习近平：国际视野中的杰出政治家与战略家》。这两本图书由哈佛大学政治学与国际事务教授主编，中美两国专家联合撰写，以历史眼光和全球视野分析在习近平主席领导下中国的发展走势及外交格局两大课题。这次刊登广告的行为一方面有力配合了主流媒体对 G20 杭州峰会和"习奥会"的宣传，形成声势，扩大影响，阐述立场，取得了良好的舆论效果，另一方面也充分展现出北京时代华语作为民营出版单位所拥有的灵活的市场运作能力。

为了更进一步推进民营力量进行对外传播，充分发挥公有企业和民营企业双方的优势，北京新闻出版管理部门采取了一项重要举措，推动成立混合所有制的出版企业北京华语联合出版有限责任公司。2015 年，北京华语联合出版有限责任公司由公有制企业北京联合出版有限公司与民营企业北京市时代华语图书股份有限公司共同成立。北京联合出版有限责任公司是特殊管理股股东，履行选题确定与出版物内容终审权等管理权。在这一前提下，非公有制文化企业参与对外出版业务，出版面向境外销售的社科、经管、文学、少儿等外文图书，还有版权代理等业务。这是我国第一家获得对外专项出版权资质的混合所有制出版企业。

北京华语联合出版有限责任公司的成立，允许非公有制文化企业参与对外出版，充分调动公有制企业和民营企业各自的资源和运作优势，有助于提升新闻出版业国际传播的触觉敏锐性和决策机制的灵活度，从而更有效地输出中国优秀作品，传播中华优秀文化。北京华语联合出版责任有限公司的目标是打造国内首家中国版权输出基地，将中国版权源源不断地推荐给全球数十万家出版机构，每年做到成功输出版权 2000 种以上。[①] 北京市计划以此为基础建立国家版权输出基地，使图书版权输出从零敲碎打向整体化、规模化的方向发展。

北京华语联合出版责任有限公司已经与全国多家出版社签订了全面战略合作协议，启动版权输出代理业务，将中国版权推荐给海外出版机构，目前已相继启动出版《文化苦旅》《中国古建筑之美》（全十册）、《中国之谜》等图书，面向中国境外全渠道发行。2016 年图博会上，北京华语联合出版有限责任公司与五洲传播出版社、中国友谊出版公司等 18 家出版机构共同签署了《中国故事系列图书全球版权战略合作协议》。重点推介了《中国梦》《大国外交》《大国复兴》《大国崛起》《中国特色社会主义政治经济学》等优秀主旋律图书以及《文化苦旅》《中国文脉》《山河之书》《中国古建筑之美》等展现中华传统文化及东方意蕴的经典作品。

北京市新闻出版业"十三五"规划的重要国际影响力提升项目——北京多语种出版基地工程，也将由北京华语联合出版有限责任公司主要承担。基

---

① 尹力：《试点北京服务业扩大开放，华语联合欲做中国版权输出基地》，中新网，2016 年 9 月 26 日，http://www.chinanews.com/cul/2016/09-26/8014628.shtml。

地的核心工作包括加强马克思主义中国化最新成果对外译介，目标是出版一批具有影响世界文明的中国故事、中国形象、中国风格和中国精神的多语种作品，面向全球发行。基地重点组织了《习近平时代》二十个语种的编辑翻译出版发行工作，是以习近平同志为核心的党中央执政理念和治国方略成为中国话语表述的总源头、世界读懂中国的总钥匙；基地同时向境外出版机构推荐、输出版权，扩大优秀出版物的版权输出；基地还将作为国内出版物全球版权的一级代理商，通过设立出版中心、翻译中心、版权交易中心、发行中心和国际营销中心，每年集中向全球推广10000种中国图书版权，力争版权成交量达1000种以上。①

### （二）对外传播内容丰富多样

1. 主旋律类主题出版是新闻出版对外传播的核心内容

一方面，改革开放以来，中国社会各方面都发生了巨变，越来越多的人开始关注中国道路，研究中国发展的经验，迫切想了解当今中国的状况。与此同时，以习近平同志为核心的党中央提出了一系列新的治国理政理念、思想和战略。对于海外受众来说，为了解读这些理念、思想和战略，理解中国目前的发展道路，他们急需要权威渠道的信息和依据，因此主题出版具有强烈的市场需求。另一方面，管理部门通过政策杠杆引导新闻出版企业积极开展主题出版，围绕马克思主义中国化、中国特色社会主义理论体系和"中国梦"宣传教育、社会主义核心价值观、习近平总书记系列重要讲话精神等各类重大主题，策划主题出版的宣传工作。

在这一背景下，北京地区的出版机构纷纷推出反映中国道路的主题出版物，依托重大事件、重大活动、重大题材、重大理论问题策划推出主题出版物，阐释中国的执政理念、发展道路和政策，展现中国取得的各种先进成果，向海外受众讲述中国发展的精彩故事，阐释中国的制度自信、道路自

---

① 穆宏志：《中国北京出版创意产业园区首次整体亮相文博会》，第一中国出版传媒网，2016年5月17日，http://www.cbbr.com.cn/article/103980.html。

信、文化自信的理念，描绘中国未来发展走向。

例如，纪念"长征胜利 80 周年"是 2016 年的重大出版主题之一，北京出版集团策划推出百万余字的大型纪实文学作品"长征长征"丛书，包括《长征长征：中央红军长征纪实》《长征长征：红二、红四方面军长征纪实》《长征长征：西路军西征纪实》3 部，全景式地展示了中央红军，红二、红四方面军和西路军在长征路上艰苦卓绝的战斗历程，呈现出真实动人的革命故事。该书入选中宣部、国家新闻出版广电总局主题出版的重点选题，被北京市委宣传部列入主题出版"种子库"。[①]

2017 年的主题出版以迎接十九大主题为重点，涉及十八大以来的中央精神、习近平总书记系列重要讲话精神、党中央治国理政新理念新思想新战略、中国特色社会主义和中国梦、经济发展新常态、创新驱动发展战略、供给侧结构性改革、社会主义核心价值观、"一带一路"、中华优秀传统文化普及、国家统一、民族团结等多类主题。北京地区出版机构围绕这些主题策划了丰富多彩的精品图书。其中，中国国际出版集团出版的关于十九大的图书约 100 种，涉及中、英、法、西、德、日、俄、阿、韩、意等 20 多个语种。[②] 外文出版社出版的《习近平谈治国理政》第一卷持续热销，已经出版了 24 个语种 27 个版本，在世界 160 多个国家和地区发行，累计发行 660 余万册，海外发行突破 50 万册，成为改革开放以来在海外最受关注、最具影响力的中国领导人著作。[③] 2017 年 11 月 27 日，16 个国家的知名出版机构与中国外文局外文出版社在北京签署《习近平谈治国理政》（第二卷）国际合作翻译出版备忘录，共同翻译出版这些国家语种版本的《习近平谈治国理政》（第二卷）。此外，新世界出版社的《中国关键词》（第一辑）多语种图书单日销售破 3000 册。

---

① 王坤宁：《北京出版集团版权输出引进比高于全国平均比》，《中国新闻出版广电报》2016 年 8 月 25 日，http：//www.chinaxwcb.com/2016－08/25/content_ 344226.htm。

② 解慧：《迎十九大相关主题出版物奏时代强音》，《中国出版传媒商报》2017 年 10 月 18 日，http：//www.cbbr.com.cn/article/115812.html。

③ 孙海悦：《盘点 2017 出版关键词：主题出版、传统文化等》，《中国新闻出版广电报》2017 年 12 月 18 日，http：//www.ce.cn/culture/gd/201712/18/t20171218_ 27299554.shtml。

主旋律主题出版也在话语方面不断创新，适应国际受众的阅读习惯。2016年，由中国作家协会儿童文学委员会、中国少年儿童新闻出版总社、北京大学出版社和中信出版社共同策划，将《伟大也要有人懂——一起来读毛泽东》的版权输出美国。该书以毛泽东思想为中心，讲述中国道路和中国共产党的治国治党理念，表达方式大胆创新，受到年轻人的喜爱。这本书有助于增进美国人民对中国的了解，在文化交流中起到了重要作用。

2. 当代中国的发展故事也受到海外受众的追捧

中国经济的高速发展，创造了一个又一个世界奇迹，中国的华为、海尔、腾讯、格力等知名企业在国际市场上产生了广泛影响，中国的高铁、网上购物、移动支付等新发明也不断刷新着世界对中国的认识，这些鲜活生动的发展故事，是中国改革与创新成就的具体体现，也吸引着国际受众的目光。新闻出版机构也意识到这种市场需求，策划出版了一系列反映中国新时期经济形势和发展经验的图书。例如，中译出版社推出了"中国著名企业家和企业"丛书，首先推出5本图书，包括《马云与阿里巴巴》《任正非与华为》《马化腾与腾讯》《王健林与大连万达》《董明珠与格力》，从"中国企业对全球经济影响"的角度，介绍中国民营企业家的创业生涯和个人生活，研究他们及其代表的企业对中国和世界经济做出的贡献。这些图书由中译出版社与里德（LID）出版集团联合出版其英文版，让海外读者了解这些中国企业家的故事，并通过他们的故事，对今日中国形成更直观的认识和更真切的感知。

3. 关于中华民族优秀传统文化的出版作品热度不减

十九大报告中提出要"坚定文化自信，推动社会主义文化繁荣兴盛"。中华文化发展源远流长，中国优秀传统文化类书籍，如《诗经》《论语》《孟子》《西游记》等深受国外读者喜欢，中国功夫、瓷器等古老而神秘的文化也让人充满好奇。新闻出版机构多年以来坚持在中国优秀传统文化领域深耕，持续推出大量反映优秀文化成果的作品，满足海外市场需求，同时也彰显中国的"文化自信"。

北京出版集团作为北京市最大的综合性出版机构，一直传承和秉持着中华文化和北京文化精神，该集团根据《北京市"十三五"时期加强全国文化中心建设规划》成立"北京文化研究出版编辑部"，围绕《规划》中提出的北京长城文化带、西山文化带、运河文化带"三个文化带"的保护利用工作，推出一批具有首都风格、中国气派的北京作品，力求更深入地挖掘、更精准地阐释北京文化中的古都文化、红色文化、京味文化，实现传统文化的创造性转化和创新性发展。目前，北京出版集团正在推进的项目有近60个，包括《古地图中的三个文化带》《文化地理中的三个文化带》《北京城市影像志》《话说长城：历史上的京师屏障》《话说运河：流淌着的遗产》《话说西山：文化大观园》、"颐和园文化研究：湖山系列""刘绍棠文集·大运河乡土文学书系""漕运三部曲""一城三带文化读本""北京文化探微"、"京腔京韵话北京：北京'故事'系列"、"北京长城文化带丛书"等；正在策划的项目有近300个，并计划在未来3年内推出千余种出版物。[①]

关于中华民族优秀传统文化的其他相关成果还包括：北京出版集团与知名出版机构合作出版繁体版图书，如历时3年精心打造的"中华文明探微"书系（中英文版）。该书系涵盖了最具中国特色的汉字、绘画、书法、青铜器和玉器等18个门类，已与美国、德国及黎巴嫩的出版社分别签署了版权协议。[②] 外文出版社的"中国文化与文明"系列（普及版）（多语种）、北京出版社的"北京古建文化"丛书（英文版）、外语教学与研究出版社的"中国戏曲海外传播工程丛书"（英文版）等聚焦中国古典文化不同领域的图书，为世界了解中国传统文化提供了优秀的范本。

4. 文学类作品的海外影响力日益增大

根据《2016中国图书海外馆藏影响力报告》，2016年世界影响力最大的中文图书有18种，其中17种是中国当代文学图书，[③] 其中不乏北京地区

---

① 王坤宁：《北京出版集团：围绕三个文化带 用文字传承北京记忆》，《中国新闻出版广电报》2017年11月28日，http://ex.cssn.cn/ts/ts_wxsh/201711/t20171129_3758189_1.shtml。

② 徒宁：《北京出版集团：从"图书走出去"到"企业走出去"》，《中国出版传媒商报》2016年6月14日，http://www.cbbr.com.cn/article/104658.html。

③ 吕梦荻，《2016中国图书海外馆藏影响力报告发布》，中国社会科学网，2016年8月29日，http://www.cssn.cn/ts/bwdj/201608/t20160829_3178765.shtml。

出版机构出版的图书，这表明北京地区新闻出版机构正积极推动现当代文学的海外传播。

北京出版集团旗下的北京十月文艺出版社坚持立足"原创的、当代的"精品战略，近两年推出了一批具有良好口碑的文学新作。《人民的名义》一书 2017 年完成 12 种海外版权输出合作，包括法语、西班牙语、日语、韩语、俄语、阿拉伯语、越南语、马来语、哈萨克斯坦语、吉尔吉斯斯坦语、土耳其语、中文繁体字等语种的版权输出合作，输入国既有"一带一路"国家，也有传统发达国家。该出版社在 2017 年国博会上集中推介《平凡的世界》《穆斯林的葬礼》《额尔古纳河右岸》《人生》《叶广芩文集》《耶路撒冷》等 70 多部原创文艺精品，并将以上作品的部分内容翻译成英文供国外出版商更好地了解当代中国文学，助推版权输出。

中译出版社推出了各种特色的文学作品计划。其中，"中国少数民族作家海外推广计划"以每年一辑 5 本的规模翻译出版少数民族文学作品，并推动其多语种版走向国际。截至目前，该系列图书已签约输出的语种达 19 种，签约总数达 70 多部，[①] 包括阿来的著作《尘埃落定》的印地语版和僧伽罗语版、丹增的著作《小沙弥》的匈牙利语版和阿拉伯语版等。"百年中国儿童文学精品外译书系"则旨在将中国现当代儿童文学代表作家的作品有规模、成系统地推向世界，为全球读者展现代表当下中国儿童文学创作最高水平和成就、具有普遍性与真善美的优秀作品。该计划首批拟翻译推出高洪波、葛翠琳、金波、刘先平、张之路、沈石溪、黄蓓佳、郑春华、杨红樱、伍美珍、杨鹏等作家的 10 余部代表作。

除了知名的主流文学作品之外，青春文学、网络文学也异军突起，成为出版"走出去"的一个新增长点。据统计，截至 2016 年，中国网络文学市场规模已经达到 90 亿元，产业影响力逐渐辐射到海外地区。[②] 中国网络文

---

① 王觅等：《北京图博会：佳作汇聚 亮点频现》，《文艺报》2017 年 8 月 28 日，http：//www. cssn. cn/ts/ts_ wxsh/201708/t20170829_ 3624067_ 1. shtml。

② 张知依：《内外兼修图书出版彰主题 出国门 度寒冬》，《北京青年报》2017 年 10 月 3 日，http：//news. 163. com/17/1003/00/CVPKLKLP000187VI. html。

学代表人物唐家三少的自传体新书《为了你，我愿意热爱整个世界》，其版权已经成功输出到韩国、泰国、越南、中国台湾等国家和地区。此外，还有博集天卷出版发行的《步步惊心》《那片星空，那片海》《乖，摸摸头》等多部当红作家的作品都由韩国代理公司出版发行。掌阅科技在 2016 年国博会上与泰国红山出版集团签署协议，9 部中国网络小说将被翻译成泰语供当地读者在网站上付费阅读，后续还将有 40 部中国网络小说输往泰国。

### （三）多种策略降低文化折扣

对外传播面临的一个突出问题就是文化折扣。文化折扣是文化产品区别于其他商品的主要特性之一，是指受众在接受异质文化产品时，会在兴趣、认同度、理解程度等存在显著差异，从而使产品价值和传播效果大打折扣。[①]不同的语言、文化背景、历史传统等都可能产生文化折扣。北京地区新闻出版业在对外传播过程中采取了多种策略，降低文化折扣，提升传播实效。

1. 加强外语产品开发，突破传播的语言障碍

语言是文化产品对外传播的第一道屏障，也是导致文化折扣产生的关键因素。在新闻出版作品传播过程中，语言的重要性不言而喻，语言不通，就完全无法传播。当前汉语学习虽然已经成为一种国际潮流，但汉语在全球传播体系中的影响力还没有建构起来，有研究称英语的世界影响力是汉语的140 倍，以汉语为主要载体的文化产品在国际贸易格局中，很难和英语产品相抗衡。[②] 各种中国经典名著集中体现了中国的文化传统和民族精神，但是冗长的篇幅和复杂晦涩的语言却令人望而却步，因此开发多语种产品是新闻出版业"走出去"的一个重要方向。

五洲传播出版社作为国务院新闻办直属的对外传播机构，在多语种出版方面取得了显著成果。五洲传播出版社出版的英文图书涉及中国文化、历史、文学、童书等多个领域。特别是在少儿图书领域，五洲传播出版社坚持

---

① 徐福山：《文化折扣与文化产品"走出去"的路径选择》，《光明日报》2015 年 4 月 6 日。

② 徐福山：《文化折扣与文化产品"走出去"的路径选择》，《光明日报》2015 年 4 月 6 日。

将中国优秀原创少儿作品双语化，双语展现中国传统文化和经典故事，让国外小朋友也可以阅读中国故事和体验中国文化。其中"中国经典名著故事"丛书，以名著白话读本为基础，选取一些生动的、富有哲理的故事进行缩编、翻译，集合成英文版，丛书第一辑包含《西游记故事》《水浒传故事》《三国演义故事》《红楼梦故事》《狄公案之黄金案》《孙子的智慧》《长生殿故事》《桃花扇故事》《牡丹亭故事》《西厢记故事》10 册，推出后持续畅销。2017 年，"中国经典名著故事"丛书推出第二辑，包括《聊斋志异》《史记》《吕氏春秋》《赵氏孤儿》等。五洲传播出版社还原创出版汉德英对照版的"万大与安娜系列绘本：万大姐姐有办法"系列绘本童书。该书由旅德动画艺术家万昱汐和德国动画大师 Gunter Grossholz 夫妇共同创作，书中融合东西方哲思与智慧，将不同文化背景中的生活智慧传递给了孩子。由于没有语言障碍，该书推出后也迅速受到追捧。

除英语之外，五洲传播出版社也重视"世界第二大国际语言"——西班牙语市场的开发。2012 年，五洲传播出版社启动"中国当代作家及作品对外推广（西班牙语地区）"项目，在国内翻译出版当代中国文学作家作品的西文版，并在 4 亿多人口的西班牙语国家和地区系统进行推广，打造"中国当代文学精选"品牌。截至 2017 年，该项目已将 30 多种中国当代文学作品翻译成了西班牙文出版，其中包括莫言、刘震云、麦家、周大新、迟子建、王安忆等十几位茅盾文学奖得主的作品。同时，该项目向西班牙、墨西哥、古巴和阿根廷等国实现版权输出 20 项，其中不少作品都成为所在国出版的第一部中国当代文学作品。这是中国当代作家和文学作品第一次大规模、成系列地被翻译成西班牙语，呈现给西班牙语地区的 4 亿多读者。对以西班牙语为官方语言的 21 个国家和地区的国家图书馆和知名高等院校图书馆内中国当代文学图书馆藏情况的研究表明，五洲传播出版社在相关馆藏图书来源出版社中拔得头筹，是中国现当代文学馆藏作品最大的来源出版机构。①

---

① 姜珊、周维等：《中国当代文学图书开拓西班牙语市场分析》，《出版参考》2017 年 4 期。

社会科学文献出版社与中国对外翻译有限公司在 2016 年图博会上签署了"共建跨语言学术服务体系"的战略合作协议，探索学术出版国际化的路径。双方将基于社会科学文献出版社的专业内容数据库开展跨语言知识服务、多语种知识采集及学术内容的精准翻译工作，具体合作项目包括智库研究、皮书数据库、"一带一路"数据库、列国志数据库、集刊数据库、减贫数据库等。① 依托这些专业资源，由中国对外翻译有限公司旗下的中译语通科技有限公司提供大数据技术支撑，结合自动机器翻译引擎和大数据采集技术，一方面为这些专业内容数据库提供实时自动翻译过的多语种的学术资讯和成果信息，方便研究人员快速地了解该领域的世界学术动向；另一方面辅助这些内容数据库建设面向海外市场的多国语言版本。同时也加强翻译出版研究，推动翻译理论和实践不断创新，推动更多反映当代中国社会科学领域研究成果、代表中国学术水准的图书走向世界。

2. 注重题材普适性和表达国际化，选择文化折扣较低的产品类型

在内容方面，出版机构应选择国际受众关注、感兴趣的话题策划新闻出版作品作为"走出去"的主打产品，使受众更容易产生文化上的亲近感。例如中国人民大学出版社，在选题策划上力求国际化，在选题策划阶段就重视听取国外专业人士的意见，组织中外专家学者、出版社，研究国际出版市场的规律，遴选出最受关注的选题，策划出版了《人民币读本》《大国的责任》等图书，力求在内容编排和叙事角度上适合国外读者的阅读习惯和阅读需求，成功实现由国内出版市场向国际出版市场的定位转变。

为了深入了解和掌握境外受众的接受心理和接受习惯，我们应从国家层面建立和完善了国际新闻出版资讯库、版权交易信息库、"走出去"重点项目库、中外作家库等，了解和掌握国际出版市场的动态和信息。出版机构还应注重研究甄别各国价值理念、文化信仰、审美兴趣等差异，对目标市场进行分类，面向不同地区、不同国家、不同民族、不同读者、不同市场，制定

---

① 刘蓓蓓、孙海悦：《社科文献社与中译语通公司签约合作》，《中国新闻出版广电报》2016年 8 月 25 日，http://www.chinaxwcb.com/2016 - 08/25/content_ 344213. htm。

不同的产品"走出去"策略，以便做到精准传播，有效降低文化折扣。五洲传播出版社自主策划的"我们和你们"系列图书，按照一国一品的概念，讲述中国和相关国家传统和现在的友谊合作以及致力于两国友好的人物故事。该系列的每本书都由中国和相应国家双方的作者讲述自己的亲身经历，他们的身份有资深外交官、企业家、专家、学者、记者、教师、学生等，行业不同、年龄不同，以这些各行各业人士亲历的富有人情味、生活味的故事，折射出宏大的国际关系图景，展现重大题材与普通人的关联。该书系的宗旨是密切中国和有关国家的人文联系，推动新形势下中国周边外交和公共外交的进程，尤其是配合习近平同志提出的"一带一路"倡议的实施。截至2017年6月，该套丛书已经出版12个分册，包括《中国和俄罗斯的故事》《中国和瑞士的故事》《中国和尼泊尔的故事》《中国和印度的故事》《中国和哈萨克斯坦的故事》等。该丛书获得了良好的传播效果，在对象国有效落地，切实推动了公共外交、服务"一带一路"的建设。目前，该丛书的各语种将在相关国家陆续出版，从而面向这些国家更广大的普通读者。预计到"十三五"末，该丛书将覆盖东南亚、南亚、东欧、中亚、西亚、北非等"一带一路"沿线的大部分国家，成为新闻出版推动公共外交、服务"一带一路"建设的典范项目。

3. 大量借助外脑，拓展国际视野

长期以来，我国新闻出版国际传播中的宣传理念重于传播理念，倾向于从自身愿望出发，传达自身主张，而国际传播要达成效果，应该强调自身主张与受众需求的统一，不仅是"我要说什么"，而是要关注受众的兴趣与习惯。借助国外专家与智库资源，了解国际受众的需求，是新闻出版机构拓展国际视野的重要途径。中共中央办公厅、国务院办公厅在于2017年1月发布的《关于实施中华优秀传统文化传承发展工程的意见》中提出，在文化的对外传播中我们要充分推进国际汉学交流和中外智库合作，扶持汉学家和海外出版机构翻译出版中国图书……讲好中国故事、传播好中国声音、阐释好中国特色、展示好中国形象。

北京地区的新闻出版业在借助外脑拓展国际视野方面已经开展了大量的

实践，他们与资深海外编辑、出版人、汉学家合作，一起策划、约稿、编辑，为海外读者量身订制内容，按国际表达方式进行叙述，更容易满足海外受众的需求。例如，中国出版传媒股份有限公司率先推进"外国人写作中国计划"，目前已与印度、土耳其、格鲁吉亚、波兰等国的几十位汉学家、中国问题研究专家签署了写作出版协议，陆续推出格鲁吉亚汉学家玛琳娜的《格鲁吉亚的玫瑰》、土耳其汉学家吉莱的《从伊斯坦布尔到北京》、波兰汉学家卡伊丹斯基的《我生命中的中国》等新书；五洲传播出版社策划的"外国人看中国"系列，邀请各国汉学家从学术角度解读中国作品，也邀请在中国长期生活工作的外国人写他们的中国故事，从"旁观者"的角度审视中国，这些作品往往更有说服力。目前该系列已出版十多部作品；中国出版集团多次邀请国际知名作家、汉学家和出版人与集团内出版社开展出版洽谈签约，发挥海外汉学家、智库和媒体的作用，共同策划出版中国主题图书，从海外读者感兴趣的角度出发，来讲述普通中国人的故事，这类尝试更容易打开海外阅读市场。

国家近年来加大了中华图书特殊贡献奖对翻译人才的奖励力度，建立国际翻译人才库，并有计划地启用一些国际翻译高级人才，如莫言获诺贝尔文学奖背后的功臣——瑞典译者陈安娜、英语译者葛浩文等。这些知华友华外籍人士具有国际视野，通晓东西方文化，熟知国外读者思维方式、阅读习惯和语言特点，其译作更容易被国外主流受众接受和认可。

### （四）多层次推进新闻出版企业海外本土化发展

北京地区新闻出版行业积极探索企业"走出去"的多层次路径，采取"本土化"策略，熟悉和融入当地文化，了解市场情况和读者阅读需求，遵守行业游戏规则，提升对外传播能力。

1. 建立海外展销平台

出版机构可依托国内丰富的内容资源，拓展海外主流营销渠道，提高海外市场的运营能力和传播能力。

北京出版集团创立"品读北京"巡展这一文化品牌，每年选择一个国家或地区举办书展和各种文化交流活动，展示出版集团的出版实力和整体形象，提升自身品牌影响力和市场辐射力，为开拓版权贸易、进行国际合作奠定坚实的基础。该集团于2016年和2017年分别在伦敦和澳大利亚举行活动，向国际受众展示了一大批反映中华优秀传统文化和北京文化艺术特色的精品图书。例如，有展现中国传统优秀文化和文明历程的"非物质文化遗产丛书""中华文明探微"丛书、"中华民族奇幻故事"系列等；富有京味文化特色和底蕴的"北京古建文化丛书"、《北京地方志》、"北京名人故居"系列等；享誉华语文坛的《四世同堂》《平凡的世界》《穆斯林的葬礼》等；体现自然生态之美、观测地区生物多样性的"环喜马拉雅生态观察丛书"以及展现中国村落别具特色的传统建筑、质朴风土人情的《乡愁中国》等，这些图书充分展现了北京出版集团深厚的文化底蕴和雄厚的出版实力。

北京出版集团还推出了"十月作家居住地"项目，与国外城市合作为中国作家（含艺术家）到异国他乡体验、生存及创作提供短期住所。目前，该集团已在布拉格、爱丁堡、加德满都等城市建立了"十月作家居住地"，吸引吴雨初、马原、韩少功、余华、叶广芩、刘庆邦、徐则臣、文珍等作家先后入驻。这一平台有利于作家真正融入异国文化和生活，助推中国文学走向世界，同时该项目也举办图书推介等各种文学交流活动，可以让海外读者有更多机会接触中国文学。

五洲传播出版社自2016年起在埃及、阿联酋、土耳其、智利、阿根廷、德国和新加坡等多个国家设立了"中国书架"，在目标国家主要城市的主流书店和大学图书馆等设立专门书架，展示和销售用当地文字出版的中国主题图书，以满足国外读者的需求。通过这种方式，喜欢中国文化的外国读者能便捷地找到自己需要的图书。这些场所也会开展各种图书交流活动，开拓中国图书对外传播的新渠道，为海外受众打开认识中国的一扇窗户，成为文化"走出去"的一种创新方式。同时，"中国书架"反馈的一手销售数据也将帮助中国出版企业在对外出版的选题策划、市场营销方面更贴近当地读者，推出更多受欢迎、接地气的优秀作品。

多种形式的海外展示营销平台，在推动实物出口、版权输出、文化交流等方面都发挥着积极的作用。

2. 设立海外中国编辑部

出版社与海外出版机构合作出版图书，降低风险，同时还能借助海外合作方力量收集市场信息、举办推广活动等，推进本土化建设。

中国国际出版集团与国外知名主流出版机构合作建立 20 多家"中国主题图书编辑部"，借助国外知名出版机构成熟的编辑队伍、稳定的发行渠道和丰富的营销经验，共同推出具有地区针对性的中国主题图书，推进本土化建设，增强主题图书的海外影响力。仅 2017 年，该集团就推出 100 余种重点图书，[①] 涉及美国、英国、德国、意大利、西班牙等欧美国家，黎巴嫩、土耳其、埃及、阿尔巴尼亚、波兰、捷克等"一带一路"国家，印度、越南、印度尼西亚等周边国家，对外传播影响力得到进一步提升。

2016 年北京地区出版机构成立海外编辑部的还包括，五洲传播出版社 2016 年与墨西哥等国家的主流出版社合作建立中国图书编辑部，加大本土市场的开拓力度；人民大学出版社于 2016 年先后在罗马尼亚和蒙古国成立了中国—罗马尼亚学术出版合作中心和中国主题图书翻译出版中心，开展学术著作翻译出版及学术和文化交流活动；外语教学与研究出版社于 2017 年 3 月在保加利亚东西方出版社挂牌成立了"中国主题编辑部"；2017 年 8 月刚刚上市的出版"国家队"——中国出版传媒股份有限公司，与德国、西班牙、匈牙利、印度、斯里兰卡等国的重要出版社签约，成立了国际编辑部。2017 年在阿布扎比国际图书展上，新世界出版社与埃及日出出版社共同成立"中国图书编辑部"，华语教学出版社与阿拉伯科学出版社签署了共建中国图书联合编辑部，五洲传播出版社在阿联酋成立海外编辑部，多家出版社合力推动中国优质图书在阿拉伯语地区的出版与传播。

海外编辑部通过中外出版机构双向联合的模式，致力于"走出去"图书选题的本土策划和图书产品的本地市场开发，既保障了输出内容的编写和

---

① 解慧：《迎十九大相关主题出版物奏时代强音　出版集团围绕中心各显身手双效俱佳》，《中国出版传媒商报》2017 年 10 月 18 日，http：//www.cbbr.com.cn/article/115812.html。

翻译质量，也为产品的落地提供了更为可行的渠道。

3. 开设海外分社

出版社以独资或合资的方式在海外建立分支机构或出版中心，面向本土市场开展出版经营、推介中国作品，推动优秀图书的版权输出；同时也打造适合各国市场需要、具有较强竞争力的原创图书，在当地树立母体出版社品牌。

北京语言大学出版社北美分社——梧桐出版有限公司早在 2011 年已经创立，经过几年的发展，公司已经达到 12 人的规模，产品、渠道、人员等都基本按照美国企业运营方式进行管理，参与市场竞争。2016 年，该公司实现销售码洋约 710 万元，已实现盈利，产品销量年均增长率约为 30%，成为了北美地区三大中文核心出版机构之一。[①]

社会科学文献出版社于 2016 年 8 月成立了俄罗斯分社——斯维特出版社，为中俄两国学界开展哲学社会科学交流搭建了重要桥梁。目前，该分社已与俄罗斯科学院涅斯托尔出版社开展深入合作，签订合作框架协议，[②] 业务范围包括出版图书、建设数据库和电子书产品线，以及组织出版业相关人士参加莫斯科国际书展，并组织面向俄语市场的各类培训，利用俄罗斯当地孔子学院等机构积累翻译人才，代理国内外出版社的相关版权贸易等工作。斯维特出版社聘请两名俄罗斯资深学术出版编辑负责稿件质量把关以及宣传推广工作；一名俄罗斯当地法务人员负责出版社的日常法律事务以及其他日常工作。

此外，中国出版集团先后在悉尼、巴黎、温哥华、伦敦、纽约、法兰克福、首尔、东京成立合资或独资的出版公司，成为出版资本"走出去"的排头兵。人民大学出版社在特拉维夫大学孔子学院成立了以色列分社，签下 30 多本图书版权，有效带动了人民大学社在以色列的选题策划和组稿工作。

北京地区新闻出版机构尊重文化传播的规律，通过多种渠道直接"走

---

① 余若歆等：《中国出版业资本"走出去"的这十年》，《出版商务周报》2017 年 8 月 31 日，http://www.chuban.cc/cbsd/201708/t20170831_177907.html。

② 刘蓓蓓、孙海悦：《社科文献社与中译语通公司签约合作》，《中国新闻出版广电报》2016 年 8 月 25 日，http://www.chinaxwcb.com/2016-08/25/content_344213.htm。

出去"，面向海外市场，开展本土化的营销、策划、出版和发行工作，主动适应国际文化市场的内在要求和商业规则，最大限度地利用国内外传播资源。这使他们能更密切地关注目标市场，理解海外受众的实际需求，从而有针对性地开发出具有中国内核、同时兼具本土色彩的文化产品，讲好中国故事，传播好中国声音。

### （五）新闻出版输出地范围进一步拓展

新闻出版业在对外传播目标对象的选择上积极与国家外交战略接轨，一方面注重在对英、美、德、法、俄等欧美传统主流市场的布局，同时也关注小语种国家，特别是"一带一路"沿线国家，增强中国文化在这些地区的影响力。

当今的国际新闻出版市场主要由欧美发达国家垄断，中国作品进入这些市场的难度非常大。多年来，我国出版物在海外传播范围基本局限于周边国家和地区，尤以港澳台地区、日韩、东南亚华人文化圈为主。近些年来，经过科学规划、合理布局，我国加大了出版物进入欧美发达国家的力度，输出到美国等国家的版权无论是数量还是比重都呈明显的上升趋势。

在欧美市场上，中国新闻出版机构和作家被主流舆论认可和接纳的程度正在提高。2016 年伦敦书展上发布的国际出版卓越奖提名中，中国获得五项提名，在所有参赛国家中居于首位，其中北京地区的高等教育出版社获得国际学术及专业出版奖提名。一批中国当代作家在国际上打响了知名度，逐渐形成了粉丝效应。2016 年意大利博洛尼亚国际童书展上，中国儿童文学作家曹文轩荣获国际儿童文学最高奖项安徒生奖，这是中国作家首次获得该奖项。在此之前，曹文轩的作品已经被译为英文、法文、德文、日文、韩文、俄文、瑞典文等 10 多种文版出版发行，版权输出到 50 多个国家，其代表作《草房子》已经被印刷 300 余次，累计印数上千万册，[①] 另一部代表作

---

① 周飞亚等：《曹文轩：我的背景就是中国》，《人民日报》2016 年 4 月 6 日，http：//culture.people.com.cn/n1/2016/0406/c1013 - 28252197.html。

《青铜葵花》英文版获得英国笔会奖。与莫言获诺贝尔文学奖、刘慈欣获雨果奖一样，曹文轩此次获奖进一步证实中国作者文学作品在欧美发达国家获得了认可。此外，众多主旋律图书在欧美主流市场中也不断取得新突破。《习近平时代》一度登上美国亚马逊领袖图书销售排行榜第三名；《中国梦》（英文版）成为近年来美国本土销量最大的中国版权图书。在第22届明斯克国际图书展销会、第28届莫斯科国际书展和第60届贝尔格莱德国际书展上，《习近平谈治国理政》、"当代中国系列丛书""中国创造系列""中国文化系列丛书"等图书引人关注，受到读者的青睐。

另一方面，小语种国家，特别是"一带一路"沿线国家成为版权输出的热点地区。"一带一路"重大合作倡议自2013年提出以来，为新闻出版业提供了丰富的资源和合作的机遇。"一带一路"战略的核心目标是达成"五通"——政策沟通、设施联通、贸易畅通、资金融通、民心相通。新闻出版业在"一带一路"这一战略实施过程中，既是宣传政策、沟通信息、交流文化、联通民心的倡议者和支持者，也是实现贸易互通、产业经济互动、文化相融的践行者，其角色和功能独特且重要。为配合"一带一路"战略的实施，中宣部于2015年正式启动"丝路书香出版工程"，成为新闻出版业唯一一个进入国家"一带一路"战略的重大项目。该项目涵盖重点翻译资助项目、汉语教材推广项目、境外参展项目、出版物数据库推广项目、本土化、出版物海外渠道建设等。

新闻出版机构自觉担当"丝路故事"的讲述者、"丝路文化"的传播者、"丝路精神"的弘扬者，与"一带一路"沿线国家开展深层次、全方位的出版交流合作，促进文化交流、文明互鉴。从2013年丝路战略的提出到2017年4月，中国出版界围绕"一带一路"主题，共计申报出版近1800种相关图书，① 多形式、多层次地阐释解读、调查研究与外宣推广相关的政策，形成了数量众多、内容系统、层次丰富、语种多样的"一带一路"主

---

① 孙海悦：《"一带一路"图书出版呈"四多"特征》，《中国新闻出版广电报》2017年5月15日，http：//media. people. cn/n1/2017/0515/c40606 - 29276301. html。

题图书群，在"一带一路"整体战略中承担着多种重要角色。

1. "丝路战略"的践行者

丝路战略就是要积极发展与沿线国家各方面合作的伙伴关系，共同打造政治互信、经济融合、文化包容的利益共同体、命运共同体和责任共同体。新闻出版作为文化产业的重要组成部分，与丝路沿线国家加强合作，本身就是在实践丝路战略。作为出版"国家队"的中国出版集团近几年来以各种有效的形式，扩大与"一带一路"沿线国家的合作，实现了共赢发展，目前达成了数百项合作，涉及文学、文化、历史等多种门类。据国家新闻出版广电总局统计，自 2014 年以来，中国与"一带一路"沿线国家版权贸易量保持高速增长，年均增幅 20%，占中国版权贸易总量的比重由 2014 年的5% 提高到 2016 年的 15%。① 由此可见，与"一带一路"沿线国家的出版机构合作，已成为国内出版业版权贸易工作的重中之重。

目前，国内出版机构与"一带一路"沿线国家的出版机构合作的相关成果包括：北京出版集团不断加深与"一带一路"沿线国家的合作，积极拓展版权输出成果。2017 年图博会期间，该集团达成输出意向 60 种；中国出版传媒股份有限公司与俄罗斯、白俄罗斯、哈萨克斯坦、吉尔吉斯斯坦、乌兹别克斯坦、塞尔维亚、土耳其、埃及、印度、巴基斯坦等"一带一路"沿线国家积极展开国际出版合作交流，明星产品日益涌现，国际影响显著提升；中国人民大学出版社组织来自世界 29 个国家和地区的 92 家出版商、学术机构和专业团体共同成立"一带一路"学术出版联盟，促进成员间作者、翻译、营销、版权信息、教育培训等资源共享；北京师范大学出版集团与北京外国语大学扎耶德阿拉伯语和伊斯兰研究中心、中国人民对外友好协会、中国阿拉伯友好协会合作打造了"北京扎耶德中心文库"，推进中阿互译出版和文化交流活动，以阿文、中文和英文不同文种出版了"中国经典阿拉伯语译丛""文明交流互鉴丛书""中国当代文学名家系列"三个系列丛书，

---

① 白瀛、史竞男：《中国与"一带一路"沿线国家版权贸易高速增长》，新华社，2017 年 8 月22 日。http://www.xinhuanet.com/world/2017-08/22/c_1121524260.htm。

其中包含《诗经》《战国策》《文明的追随》《1934 年的逃亡》《劳马小说选》等作品，并已经在国内外引起了重要反响；基于和谐包容的开放合作为中国与"一带一路"沿线国家的互利共赢带来了重大机遇与广阔前景，外语教学与研究出版社成立了"一带一路"国家语言服务中心，包含"一带一路"对象国外语人才库、"一带一路"国家国情文化动态数据库等两大基础资源数据库，以及产业资讯、主题出版、语言服务等板块，为国家"一带一路"倡议实施和企事业单位"走出去"战略布局提供高品质多语言教育培训、语言翻译及国情文化专业化咨询等服务支持。2016 年，外语教学与研究出版社实现版权输出 62 个品种，其中 35 种输出至"一带一路"国家，并与 32 个"一带一路"国家建立出版项目的合作关系。

2. "丝路政策"的阐释者

新闻出版行业的最终目的，是传播信息，增进理解，丝路沿线国家的媒体有责任向彼此介绍并解释各国的政策，促进相互了解。在经济方面的选题，国内出版机构广泛关注"一带一路"沿线国家的国民经济发展状况、"一带一路"对世界经济格局和中国经济发展改革的影响以及"一带一路"倡议构想和实施中涉及的基础设施、贸易、投资、金融、能源等一系列议题，如出版《"一带一路"沿线国家语言国情手册》《"一带一路"金融合作概览》《"一带一路"研究系列·智库报告》《中国"一带一路"建设对欧亚经济格局的影响》等。政治方面的选题大多聚焦中外关系、外交、法律议题，如人民出版社推出的《一带一路：机遇与挑战》，深入浅出地阐述了"一带一路"的全球化、文明、战略、经济、政治、外交逻辑，是阐释解读"一带一路"的优秀文本。

由于"一带一路"的辐射地域、国家、民族众多，沿线 64 个国家（中国除外）分属中东欧、中亚、南亚等不同区域，其政治环境、民族特点、风土人情、利益诉求差异巨大。因此，在宏观研究之外，新闻出版界针对不同国家和地区推出了相应的政策解读，例如中国社会科学出版社推出的"中国—中东欧国家智库研究系列"丛书、《"一带一路"倡议与东盟利益诉求研究》等，为我国与"一带一路"区域与国家经贸对接提供了资料支撑。

中国国际出版集团以解读关键词的形式聚焦"一带一路"倡议的《中国关键词："一带一路"篇》多语种图书，实现了波兰文、印地文、俄文、韩文、阿拉伯文、土耳其文、阿尔巴尼亚文、德文 8 个文版的海外版权输出，特别聚焦并落地"一带一路"沿线国家。①

3. "丝路故事"的讲述者

"民心相通"，很多时候需要通过讲故事完成。对于丝路沿线国家的公众而言，讲述大量具体而生动、通俗且深刻的故事，有助于他们更立体、更深刻地理解丝绸之路的战略愿景。因此，出版界积极配合和实施"一带一路"倡议，精选中国故事，发掘丝路题材的热点案例和成功经验，起到了增进了解、沟通民心的积极作用。

外文出版社的"'一带一路'故事"丛书，包括《古丝路·发现与交融》《贸易畅通·共赴财富通途》《新丝路·一路向西 华光重焕》《政策沟通·当西方遇上东方》《设施联通·打造互联互通世界》《资金融通·助力经济融合》《民心相通·共筑友谊之桥》7 种图书，已出版阿拉伯文、英文、法文、俄文、韩文 5 个版本。新华出版社的《"一带一路" 100 个全球故事》收录了 100 个与"一带一路"相关的故事，既有新华社记者采写的通讯报道，也有孔子学院在全球范围内的征文。该书展现了"一带一路"给沿线国家人民生活带来的改变，出版了阿拉伯文、英文、法文、俄文、西班牙文、葡萄牙文 6 个版本。

4. "丝路文化"的交流者

当新闻出版领域向"一带一路"国家传播时，文化类选题也是其中重要的一部分内容。这类选题常常立足历史，着眼未来，以语言、文学、中华传统文化为纽带，搭建起中国与沿线国家文化沟通、民心相通的桥梁。

中国国家新闻出版广电总局采取多种措施，鼓励和支持中阿作家交流，例如加强政府间的双边合作，实施"中阿典籍互译出版工程"，与阿拉伯国

---

① 何珊：《〈中国关键词："一带一路"篇〉向海外输出 8 个语种版权》，中国网，2017 年 8 月 24 日，http://www.catl.org.cn/2017-08/24/content_41466948.htm。

家共同推动中阿当代文学作品互译出版。该项目到 2017 年 5 月已经累计出版了 23 种中阿作家的优秀文学作品。① 2016 年图博会期间，外文出版社与波兰、阿尔巴尼亚和塞尔维亚的三家中东欧地区的出版机构签署合作协议，启动"中国—中东欧国家互译出版工程"，以推动中国与中东欧地区的国际文化交流和出版合作。

### （六）对外传播数字化进程加快

当前，数字化、网络化、移动化、社交化等各方面信息技术的广泛应用，正在打破全球市场所面临的地理阻隔，使不同地域的文明可以随时进行同步交流。这对新闻出版业产生了根本性影响，使其传播载体更加多样，渠道更畅通，传播能力不断增强。众多大型国际出版传媒集团都在积极开展互联网业务，数字化产品和服务在整体业务中所占的比重不断上升。中国新闻出版业也必须适应这种趋势，在新的平台和市场空间中提升影响力。

近年来，我国新闻出版业的数字化也以较高的速度持续增长，手机出版、互联网出版的成果不断增加，一批大部头、专业性强的出版物通过数字版权实现海外输出。北京地区新闻出版行业也在不断加强新型主流媒体和新型媒体集团建设，探索数字化、移动化等全新的传播业态，借助网络新兴媒体，拓宽"走出去"渠道，提升国际传播力。

国家新闻出版广电总局联合财政部 2014 年印发的《关于推动新闻出版业数字化转型升级的指导意见》，将数字化转型升级列为文化产业发展专项资金支持的重点，以充足的财政资金支持新闻出版业的数字化转型升级。北京市新闻出版广电局于 2016 年发布《关于加快北京市数字出版产业发展的意见》，提出加快发展手机出版、网络出版、云出版等数字出版新业态，筹建数字出版云平台，推动传统出版尽快向数字出版转型升级。北京日报报业集团等 4 家北京市新闻出版单位入选国家传统出版单位数字化转型示范单

---

① 洪玉华：《吴尚之出席中阿作家座谈会并致辞》，《中国新闻出版广电报》2017 年 5 月 2 日，http://news.sina.com.cn/o/2017-05-19/doc-ifyfkqwe0344222.shtml。

位。北京市新闻出版广电局于 2017 年 7 月公布首批 20 家媒体融合发展重点实验室的依托单位和共建单位名单。该名单旨在既可聚集北京地区的优秀科技资源服务于媒体融合，又能为未来北京地区媒体融合发展提供科技动力和必要的成果储备。同时，还能进一步创造有利于人才脱颖而出的条件和环境，实现实验室的聚集效应、带动效应和辐射效应。

在各级政府的鼓励和支持下，新闻出版业转型升级步伐加快，对外版权输出增速加快，数字出版物出口占出版物出口的比重也在进一步提高。2016年，全国电子出版物版权贸易实现大幅顺差，净输出 1047 种，增长192.5%，输出品种数量为引进品种数量的 5.8 倍。[①]

1. 数字化生产

近年来，中国复合出版系统工程 1.0、数字版权保护技术研发、中华字库等重要数字工程等的顺利推进，为出版单位生产数字化产品产业提供了有力的支撑和保障。当前我国数字出版产业在新闻出版产业规模中占比已经达到了 22.9%，是未来重要的经济增长点。[②] 先进的数字化平台，让代表中华传统文化精华的原始文本，成规模地呈现在国外读者的面前。例如中华书局推出的《中华经典古籍库》由古联（北京）数字传媒科技有限公司研发和推广，目前已收录近 1274 种中华书局出版的整理本古籍图书，涵盖经史子集各部，总共 7.5 亿字。[③] 该公司早期主要开发了《中华经典古籍库》的"局域网版"和"在线版"，后来为了满足不同读者的需求，于 2016 年又先后推出了微信版、微信专业版，提供检索全文、在线阅读、联机字典等工具，方便用户通过手机和平板电脑随时随地阅读和利用古籍。北美 20 多家大学图书馆已经开通使用了"《中华经典古籍库》在线版"，被誉为目前质量最好、最可信赖、检索最专业的中文古籍数据库之一。

---

① 李哲：《我国电子出版物版权贸易实现"压倒式"顺差》，中国经济网，2017 年 7 月 24 日，http://news.hexun.com/2017 – 07 –24/190172186.html。
② 吴伟：《从出版大国到出版强国》，《出版广角》2011 年 1 期。
③ 施晨露：《古籍数字化让学术研究发生革命性变化，业内人士指出——"没有冷僻、查不到的史料"》，《解放日报》2017 年 5 月 23 日，http://www.xinhuanet.com/local/2017 –05/23/c_ 129613597.htm。

新闻出版机构还格外重视对"一带一路"沿线国家的数字化输出。中国图书进出口总公司发布的"中国快讯"APP，意在满足海外读者尤其是"一带一路"沿线国家读者在移动阅读时代了解中国内容的需求；中国图书进出口（集团）总公司与中国社会科学院图书馆合作，计划从渠道、客户、技术、推广四个方面入手，推动"国家哲学社会科学学术期刊数据库"在"一带一路"国家和地区的传播。

除了传统出版作品数字化工程之外，北京地区新闻出版界也努力促进网络原创作品的繁荣。2017年8月，首届中国"网络文学＋"大会在北京亦创国际会展中心举行。数据显示，2016年网络文学的产值达到90亿元，而北京作为网络文学的重镇，聚集了六成网络文学网站。[1] 会议广泛讨论了促进网络文学精品化、高端化生产，有效地整合了网络文学产业链上下游资源等方面的问题，以期打通相关产业间的联系，构建以网络文学为核心的多产业链融合发展的网络文学生态圈，为网络文学国际化之路奠定了基础。

2. 数字化营销

新闻出版机构积极在网络空间延伸影响力，利用跨境电子商务平台、自建的数字交易平台等新兴贸易方式，拓展图书"走出去"的传播渠道，提高数字文化产品的国际市场竞争力。

在2016年图博会上，亚马逊网站宣布与中国文化译研网合作，启动中国当代文学精品翻译合作项目，发挥双方优质资源，助推中国文化"走出去"。亚马逊中国区总裁张文翊表示："要让全世界的读者通过这些文学作品更好地了解中国文化和社会，架起中西文化交流的桥梁。"亚马逊"中国书店"在线品种67.3万种，海外发货37万册。[2]

在数字化拓展市场方面，单休出版社作为内容生产商，各自搭建电子书海外销售平台，会存在成本偏高、规模不足的情况，因此很难在海外成体系

---

[1] 李洁：《首届中国"网络文学＋"大会明起在京举行》，《法制晚报》2017年8月10日，http://www.xinhuanet.com/tech/2017-08/12/c_1121472331.htm。

[2] 张稚丹：《中国图书出版这五年：从出版大国向出版强国迈进》，《人民日报》（海外版）2017年09月22日，http://media.people.com.cn/n1/2017/0922/c40606-29551094.html。

地建立自己的销售渠道。中国图书进出口（集团）总公司凭借强大的资源和技术优势，打造"易阅通"等中国数字图书交易平台，拓展图书"走出去"传播渠道。在国家新闻出版广电总局（现为新闻出版总署）的推动下，中国图书进出口（集团）总公司与众多新闻出版机构合作，致力于推动重大出版工程项目成果的数字化建设，将"经典中国国际出版工程""丝路书香工程重点翻译资助项目"等重大出版工程结项提交的外文版图书统一聚合，依托中图公司的"易阅通"平台将这些产品集约化，按类别设计成不同的数字产品陆续上架，并策划成产品包或数据库向国内外市场推广，实现重要成果以集约化、数字化的模式"走出去"，提升数字时代中国出版企业的国际竞争力和中华文化国际传播实力。[1]

我国市场上领先的移动阅读分发平台——掌阅科技股份有限公司，在电子书的精排版、电子书阅读器的刷新残影控制等方面都有较多的创新成果，这将加速传统出版内容的快速数字化。2014 年，该公司成立掌阅公版项目，相继推出四书五经、《楚辞》《孙子兵法》《孔雀东南飞》《牡丹亭》《三国演义》《水浒传》《西游记》《红楼梦》等经典作品，这些作品深受海外华人喜爱，累计全球下载量超过了 5000 万册。该公司于 2015 年 7 月正式启动"走出去"战略，先后积极参加了新德里国际图书展、美国书展、首尔国际动漫节、中国—东盟博览会、法兰克福书展等重要的国际交流活动。截至 2016 年 10 月，掌阅海外的内容容量包括 30 万册中文内容，5 万册英文内容及数万册的韩文和俄文内容，历史经典作品 5 万册。[2] 该公司"走出去"的成效初步显现。

五洲传播出版社开发了可以面向海外市场和用户的多语种数字内容平台 that's book 等，其中阿语平台是目前国内最大的外文版中国数字内容的电子商务平台，也是全球阿文数字内容资源覆盖国家最多的数字阅读

---

① 闫松：《总局重大出版工程项目将实现数字"走出去"》，《中国新闻出版广电报》2017 年 3 月 17 日，http：//www. cnpubg. com/news/2017/0321/33706. shtml。

② 王志艳：《掌阅科技发布"走出去"战略 30 万册中文内容服务海外读者》，新华网，2016 年 10 月 31 日，http：//www. xinhuanet. com/book/2016－10/31/c_ 129344185. htm。

服务平台。该平台整合了中国国内出版社的阿文数字内容资源以及 10 多个阿拉伯国家的 50 多家本土出版商的内容，资源数量达到近万种，[①] 为开发针对阿文数字阅读市场的各类定制产品奠定了内容基础和服务支撑。该平台获得 2017 年"数字出版成就奖"。that's book 西文版也将数百种中国主题西文图书转码上线，是国内最大的西文版数字内容平台。目前该平台已经与墨西哥、智利等西语区国家开展了不同方式的合作。此外，五洲传播出版社也非常重视利用海外社交网站对相关内容进行宣传和推广，五洲传播出版社的西文 Facebook 账户 EsChina，目前粉丝数已突破十万，正在逐步建立其在当地用户间的影响力。

## 三　案例

### （一）《习近平时代》北美热销

《习近平时代》由北京地区民营出版企业北京时代华语图书股份有限公司（简称"时代华语公司"）策划出版发行。该书的英文版图书在美国热销，目前在北美已累计销售 15 万余册，[②] 是中国近年来在美国销量最大的主旋律图书之一。在 2016 年图博会上，该书也受到高度关注，展出当天就与多个国家的出版社达成版权交易战略合作意向。这部体现中国主旋律图书热销的主要原因，在于其"中国内核、西方表达、本土营销"的运作模式，使其迅速获得中外市场的认同。

中国主旋律内核。《习近平时代》的英文版图书以近 600 页的篇幅，全面介绍了习近平的从政经历、中国梦以及"四个全面"战略布局等内容，可以让美国大众全面了解习近平的人格魅力、决策风格、中国道路和发展战

---

① 樊程旭：《that's 阿语平台喜获"数字出版成就奖"》，五洲传播出版社官方网站，2017 年 10 月 10 日，http://www.cicc.org.cn/html/2017/dtzx_1010/4353.html。

② 杨月等：《〈习近平时代〉亮相北京国际图书博览会，北美已售 15 万册》，中国青年网，2016 年 8 月 26 日，http://news.youth.cn/gn/201608/t20160826_8594956.htm。

略，有助于增进两国理解，消除一些不必要的误会，这是建设中美新型大国关系的前提。时代华语公司总裁朱大平指出，"推广一个国家，最重要的是推广国家领袖"，习近平是最有名的中国人，习近平的故事也是最容易形成影响力的中国故事。

西方叙事方式呈现。《习近平时代》中英文版的首发都是在美国，为了适应美国读者的阅读兴趣和习惯，时代华语公司采用本土化的编写团队，由美国纽约大学政治系教授熊玠担任主编，熟谙中美国两国文化和读者市场的学者共同完成撰稿。该书的编写团队直接用英文完成初稿，按照西方的叙事方式呈现中国的主旋律内容，风格也按美国读者的口味和阅读方式进行设计。

本土化营销推广。《习近平时代》第一版于 2015 年 9 月 7 日在美国首发。时值习近平主席访美前夕，美国国内市场对中国概念的图书关注度比较高。时代华语公司在美国主流媒体《纽约时报》第五版刊登整版彩色广告，"热烈欢迎习近平主席对美国开展历史性访问"并推介《习近平时代》《习大大说如何读经典》两本英文版主旋律图书。这是中国图书首次登上《纽约时报》做广告，既在一定程度上为习近平主席访美宣传造势，同时也使新书的关注度空前提升，一举多得。广告推出后，该书平均每天销量在 100 册到 300 册之间，当月在亚马逊上发行 8000 册，在亚马逊上被评为"本月最佳"。

### （二）《中国关键词》多语种传播政治话语

《中国关键词》由中国外文出版发行事业局主办，中国外文出版发行事业局及中国翻译研究院联合编撰，新世界出版社出版发行，以英、法、俄、西、阿、德、葡、日、韩等多个语种面向全球发布。

在内容方面，《中国关键词》主要围绕习近平总书记及中共中央治国理政新理念、新思想、新战略进行中文词条专题编写、解读以及多语种编译，以综合、党建、政治、经济、外交五个专题，简明、清晰、准确地阐释了中国理念，解读了中国思想、中国政策和中国发展道路。

在形式方面，《中国关键词》以"关键词"的形式介绍了中国，在三四百字的篇幅中，用精练的语言解释这个词语产生的背景、场合、核心内容、重要意义和定位等，让海外读者通过读这些关键词，获得对当代中国准确、清晰的认识。这些关键词短小精悍，含义丰富，易学易记，非常适合现代信息社会追求速成实用的节奏和学习习惯。这是用中国话语阐释中国实践的又一次探索，也是中国政治话语对外传播方式的一种创新。轻松活泼的"关键词"条目与严肃正式的政策宣讲相得益彰，共同构成多元完整的主旋律传播话语体系。

在传播渠道方面，《中国关键词》采用了全媒体发布的策略和手段，不仅以中国网专题网站作为主发布平台，还注重通过移动客户端、社交媒体平台等方式，实现信息碎片化、动漫可视化的内容呈现，以增强对国外受众、特别是青年受众的吸引力。

在营销方面，《中国关键词》采取系列化出版的方式，兼顾不同海外市场，进行精准的读者定位与营销，以市场化方式运作主题出版的道路。2017年出版的《中国关键词：'一带一路'篇》聚焦'一带一路'沿线国家，解读重点关键词，以中外文对照的形式呈现，为全世界不同地区和国家认识、了解"一带一路"提供权威范本。该书目前涵盖了英、法、俄、西、阿、德、葡、意、日、韩、越南、印尼、土耳其、哈萨克斯坦共14个语种，[1] 有针对性地帮助全世界不同国家、不同地区的读者准确理解当今中国。该图书在2017年"一带一路"高峰论坛召开前夕发布，获得了参会人员和国内外媒体记者的关注，为高峰论坛的参会人员了解"一带一路"倡议和对外译介提供了权威参考。

在传播效果方面，根据统计，《中国关键词》中很多词条的译文已被联合国翻译处、欧盟委员会翻译总司等机构采用，项目外译成果的引用率达到60%，用户反馈及体验的认可满意度在75%以上。[2]

---

① 应妮：《〈中国关键词："一带一路"篇〉发布14个语种图书》，中新社，2017年5月5日，http://news.163.com/17/0505/21/CJMVLBG600018AOQ.html。

② 李子木：《"中国关键词平台"：受"老外"热捧的中国表达》，《中国新闻出版广电报》2017年5月22日，http://data.chinaxwcb.com/epaper2017/epaper/d6510/d3b/201705/77885.html。

### （三）北京出版集团"品读北京"文化交流活动

"品读北京"是由北京市最大的综合性出版机构——北京出版集团创立的文化"走出去"品牌项目。该项目被北京新闻出版行业"十三五"规划列为提升新闻出版国际影响力重点项目之一。规划中提出，每年选择一个国家或地区举办"品读北京"系列活动，以提升北京出版业的传播力和影响力，宣传北京城市形象，打造北京城市名片。

北京出版集团近年来已经先后在新西兰、马来西亚、新加坡等国家独立举办精品图书巡展及文化交流活动，以图书为载体传播中华优秀文化，成功实践了从图书"走出去"到企业"走出去"的战略转型，成为北京新闻出版行业独具特色的企业文化品牌项目。

2016年"品读北京"活动选择在英国举行，这是北京出版集团企业历史上首次在欧美发达国家独家举办精品图书巡展及文化交流活动，本次活动呈现几个方面的特点：

第一，活动定位高端主流。在海外市场上，图书的产品定位对销售有着举足轻重的作用。我国图书要进入欧美国家的主流社会，首先要有高端主流的定位。本次"品读北京"活动立足于这一定位目标，将主会场设在久负盛名的大英图书馆，两个分会场分别设在牛津大学和爱丁堡大学。大英图书馆是英国国家图书馆，同时也是世界十大图书馆之一，至今已经有260余年的历史，该馆拥众多珍贵的馆藏文献，堪称世界上学术研究和创新的主要源泉之一；牛津大学是全英国乃至世界级的顶尖学府，是英语世界中最古老的大学，人文历史和学术文化举世盛名，培养出无数对世界产生重要影响的政界、企业界、学术界的领军人物；爱丁堡大学是英语国家中排名第六古老的大学，位于第一座被授予"世界文学之城"殊荣的爱丁堡市，在文学之城中扮演了一个必不可少的角色。这些都是英国极具人文特色的活动场所，影响力和辐射性显著，为文化交流活动的开展提供了极大的便利。

第二，图书品类精致丰富。本次活动上展出的出版物有500多种，都是北京出版集团近年来出版的精品。其中有汇聚中国几代学者毕生心血的学术普及经典著作《大家小书》；展现中国传统优秀文化和文明历程的《中国京剧图史》、"非物质文化遗产丛书""中华文明探微"；富有京味文化特色和底蕴的"北京文物建筑大系"丛书、"北京地方志·风物图志丛书""北京名人故居"系列等；享誉华语文坛的《四世同堂》《平凡的世界》《穆斯林的葬礼》等；体现自然生态之美、观测地区生物多样性的"环喜马拉雅生态观察丛书"；做工精良的工笔绘画长卷，包括以北京长安街及其延长线上有代表性的自然及人文景观为素材的《盛世长安图》，为纪念中国著名京剧大师梅兰芳先生诞辰 120 周年、由 16 幅梅派艺术经典扮相组成的《梅艺芳华》等。特别是展现中英两国文化交流源远流长的珍贵史料，包括《支援中国》《从英国到中国的故事》《我看到一个新的中国》《爱上中国的人——李约瑟传》等。这些种类丰富又各具代表性的图书、画卷、史料，从多个方面反映了中华传统优秀文化、北京文化，表达了中国同世界各国开展文化交流的真诚意愿。同时也展示了北京出版集团深厚的文化底蕴和雄厚的出版实力。

第三，主题活动立体多样。精品图书巡展期间，北京出版集团还将以新书分享、文学交流、京味文化讲座等形式在伦敦大英图书馆、爱丁堡大学、牛津大学三地精心组织了 11 场丰富多彩的文化活动，立体多元地提升了图书展销效果。这其中包括以中英文化交流的使者"李约瑟"为主题的系列活动，有《爱上中国的人——李约瑟传》等见证中英友好关系的四本新书发布会；还有北京大学元培学院与英国伦敦大学国王学院合作举办的"中国的战时科学——李约瑟的镜头"图片及手稿展览；以及李约瑟研究中心约翰·墨菲特做"在战时中国的李约瑟"主题演讲。另一个重要的活动主题是"中国文学走向世界"，多位推动中国文学海外传播的作家和学者做主题演讲，有英国翻译家协会主席之一的尼基·哈曼、大英图书馆中文部前主任弗朗西斯·伍德等。

"品读北京"文化交流活动实现了以文化为媒，传播中国声音；以图书为介，展示中国形象的目标。

## （四）北京出版集团：一城三带，用文字传承北京记忆①

《北京市"十三五"时期加强全国文化中心建设规划》将"推进长城文化带、西山文化带、运河文化带的保护利用"列入了主要任务，提出了"一城三带"的文化发展重点，北京出版集团针对这一目标成立北京文化研究出版编辑部，深入贯彻落实十九大精神和习近平总书记两次视察北京的重要讲话精神，坚持继承与创新相结合，力求更透彻理解、更高度认同、更深入挖掘、更精准阐释北京文化中的古都文化、红色文化、京味文化。在文化中心建设中积极做好传承北京城市历史文脉的出版工作。

目前，北京出版集团已经围绕"一城三带"策划推出一批具有首都风格、中国气派的北京作品，传承和发扬北京的本土文化、历史记忆，形成北京文化主题出版方面的独特优势。

目前北京出版集团已经出版的"一城"成果包括37个项目，如《北京中轴线》《百年天安门》、《北京历史地图集》（3卷）、《北京藏传佛教艺术》《北京口述历史》、"北京地方志·风物图志丛书"（2辑，共21册）、《北京古籍集成》（80卷）、《老舍的人文地图》《北京四合院志》《北京胡同志》《诗画北京》、"非物质文化遗产丛书"（共5批）、《湿地北京》、《城市记忆：北京四合院普查成果与保护》（3卷）、"京剧经典品读丛书"（4册）、《去年天气旧亭台》《我们的老院》等。正在推进的有16个项目，包括《北京近代建筑技术发展史》《北京水脉》《北京建置史》、"北京城市发展历史研究文库"（7卷）、《传承"红色基因"：北京革命史迹解读》、"北京古建文化普及读本"（20册）、《居京琐记》、"非物质文化遗产丛书"（第6批）、《北京古迹词典》等。

关于运河文化带的成果有2个项目，包括《梨花渡》《水利志》（北京规划志书之一）。正在推进的有10个项目，包括"刘绍棠文集·大运河乡

---

① 王坤宁：《北京出版集团：围绕三个文化带，用文字传承北京记忆》，《中国新闻出版广电报》2017年11月28日，http://ex. cssn. cn/ts/ts_ wxsh/201711/t20171129_ 3758189_ 1. shtml。

土文学书系"、《北上》、"漕运三部曲"、《镜头中的大运河》《京杭大运河的源头》《古地图中的三个文化带》《文化地理中的三个文化带》等。

关于西山文化带的成果有 5 个项目，包括"首都文史精粹"之《门头沟卷京西拾贝》《烽火连天的京西抗日岁月》《三山五园》（"北京地方志·风物图志丛书"之一）、《周口店遗址志》（北京规划志书之一）等。正在推进的有 11 个项目，包括《大西山》《永定河》、"西山文脉——西山文化带系列丛书"、《京西皇家园林的艺术》《西山塔影》《拓遍永定河》等。

关于长城文化带的成果有 3 个项目，包括《长城志》《夜色长城》和《家伴长城边》。正在推进的有 5 个项目，包括《方寸世界看长城》、纪录片同名图书《长城》、"北京长城文化带丛书"（14 册）和《北京的长城》。

这些围绕北京这座城市，运河、长城、西山三个文化带的出版物，品种丰富、风格多样，既有理论研究专著，也有大众喜闻乐见的通俗读物；既有纪实作品，也有原创文学佳作。这些出版物全方位多角度地见证了城市的沧桑巨变，串联了北京的文化记忆，将为未来文化类主题出版对外传播提供了丰富宝贵的内容资源。

# 北京民间外交中的对外文化传播
# （2016~2017）<sup></sup>*

**摘　要：** 近年来，北京市充分发挥民间外交灵活机动、形式多样、渠道多、覆盖面广的优势和特点，不断促进中华文明与世界文明更多彩、更平等、更包容的对话与交融，使北京成为国家的文化中心、国际交往中心、世界各国人民的人文交流之地，主要表现为在全力服务国家总体外交中开展文化和人文交流，用文化搭桥，促进"一带一路"沿线国家民心相通；推进全方位、多层次、宽领域的对外文化交流；积极在国际舞台发声，发挥北京市民间组织的作用。北京民间外交中的对外文化传播呈现出以下特点：民间外交进一步丰富发展，坚持配合国家总体外交，突出了民间性特色；广大市民积极参与，突出了群众性特点；深化中外青少年交流，突出了可持续性特点；推动中国文化走向世界，突出了文化软实力特点。

**关键词：** 北京市　民间外交　文化传播

## 一　北京市民间外交概况

北京市民间外交是北京市非政府组织、企业、公众个人等非国家行为体。在政府引导下，北京市通过开展国际友好城市工作及其他国际交流合

---

\* 苏淑民，博士、教授、北京第二外国语学院政党外交学院。

作，在经济、文化、教育、旅游、体育等领域与他国地方政府、经济社会实体、国际组织、外国友人之间开展活动，以增进北京市的国际影响力与竞争力，拓展和优化城市的国际发展空间，同时服务于国家总体外交战略的非主权事务对外交往活动。

文化是沟通人与人心灵和情感的桥梁，是国与国加深理解和信任的纽带。民间外交是进行对外文化传播的重要手段。习近平在中国国际友好大会暨中国人民对外友好协会成立60周年纪念活动上指出："文明因交流而多彩，文明因互鉴而丰富。文明交流互鉴，是推动人类文明进步和世界和平发展的重要动力。我们要通过推动跨国界、跨时空、跨文明的交流互鉴活动，促进各国人民相互了解、相互理解、相互支持、相互帮助，在世界各国人民心灵中坚定和平理念、坚定共同发展理念，形成防止和反对战争、推动共同发展的强大力量"。①

近年来，北京市充分发挥民间外交灵活机动、形式多样、渠道多、覆盖面广的优势和特点，不断促进中华文明与世界文明更多彩、更平等、更包容的对话与交融，使北京成为国家的文化中心、国际交往中心、世界各国人民的人文交流之地。在民间外交工作中，北京市与时俱进、顺势而为，以外国友人喜闻乐见的形式，很好地阐释了和平、发展、合作、共赢的世界潮流，通过民间好声音唱响中华民族伟大复兴的"中国梦"。正如习近平同志所讲，"朋友越走越近，良言越说越亲"，努力在世界面前展现一个传统底蕴深厚、包容并蓄的现代化、国际化新北京。

## （一）在全力服务国家总体外交中开展文化和人文交流

北京市人民对外友好协会（简称"市友协"）允分发挥在民间交往中起到的引领、骨干和桥梁作用，开展了一系列具有首都站位、首善标准和北京特色的民间对外交流活动。截至2017年，市友协助力共建"一带一路"，

---

① 习近平：《习近平在中国国际友好大会暨中国人民对外友好协会成立60周年纪念活动上的讲话》，新华网，http://www.xinhuanet.com/politics/2014-05/15/c_1110712488.htm。

与40多个国家开展经济、文化等多领域交流，聚焦服务"四个中心"，为同仁堂集团、北京第二外国语学院等北京企业和高校"走出去"牵线搭桥。北京市友协精心筹划组织了国际友人环昆明湖长走、"春华秋实"驻华使节联谊、"舌尖上的'一带一路'"美食、外国友人讲"我与北京"的故事、"外国友人眼中的北京新起点"等42场次的对外交流活动，"友协桥"联通四海，"丝路情"情系五洲，海外民间朋友圈越来越大，北京对外友好指数持续提升。

2016年，为纪念红军长征胜利80周年及斯诺先生采访毛主席80周年，市友协与美国埃德加·斯诺纪念基金会等联合主办了第十七届斯诺研讨会，延续国际友人精神，促进中美民众的理解与互信；为配合"2016中拉文化交流年"活动，举办"加勒比国家文化图片展"和"拉丁美洲太平洋联盟四国文化图片展"，促进拉美及加勒比国家与我国的文化交流；做好北京—首尔友城项目，组团参加首尔友谊节、开展北京—首尔女艺术家创作交流和研讨互访活动；组派非遗传承人参加中国驻日本大使馆发起的"2016中国节"活动。

2017年，为落实北京首尔混合委员会项目，参加第三次混合委员会会议，市友协开展了北京—首尔文化交流互访，组团参加"首尔友谊节"活动；为加强与"一带一路"沿线国家民间交往，市友协与北京市人民政府外事办公室（简称"市政府外办"）共同举办在京外国友人专场演出、"欢动北京"青少年文化艺术周等活动；履行成员单位职责，做好"北京市协调管理会组织参与国际非政府组织活动联席会议"的相关工作。

### （二）用文化搭桥，促进"一带一路"沿线国家民心相通

"国之交在于民相亲，民相亲在于心相通。"从古至今，民心通则事顺通。任何一种愿景的实现、一种伟业的开展，都需要参与各方在情感上相敬相亲，在思想上共振共鸣，在心灵上互融互通。"一带一路"的全球化并不仅仅是经济的全球化，更是全世界人们"心"的全球化。北京市民间外交着眼履行为国交友的使命和任务，努力为增进民心相通做出应有的贡献。

2016 年，市友协在立陶宛举办了"桥——中国传统书画展"，通过国内书画精品与立陶宛中国画室学员作品联袂展出、国内艺术家现场创作并解读中国书画等形式，让国外学员在融会贯通中学习中国文化。此外，市友协还在新加坡、泰国开展"北京东盟文化之旅"，展示北京的文化建设和城市发展成果；参加科伦坡—北京友好论坛，组织开展"中国文化周"活动，宣传传统文化；在黎巴嫩举办"'一带一路'在黎巴嫩：北京至贝鲁特"系列活动，宣传"一带一路"建设；举办"2016 北京国际民间组织沙龙汇·北京国际民间文化品鉴暨对外经贸大学第七届国际文化节"活动、"丝路话情——推动民间组织国际交流，聚话'一带一路'共赢发展"研讨会，促进中外民间文化交流互鉴；组织国粹风华"活力京剧在身边"活动，搭建以国粹为媒介的国际文化交流新平台。

2017 年，结合东盟成立 50 周年，市友协举办了赴越南、缅甸开展"东盟文化之旅"活动；借力在柬埔寨召开中国东盟友好大会之机，举办北京图片展、非遗精品展及演出活动；组团出访斯里兰卡参加中斯建交 60 周年庆祝活动和斯里兰卡—中国妇女友好论坛，举办"多彩北京"图片展，与斯里兰卡中国社会文化合作协会共同宣传"一带一路"建设；赴意大利开展文化交流，赴尼泊尔、印度举办中国传统书画展，在京举办马耳他摄影展，促进文化交流互鉴；与孟加拉国—中国人民友好协会进行工作交流，邀请中亚国家友好代表团来访，拓展民间对外交流渠道；与中国电影博物馆共同组团赴塞尔维亚举办中国电影节，开拓对东欧国家的友好交流。

在 2017 年"一带一路"国际合作高峰论坛期间举行的"增进民心相通"平行主题会议上，来自巴基斯坦、缅甸、乌兹别克斯坦、斯里兰卡、坦桑尼亚和希腊 6 个国家的普通民众，通过切身经历，讲述了自己参与"一带一路"建设和民心相通工作的体会和收获，成为一大亮点。会议上分享了 6 个故事，都是"一带一路"民心相通取得丰硕成果的缩影，深深打动了在场听众。

2017 年，市政府外办邀请驻华使节、国际组织代表、在京外籍常驻人员约 1500 人次出席北京电影节、科博会等各类大型国际活动。

### （三）推进全方位、多层次、宽领域的对外文化交流

1. 市友协开展的全方位、多层次、宽领域的对外文化交流

（1）扎实开展对外交友，弘扬中华文化活动

2017 年市友协举办了第 13 轮中美学生在京交流活动，巩固与美中友好协会犹他分会、辛辛那提中美协会、埃德加·斯诺基金会等美国友好组织的联系；赴俄罗斯参加"团结—友谊 2017 国际民族艺术节"，通过艺术交流促进中俄民间友好；继续保持与德国、法国等欧洲国家友好组织联系，在意大利举办文化交流活动，加强与欧洲国家的交流；组织纪念中日邦交正常化 45 周年及中韩建交 25 周年书法交流活动，开展中日韩市民交流、青年交流和文化、体育交流等系列活动；在斐济举办中国传统书画展，在京举办南太平洋国家文化图片展，做好与南太平洋国家的交流；结合中国与巴哈马建交 20 周年，邀请巴哈马艺术家访华，举办巴哈马美食节活动，加强与拉美国家的民间交流。

市友协还积极开展多边交流国际活动，抓住北京市民间组织国际交流协会（简称"市民交协"）获得联合国经济与社会理事会（简称"联合国经社理事会"）"特别咨商地位"的机遇，重心向外，突出在国际舞台"亮相发声"，并用好内部资源，搭建平台，促进会员单位参与联合国经社理事会交流活动；赴美国参加联合国经社理事会青年论坛，与联合国经社理事会及相关下属委员会探索合作途径。同时，北京市友协赴加拿大举办中加可持续发展青年行动研讨会；参加第 67 届联合国新闻部非政府组织会议和第 23 届联合国气候变化大会，举办环保主题图片展，组织专家学者参加边会并组织发言；继续组织"地球一小时"熄灯活动，宣传环保理念。

市友协在扎实开展对外交友活动中搞好"人脉工程"建设。一是交实老朋友。2016 年，市友协举办了"不忘初心，续写华章——北京东京民间交流图片展"；和日本埼玉太极拳协会举办"中日太极拳爱好者交流大会"；与斯里兰卡—中国社会文化合作协会共同举办"'一带一路'倡议与斯里兰卡"征文比赛获奖选手演讲活动；邀请东盟、日本等地的 10 多个传统友好

组织来访，与挪威太极中心、意大利对华友协、澳大利亚中国友协、非洲新希望基金会等欧洲、澳洲、非洲、美洲的 10 多个友好组织交流；加强与东京都原副知事福永正通、斯里兰卡—中国社会文化协会主席阿贝等老朋友的感情交流。二是交好新朋友。北京市友协邀请尼泊尔阿尼哥协会太极代表队参加北京国际健身交流大会，建立友好合作关系；接待美国友人加里德沃切克一家，开启与美国知名友华人士的交流；邀请"郑律成童谣大赛"获奖者访华，举办"郑律成童谣国际音乐会"，促进和平友好；通过多种渠道与南亚—中国友好组织、美国尼克松基金会等亚洲、非洲、欧洲、美洲的 10 多个友好组织新建立联系；通过共同举办图片展拓宽了对拉美及加勒比国家 14 国的友好交流渠道。三是培育青年朋友。北京市友协组织北京市第四中学生赴美开展第 12 轮中美中学生交流活动，青少年赴日本、韩国开展文化、体育、艺术交流，青少年科技团赴马来西亚、文莱开展交流；邀请马尔代夫、日本、韩国学生交流团等国外青少年来京交流；举办中韩日青年环保论坛、中日韩青年交流活动；与市政府外办等合作举办"欢动北京"青少年艺术节、在华留学生武术大会、国际青少年钢琴大赛、北京国际友城青年营活动，拓展了青少年的国际交流平台。

（2）做好在京交流活动，服务北京国际交往中心建设

北京市友协继续开展"北京国际友好林"植树活动，组织 30 多个国家的驻华使节、外国留学生等 400 多人参与。此项目被评为"第三届北京社会组织公益服务品牌"银奖；举办第四届北京国际风筝节，组织 15 个国家近 300 名外国友人与 100 名非遗传人互动交流；组织第三届在京外国留学生"我与北京"主题征文比赛，让外国留学生写北京、说北京。该活动收到在京 48 个国家的 502 名留学生的踊跃投稿；组织第八届"外国友人眼中的北京新气象"摄影文化活动，用外国人的镜头展示北京新气象，活动共收到 77 个国家的 3665 幅作品；举办"太极·北京"国际健身交流大会，组织 7 个国家 120 余名外国选手与国内选手同台竞技；举办第十六届国际友人环昆明湖长走活动，吸引了 70 个国家的驻华使节、外国专家和留学生等 600 多人参与。

（3）加强对外宣传，讲好北京故事

市友协向外国友人赠送不同语种的《习近平谈治国理政》书籍、中宣部外宣光盘、北京概况、宣传折页等宣传品 3000 余份；协调《人民日报》（海外版）、新华社、中新社等 10 余家媒体对该会在日本、斯里兰卡等国组织的交流活动进行宣传报道；利用国际电台、电视台的语言优势和宣传平台为交流活动提供服务，组织拍摄 23 场活动，编辑播出 10 部短片，并进行了英语、俄语、德语等 10 余种语言的报道；在国际在线"我是中国控"栏目连载外国留学生征文获奖作品；在中国网"这里是北京"刊登"外国友人眼中的北京新气象"摄影获奖作品，拍摄 5 部"我与北京"故事短片在蓝海电视海外频道播出；通过《北京友协》和《北京 NGO》宣传对外交往工作；丰富协会的网站内容，利用微信公众号推送了 90 多条对外交流信息。

（4）针对各区优势资源及外事需求，促进基层对外交流

市友协组织"春华秋实"驻华使节联谊活动，邀请五大洲 40 多个国家的驻华外交官走进顺义、石景山，宣传跨境电商、现代农业等领域的发展与成果；组织来访的 10 多个国外友好组织走进街道、社区，开展文化、教育、体育、社区养老等领域的交流；为东城、西城、石景山、门头沟等区牵线搭桥，分别与马中友好协会、斯里兰卡—中国社会文化合作协会、匈牙利中国友好协会、意大利对华友好协会等友好组织建立联系，推动东城与马耳他旧都姆迪纳市建立友城关系；门头沟与国际徒步联盟、荷兰、比利时等开展徒步领域的合作，延庆与荷兰吕伐登市建立友城并开展冬季冰雪运动和文化领域的合作，市民交协借国际徒步运动第 100 届举办之机，组织相关区和民间组织赴荷兰等地开展国际交流活动。

（5）坚持深化中外青少年交流，突出可持续性特点

青少年是民间对外友好交往事业发展的未来和希望。多年来，市友协每年都组织各种青少年交流活动，直接参与出访和接待来访的青少年达 1 万多人次。截至 2017 年，中美中学生交流已连续举办 26 年，中日青少年夏令营持续近 24 年，国际青少年足球赛"挪威杯"已持续 16 年，瑞典"哥德堡杯"足球赛已持续 7 年，与日本武藏野市等地青少年互访交流也

持续 10 多年，北京青少年动漫交流访日团持续 7 年，中日青年会话交流也持续了 7 年；2011 年增加了接待韩国仁川青少年访问团，每年选派青少年赴韩国交流；举办了"我心目中的秘鲁"北京市小学生绘画比赛；自 2012 年起，开展在京外国留学生"我与北京"主题征文比赛。截至 2017 年，来自 61 个国家 333 名留学生参与征文，抒发自己的北京情怀。这些交流活动，既着眼当前，又推进了民间对外友好交往事业的可持续发展。2017 年，市友协还举办了第 9 次"中日小大使"友好交流活动、第三届北京外国人篮球赛、"未来领袖"国际青年夏令营、2017 年中日密云植树等活动。

2. 北京市侨联聚焦弘扬中华优秀文化，扎实做好文化交流工作

北京市归国华侨联合会（简称"北京市侨联"）充分发挥文化交流优势，在 2016 年继续举办"亲情中华·汉语桥"夏令营北京营，依托华侨学院，邀请 100 名海外华裔青少年来京参加夏令营活动；为支持海外华文教育事业的发展，举办了第六届海外华文教育学校校长论坛，邀请 30 所海外华文学校校长来京出席活动，举办友好协议签订仪式和华裔青少年书画大赛的启动仪式；为加强和拓展对外宣传工作，打造"互联网＋智慧侨联"新模式，探索推进"网上侨胞之家"的建设，北京市侨联通过各级侨联官网、侨联微信公众号、"侨之家"微信群等网络工作平台及手机软件，讲好侨故事、传播侨声音，展示侨形象。

在 2017 年春节期间，北京市侨联组织"亲情中华·北京情思"侨联艺术团分别赴美国、牙买加进行慰问演出，受到中国驻当地使领馆的高度赞扬，得到广大海外侨胞的热烈欢迎以及当地政要和友人的赞誉，中华全国归国华侨联合会（简称"中国侨联"）林军主席对此给予了批示和肯定。北京市侨联与朝阳区归国华侨联合会（"归国华侨联合会"简称"侨联"）共同组织"亲情中华·北京夏令营"，来自美国、加拿大等 6 个国家的 76 名海外华裔师生参加了夏令营活动，体验中华传统文化，感受祖国（籍）的发展变化。东城区侨联、西城区侨联、海淀区侨联、丰台区侨联和清华大学侨联发挥自身资源优势，积极参与和承办夏令营活动，做了大量的工作，使夏令营活动内容更加充实、项目更具特色、影响更加广泛。此外，北京市侨联

还举办了第六届海外华文教育研讨会暨第六届"亲情中华·金水桥之恋——华裔青少年书画大赛"启动仪式，交流办学经验，签署了书画大赛启动工作协议书；组织"瑞典瑞青中文学校汉语教学冬令营"，与北京第一二五中学开展联谊活动，让参加活动的学生和家长真实、全面地了解中国社会的发展情况及风土人情；通过北京市侨联牵线搭桥，西城区侨联沟通协调，促成了马来西亚沙巴亚庇中英小学与西城区康乐里小学缔结为友好学校，对推动中马青少年的交流互动起到积极作用；《北京侨讯》完成改版工作，北京市侨联网站升级改造项目顺利推进，侨情侨史研究取得重大进展，海外华文学校数据整理基本完成。北京市侨联与首都经济贸易大学共建的华侨学院华侨捐赠陈列馆已经正式开馆，北京市侨联机关微信订阅号运行维护更加规范，主动向海内外侨界发出声音，积极宣传介绍国家和北京为侨服务的新举措，增强了首都侨联工作的社会影响力。西城区侨联建立了首批西城区侨界文化交流基地，使侨界文化交流水平得到有效提升；海淀区侨联举办了"第五届首都新侨乡文化节"，邀请北美枫香文化中心的剧社来京联演6场话剧《海外剩女》，吸引首都演艺界人士、归侨侨眷和归国留学人员近6000人次；朝阳区侨联成立了全球华侨华人文化与媒体联盟，搭建了弘扬中华优秀文化的新平台；北京建筑大学侨联促成一位侨眷将保存30年的《中国早期华工在美国的创业史》及信件和照片无偿捐赠给中国华侨历史博物馆，获中国侨联的认可和表彰。

北京市侨联秉承深交老朋友，广交新朋友，努力讲好中国故事，大力宣传北京发展的宗旨开展活动。截至2017年，北京市侨联与世界72个国家的532个侨团建立了友好关系，聘请港澳及海外顾问、委员和青年委员319人。2017年北京市侨联全年接待海外侨团100多个、侨领500多人（次），派出4个团组出访12个国家和地区，访问了23个侨团，与300多位侨领接触，壮大对我友好民间力量，服务国家总体外交并取得了积极成果。

3. 北京市贸促会提高文博会筹办水平，服务全国文化中心建设

中国国际贸易促进委员会北京市分会（简称"北京市贸促会"）在2016年举办的第十一届文博会上，"激发文化活力，引领产业创新"，相比

往届，其规模更大，高端化、专业化、市场化、国际化的特色更加明显，近200万人次参与了展览会、推介交易、论坛会议、创意体验及分会场百余场次活动，3个国际组织、41个国家和地区的43个境外代表团组，21个省区市组团全面参与。据不完全统计，第十一届文博会共签署文创产品项目合作、艺术品交易、银企合作等协议，总金额达958亿元。其中，文化科技类项目签约额超过总签约额的三分之一，显示北京文博会"文化＋科技"引领文化产业创新的鲜明特色；设计创意类项目占总签约额的15%，原创内容产业呈现勃勃生机；京津冀产业协同发展项目签约额达165亿元，落实京津冀协同发展国家战略成效显著；文化贸易类项目签约额占总签约额的27%，比上一届增加了一倍以上，中华文化"走出去"硕果累累。

北京市贸促会深挖国际工商合作潜力，服务国际交往中心建设和"一带一路"文化贸易合作。为落实北京首尔混委会经贸合作机制，2016年，北京市贸促会在首尔举办"北京文化产业贸易展览会——品味北京@首尔"及系列活动。这是中韩自贸协定签署后中国贸促系统首次组团在韩办展，大栅栏投资公司、天桥盛世投资集团等近五十家北京企业参加活动。此外，北京市贸促会还与韩国首尔产业通商振兴院共同举办中韩企业商贸洽谈会，并签署合作备忘录。此外，北京市贸促会还组织48家北京市文创企业参加2016京台文化创意产业展，举办项目推介会暨签约仪式，促成"北京文化庙会台北之旅"等项目现场签约和实现销售额近两亿元；组织企业团组访问土耳其、罗马尼亚、匈牙利，出席2016土耳其安塔利亚世界园艺博览会中国馆日活动，与安塔利亚工商会签订友好合作协议，成功邀请布加勒斯特工商会和布达佩斯工商会组团来京出席第四届北京国际友好商协会大会。

2017年9月，北京市贸促会倡议发起的首届中国与中东欧国家"16＋1"首都商会会长圆桌会议在黑山首都波德戈里察召开，中东欧11个国家的13家具有百年历史的首都商会参会。北京市贸促会搭建线上线下平台，并在会上推出Eshow线上平台，为中国中东欧地区的中小企业产品、服务提供低成本、高效率、无限期的网上展示展览平台。与会商会共同签署了《关于建立中国与中东欧国家'16＋1'首都商会会长圆桌会议机制的倡议》，标志着"16＋1"首都商会会长圆桌会议机制正式成立。2017年6月，来自国际商会世界商会联合会、世界贸易中心协会、世界知识产权组织等3个国际组织和51个国家和地区的商会负责人、驻华使馆商务官员及中外企业代表共400多人出席了在京举办的第四届北京国际友好商协会大会。在会上，北京市贸促会倡议并发起成立"一带一路"城市商会联盟，得到各方的肯定和积极响应。

4. 北京团市委开拓渠道，拓展北京青年的对外文化交流

2016年，共青团北京市委员会（简称"北京团市委"）开拓多种渠道，拓展了北京市青年的对外文化交流活动。

第一，服务国家周边外交和"一带一路"战略，开展青年文化交流活动。为服务国家周边外交和"一带一路"外交政策，北京团市委组织加强了与周边国家和"一带一路"国家的访问交流。2016年，北京团市委累计派出各国出访团（组）40个（含港澳），覆盖5大洲，23个国家和地区，超过500名青年参与境外国际交流活动；累计接待及配合中国共产主义青年团中央委员会、市政府外办、市友协等单位委托接待的47个青年代表团，覆盖6大洲、34个国家，超过1500名国际青年代表来京进行青少年工作交流。

第二，为配合国家整体外交，在外籍青年中讲好中国故事，培养外籍青年对中国的朴素情感。北京团市委国际部进一步拓宽青年多边外交平台，提升青年民间外交工作的影响力，举办了一系列多边交流项目，如"2016国际青年组织论坛暨北京友好城市青年交流营""未来领袖，青春使者"重走海上丝绸之路国际青年夏令营、"武动北京，情系冬奥——2016来华留学生武林大会""欢动北京"国际青少年文化艺术交流周等活动，通过文化、艺术、体育、科技等多领域的参观考察、互动交流、展示体验，吸引凝聚了一批外籍青年，使他们深入了解中国的和平发展政策、优良的文化传统以及北京的人文精神，帮助他们形成客观的对华认知体系，培养"知华、友华、爱华"情怀。

第三，培育使者，营造北京青年良好的国际交流环境。一是优化交流环

境，积极推进"中网外交"。2016 年，北京团市委国际部继续利用中国网球公开赛（简称"中网"）的契机，邀请各国驻华使馆外交官和家人观看中网比赛，以此扩大中网国际影响力，积极争取各国驻华使馆对首都工作以及对青年工作的支持。2017 年，北京团市委国际部共接待了 23 个国家使馆的大使、公使及相关工作人员 100 余人前来观赛。此举提高了中网的国际影响力和关注度，增进了北京和其他国家驻华使节之间的友好关系。二是加强互动联系，初尝建立留学生战线。为更好地服务外籍留学生群体，培育"知华、爱华、友华"的国际友谊使者，北京团市委国际部在日常的工作中以"常走动、推项目、多回应"为原则，加强与在京留学生的联系。例如，全面建立了线上、线下交流机制，通过线上微信群保持日常的互动，线下通过组织外籍留学生参加"京剧进校园"、徒步论坛、徒步大会等活动，加深印象、培养情感，促进在京留学生与北京青年的交流，营造北京青年良好的国际交流环境。在项目推进中，鼓励外籍青年的参与，从项目的设计、运行等方面，尝试征求外籍青年的意见和建议，帮助共同推动项目的进展。如在2016 年举办的国际青年组织论坛暨北京友好城市青年交流营中，北京团市委国际部就通过俄罗斯、蒙古等国的留学生邀请了本国青年组织参加活动。

第四，开展重点专项的交流活动。

一是举办第六届中德青年交流营活动。中德青年交流营是为贯彻落实北京团市委与德国勃兰登堡州体育青年联合会达成的有关共识，推动双方在体育、文化、科技和志愿服务等青年热衷的领域加强交流合作而进行的青年交流项目。交流营自 2011 年起已经举办了 6 年，是国际部传统的"走出去"、"请进来"的交流项目。第六届中德青年交流营于 2016 年 8 月 10 日至 24 日在北京和德国勃兰登堡州举办。为提高交流效果，深化中德青年的交往，此次交流营分为了公务团和青年团，公务团以项目洽谈为主，推进双方组织深入合作，促进交流的延续性，避免单纯的"走出去"和"请进来"。青年团以开展活动为主，主要以志愿者服务项目、体验式学习、体育运动进行两国青年之间的交流，增进两国青年的情感，加深对彼此文化的相互了解。在双边的交流活动中，我们旨在希望结交更多的朋友，营造北京青年对外交往的良好国际氛围。

二是输出中华民族核心价值观，开展"未来领袖，青春使者"重走海上丝绸之路国际青年夏令营活动。为服务国家"一带一路"战略构想，北京团市委联合市政府外办、市友协于 2016 年 7 月 18 日～28 日共同开展"未来领袖，青春使者"重走海上丝绸之路国际青年夏令营活动。本次活动旨在凝聚留学生中的精英群体，如外国高级公务员、企业高管、社会名流的子女或北京留学生社团、外籍社会团体的主要负责人等，积极引导他们正确认知中国，全面了解中国，培养对中国的朴素情感，以此增进对我国发展道路、价值观念、丝绸之路战略构想的认同，进而影响中国与其所在国家未来的双边关系。本次活动选拔了来自 31 个国家和地区的 60 名中外营员（含港澳）。他们深入浙江、福建、广东 3 省的宁波、福州、泉州、厦门、广州、深圳 6 个海上丝绸之路的重要港口城市，开展与丝绸之路主题相关的参观访问并与各省市青年交流互动。闭营仪式上，三组营员分别以"海上丝绸之路港口概况""多角度看海上丝绸之路""三方面阐述海上丝绸之路"为主题进行了精彩的课题展示，充分展现出全体营员通过夏令营活动形成的对海上丝绸之路和中国文化的深入思考与实践成果。

三是发出青年声音，举办"2016 国际青年组织论坛暨北京友好城市青年交流营"。经过与共青团天津市委员会、共青团河北省委的深入沟通，北京市团委于 2016 年 10 月 24～30 日在北京、天津、河北香河三地成功举办了"2016 国际青年组织论坛暨北京友好城市青年交流营"。来自世界各地 32 个国家，35 座城市，135 名营员齐聚北京，参加了为期一周的论坛交流营活动。本次交流营旨在构建国际性青年组织和青年交流平台，在青年多边外交中发出声音、赢得话语权。各国营员围绕"青年与未来城市"开展主题论坛，并在京津冀三地进行交流，通过文化体验、社区参观、城市考察等活动，使外籍营员充分认识到北京建设城市副中心、治理大城市病、拓展发展新空间的战略规划，以及京津冀协同发展的重要战略意义。

## （四）积极在国际舞台发声，发挥北京市民间组织的作用

近年来，北京市民间外交工作紧紧围绕国家总体外交大局和全市中心工作，主动对接"一带一路"倡议，服务首都"四个中心"建设，在品牌建设、自身发展和对外合作等方面取得长足进展和可喜成绩。多年来，北京市社会组织注重发挥特色优势，积极开拓创新，主动作为，参与国际交往日益频繁和活跃，交流合作层次不断提高。通过与国外同行互通、互学、互鉴，北京市社会组织与国外非政府组织相互促进、共同提高，成效显著，亮点纷呈。

经过努力，北京市民间组织国际交流协会获得了联合国经社理事会"特别咨商地位"，为北京市民间组织在国际舞台亮相发声打下了坚实基础。2016年，市民交协赴韩国参加第66届联合国新闻部/非政府组织会议，举办"北京 NGO 与世界握手"主题图片展；首次组团赴瑞士参加联合国人权理事会第33次会议并在边会上发言，发挥了国际影响力；组派工作小组赴摩洛哥参加第22届联合国气候变化大会，参与举办"中非欧民间组织应对气候变化对话会"活动；与世界自然基金会共同举办"2016地球一小时"北京主场熄灯活动。

2017年，由市民交协大力开展了一系列具有时代特征、首都特点的民间组织国际交流工作，创立了多个品牌活动。市民交协共组派出国（境）团组7批36人次，出访11个国家和地区；接待来访团组12批95人次，涉及9个国家和地区；组织各类对外交流活动5场，对外宣传受众约5万人次。同时，市民交协还主办了"NGO北京国际对话会"，来自37个国家的参会代表、国内及北京市近50个民间组织代表约200余人参加；接待了联合国经社部非政府组织处处长马克·多雷尔、世界自然基金会全球总干事马可·兰博蒂尼和来自日本、比利时的青年学生代表团；与在京国际组织和会员单位共同主办了"地球一小时"北京主场熄灯仪式、"国粹艺术体验日"、第二届北京国际徒步论坛暨第八届北京国际山地徒步大会等活动。

2017年，由北京市总工会主办，北京市职工技术协会与德国南图林根

手工业协会共同承办了中德"北京·南图林根"职工焊接对抗赛。来自北京燃气集团、首钢集团、京城机电等 5 家单位的 17 名选手代表北京赴德参赛。经过激烈角逐，北京选手获得了钨极氩弧焊、熔化极气体保护焊两个组别的冠军、亚军和第三名，全部 17 名选手获得了国际认可的由德国焊接协会（DVS）颁发的焊接证书，受到德方焊接专家的高度评价，为北京市争得了荣誉。市总工会已连续举办两届中德职工焊接对抗赛，为首都焊接行业技能人才搭建了切磋技艺、以赛促学的国际交流平台，引领生产一线职工对接国际先进技术和理念，进一步推动北京市技能人才队伍专业化、职业化、国际化建设。

2017 年，北京市青年联合会主办了"未来领袖，青春使者"探寻文化传承与创新发展国际青年夏令营，组织营员在北京、山西、浙江、安徽体验中国传统文化，感受历史传承，共享发展成果，培育了国际对华友好使者；10 月主办"国际青年组织论坛暨北京友好城市青年交流营"，来自 35 个国家的 160 余名营员参加。期间，北京市青年联合会还相继举办了主题为"青年·创新发展"的主论坛和"青年与政府治理创新""青年与技术创新""青年与创业"三场分论坛，为中外青年开展多边交流搭建平台，促成多项合作的框架意向；12 月主办"一带一路"志愿服务论坛暨第二届国际志愿者交流营，启动建立"一带一路"志愿服务联盟，推动"一带一路"沿线国家和地区志愿服务经验和成果的分享。

2017 年，北京市妇女联合会举办的"和谐北京国际家庭年夜饭"节目由北京电视台播出，覆盖受众近千万；举办"2017 中外家庭共度国际家庭日"活动，吸引多国驻华使馆外交官家庭参加；举办全球女性创业大赛，开通海外直播，推送女性主题节目，全球累计点击量近 360 万次。北京市妇女对外交流协会继续打造"文明对话论坛"这一核心品牌，成功举办或参与了十多次国际活动；围绕香港回归 20 周年，开展一系列参与面广，影响力大的互访交流，不断加深和拓展与港澳各界妇女组织的联谊与合作。

2017 年，北京市科学技术协会（简称"北京市科协"）围绕"开放型、枢纽型、平台型"组织建设，积极构建国际和港澳民间科技交流体系，促进"一带一路"科技工作者和青少年民心相通。北京市科协副主席、北京营养师协会理事长杨月欣入选国际营养科学联合会院士，北京市科协常委、北京生态修复学会理事长刘俊国担任国际生态修复会议学术委员会委员。北京市科协还举办了北京青少年科技创新大赛、北京科学嘉年华等活动，发起建立北京国际科学节圆桌会议机制和"一带一路"绿色创新圆桌会议机制，为国内外专家学者、青少年人才等搭建友好交往的舞台。

2017 年，北京市红十字会主动参与中巴经济走廊建设，派出专业医疗队伍，长期在瓜达尔港承担医疗援建任务。截至 2017 年 11 月，北京市红十字会组织系统内 7 批 41 人次出访 8 个国家和地区，接待"发展中国家灾害管理和人道主义救援研修班""'一带一路'地区国家灾害预防与能力应对研修班""一带一路"峰会代表团、红十字国际委员会、国际 SOS 等国际组织代表团，人数总计 355 人次；积极推进第四届中日韩三国首都红十字青少年（大学生）交流营品牌建设；严格挑选红十字青少年和教师代表赴韩国首尔参加第十五届中日韩三国首都红十字青少年（中学生）交流营，有效增进了红十字青少年间的友谊与了解。

2017 年 5 月，北京市法学会参与协办"中非法律人才交流项目第四期研修班"。两周的学习增进了非洲近 21 个国家的法学法律组织的法官、检察官、律师和学者对中国法治建设进程、法治理念、法律体系、法律文化的了解，培育了"一带一路"中非法律基因，提升了中国法律文化和法治中国建设在非洲的影响力。学会所属民办非企业单位北京融商"一带一路"法律与商事服务中心中标北京市法学会年度市级重点课题，聚焦北京市打造商事纠纷解决中心路径，开展了多种服务需求调研，解决企业"走出去"面临的问题。

北京市工商业联合会以促进首都民企"走出去"和参与"一带一路"建设为重点，积极开拓"走出去"渠道，先后赴捷克、荷兰参加"2017 中国投资论坛"和"中国荷兰友好省市大会"，参与对外经贸合作交流。2017 年，北京市工商业联合会与市友协共同接待了斯里兰卡—中国社会文化合作协会代表团、德国汉堡经济促进局代表团，协助中共中央对外联络部组织苏丹（北苏丹）全国大会党干部考察团到北京纳百川包装制品有限公司参观考察，共商合作意向，开拓对外交流新渠道。

截至 2017 年，北京市志愿服务联合会已与 52 个国家和地区的 83 个志愿组织建立了联系，接待来访 20 批次，共计 420 名国际代表。该联合会已派遣 33 名专家赴"一带一路"国家和地区参与国际会议和活动；深化与联合国志愿人员组织（UNV）的项目合作，共同主办"一带一路"志愿服务论坛暨第二届国际志愿者交流营，成立"一带一路"志愿服务联盟；与市民交协合作举办 2017NGO 北京国际对话会暨青年志愿服务促进可持续发展论坛，与联合国志愿人员组织（UNV）和北京师范大学合作主办"志愿服务与联合国可持续发展目标专题研讨"，参与联合国 2018 年《世界志愿服务状况报告》中的中国章节的编写。

中关村"一带一路"产业促进会首创的"藤蔓计划"旨在为国内外留学生搭建实习平台，帮助企业快速找到国际人才。该项目已被海淀区政府工作报告列为 2018 年主要工作之一。2017 年有超过 4500 名国际留学生参加了此计划，其中约 350 名学生被录用。2018 年初，该促进会赴马来西亚与安邦智库达成战略合作协议，落实与马创新合作；创办"丝路桥"活动，进一步为企业搭建国际项目对接、路演平台。

致诚公益团队旗下的北京青少年法律援助与研究中心、北京致诚农民工法律援助与研究中心组团全程参加了联合国人权理事会第 35 届大会。这是中国民间社会组织第一次全程深度参与联合国人权理事会会议，有力地配合了中国政府的人权外交。为响应联合国可持续发展目标以及消除针对儿童暴力伙伴计划的号召，由北京青少年法律援助与研究中心牵头，救助儿童会、联合国儿基会、女童保护基金、北京市仁爱慈善基金会、9958 等机构和项目共同发起"消除针对儿童的一切形式暴力——中国伙伴计划"，并成为中国首家联合国消除针对儿童暴力伙伴计划成员。该计划在全国范围内推动消除针对儿童的暴力。目前，已有来自全国 30 多个省市的近 700 名不同领域的个人和机构报名参与志愿服务。联合国秘书长消除针对儿童暴力特别代表 Pais 女士对中心开展的工作给予了高度评价。

## （五）利用友城平台加强人文交流和民间外交

截至 2017 年底，北京市的友城数量增加至 55 个，"朋友圈"遍布全球。通过友城平台，北京市进一步加强了与全球各友城在文化、科技、体育、交通等多领域的交流合作。北京市注重发挥友好城市的平台作用，不断加强对外文化交流，打造了一批品牌性文化"走出去"活动，如"魅力北京"图片展、"北京之夜"和"欢乐春节"等。同时，按照北京建设文化中心和国际交往中心的要求，北京市通过友城渠道引进国外的先进文化，不断丰富"创新、包容"的北京精神。近两年来，北京市共与 42 个友城开展 69 项文化交流项目，如荷兰阿姆斯特丹市、韩国首尔市、以色列特拉维夫市、泰国曼谷市等友城的优秀艺术团体带来的各具民族特色和较高艺术水准的民乐和舞蹈等。北京市教育委员会、北京市旅游发展委员会、北京市文化局、北京团市委、北京市总工会、市友协、北京市侨联等部门和人民团体与友城对口部门在教育、体育、青少年培养、汉语培训等方面开展了广泛的交流合作。北京工业大学与爱尔兰国立都柏林大学在北京合作建立了北京—都柏林国际学院，为首都高等教育国际交流开创了新的局面。2016 年以来，北京市组织 540 名中日青少年作为"小大使"进行互访，50 余人赴韩国首尔接受研究生学历教育、公务员交流和各类职业培训，使北京与周边友城的民间交流更加紧密。

北京市利用友城资源开展的对外交流项目已逐步展开。例如，北京市组织民间手工艺代表团出访法国巴黎、德国科隆、柏林开展交流；组织北京京剧院代表团赴荷兰阿姆斯特丹参加京剧演出；组团赴丹麦哥本哈根、西班牙马德里等地举办中国传统书画展；派代表团出访阿根廷布宜诺斯艾利斯、加拿大渥太华、墨西哥首都墨西哥城、希腊雅典、俄罗斯圣彼得堡、乌克兰基辅、日本东京都、韩国首尔等地进行民间交流；与东京都日中友好协会、捷中友好合作协会分别签署友好交流备忘录等。这些交往活动进一步扩大了民间对外交流的覆盖面，丰富了对外交流的项目。

北京"莫斯科周"系列活动进一步说明友城交往在对外文化交流中的作用。应北京市邀请，俄罗斯莫斯科市副市长佩恰特尼科夫·列昂尼德·米哈伊洛维奇先生于2017年10月31日至11月4日率莫斯科市政府代表团一行对北京进行友好访问。

北京"莫斯科周"活动期间，两市签署了2018～2020年合作计划，举办了一系列论坛、推介会、文艺演出，并开展了学校和体育交流、动物园交流等活动，共计16场。其中，俄方与北京市文化局座谈、莫斯科—北京城市群建设论坛、环境保护论坛、参观北京中医院、参观北京市规划展览馆、莫斯科投资推介会、莫斯科旅游推介会、王府井俄罗斯文化节活动、朝阳公园"莫斯科角"活动是本次系列活动的亮点。此外，在北京"莫斯科周"期间，双方还在北京市私立汇佳学校进行了花样滑冰表演。俄方还在北京动物园举行莫斯科动物园图片展并与北京动物园签署了合作备忘录。双方还在北京什刹海体育运动学校举行了两市青少年羽毛球和武术比赛、在中山公园音乐堂举行了俄罗斯文艺演出。

自1995年北京市与莫斯科市结好以来，两市友城关系保持了良好的发展势头，各领域友好交流与务实合作不断加强。2014年，两市签署了2014～2016年合作计划。2015年，两市举办了结好20周年庆祝活动。2016年，两市在北京举办了城区友好合作圆桌论坛等活动。

## 二　北京民间外交的特点

### （一）民间外交进一步丰富发展

#### 1. 民间对外交往日益活跃

2016年，市友协共选派出访团组30批257人次，出访29个国家；接待来访团组74批694人次，涉及37个国家；组织各类交流活动36场，涉及80余个国家；对外宣传受众约6.8万人次，为提升北京国际影响力做出了应有的贡献。

2. 民间对外交往渠道日益拓宽

北京市民间外交交流渠道不断拓展，民间交流内涵不断丰富，民间外交交流方式不断创新。市友协发挥在民间交往中的桥梁和纽带作用，加强与其他市级群团组织、民间社会团体的联系与合作，共同组织教育、文艺、科研、医疗，慈善事业、残疾人事业等方面的国际交流活动，吸引国际组织和国际人士参与北京各领域建设，推动深入系统地开展对外人文交流。此外，市友协加强与院校、研究机构等智库的合作，采取研讨会、展览会、对话会等多种方式，将中华传统价值观延伸到世界各国基层和普通民众中去，提高对外交往的软实力。根据首都外事工作的需要，结合友城交流等活动，北京市让交流活动走进广场、社区，邀请普通民众参与互动交流；与国外友好组织和相关机构共同举办交流活动，介绍各国文化、艺术和风土人情等，开展文明交流互鉴；帮助和支持各区县发挥各自资源优势并开展国际交流，推动其与互补性强的国外城市发展友城关系；加强对市友协品牌活动的深化与包装，赋予活动新内涵，积极做好在京外国人的工作，发挥民间外交的群众性、广泛性的特点，让积极参与活动的外国人当好对外交流的友好使者；借助对外使领馆和首都各高校外事部门的力量，做好针对外国青年领袖、青年学者、青年艺术家、青年企业家等的交流工作，培育知华友华的青年精英；进一步完善交友数据库，加强工作积累，搞好数据分析，了解友好组织和友好人士的背景及需求，保持感情联络；将外宣工作融入到各项对外交往活动中，把握宣传重点，抓住宣传亮点，有针对性地开展对外宣传工作。

3. 民间外交活动形式不断创新

近年来，在持续办好国际友人环昆明湖长走、"外国友人眼中的北京新气象"摄影文化等品牌活动的基础上，北京市民间外交工作不断创立新的对外交流活动，如北京国际民间友好论坛、在京外国留学生"我与北京"主题征文比赛、北京国际柔力球交流大会、北京国际太极拳交流大会、北京国际山地徒步大会、在京国际组织联谊活动等。此外，中国国学，北京文化大讲堂等也逐步成为首都民间外交的新品牌。

## （二）坚持配合国家总体外交，突出民间性特色

北京市民间外交一以贯之地贯彻国家总体外交方针，主动适应国际形势变化，配合官方开展工作，以民间交往服务、促进官方外交。近年来，北京市通过民间渠道积极引导国际社会增进对中国特色社会主义道路、理论、制度、文化的理解和认同，为十九大的召开营造有利的外部环境。北京市民间外交服务于中国特色大国外交，加强与国家总体外交及北京市外事工作的有效互动，做好"一带一路"国际合作高峰论坛的会务保障工作，做好与"一带一路"沿线国家的交流。

2016 年 11 月 22 日，由中国人民对外友好协会（简称"全国对外友协"）主办的首届中国—东盟民间友好组织领导人会晤在京举行。市友协领导出席会议并发言。首届中国—东盟民间友好组织领导人会晤是中国—东盟建立对话关系 25 周年庆祝活动之一，活动以"继承传统，面向未来，开创中国—东盟'10+1'民间合作机制新纪元"为主题，旨在增进中国与东盟的民间友好，丰富民间"10+1"的合作内容。全国对外友协副会长林怡出席会议并讲话。会上，中国外交部亚洲司副司长黄溪连做了题为"推动中国—东盟关系不断发展"的专题讲座。来自文莱、柬埔寨、印度尼西亚、老挝、马来西亚、缅甸、新加坡、泰国和越南等东盟国家的民间对华友好组织负责人应邀出席了会议，并与北京、天津、辽宁、山东、河南和广西等地方人民对外友好协会负责人进行了座谈。

市友协领导表示市友协将继续发挥桥梁和纽带作用，深化与东盟各国对华友好组织的合作，开展更加丰富多彩的交流与合作，为中国东盟友好关系夯实民意基础。

2017 年 6 月 10 日至 12 日，由中共中央对外联络部主办、中共福建省委承办的金砖国家政党、智库和民间社会组织论坛在福州市举行。中共中央政治局常委刘云山出席开幕式并发表了题为"共谋合作发展，共创美好未来"的主旨讲话。来自 26 个国家的 37 个政党、105 家智库、79 家民间社会组织400 余名代表参加了为期四天的交流活动并一起讨论通过了《福州倡议》。

该论坛是金砖国家合作机制成立 10 年以来首次举行的最大规模的金砖峰会配套活动，为 2017 年 9 月厦门金砖国家领导人会晤和金砖国家合作贡献了智慧、凝聚了力量，论坛取得圆满成功。

在主题为"增进民心相通，夯实合作基础"的金砖国家与发展中国家民间社会组织论坛上，市民交协代表做了题为"加深相互理解，推动务实合作"的交流发言，同与会代表分享了北京市民间组织与金砖国家民间组织交流合作情况，提出了在"共商、共建、共享"和进一步弘扬"开放、包容、合作、共赢"的金砖国家精神的基础上，建立"一个机制两个平台"的工作建议得到了中国民间组织国际交流促进会（简称"中促会"）和与会代表的积极回应和允分肯定。

### （三）广大市民积极参与，突出群众性特点

北京市民间外交各个主体发挥与各国民间组织联系的优势，以"'请进来'为主、'走出去'为辅"举办各种交流活动，吸引众多国外民众的踊跃参与，促进北京市民与外国民众的友好交流。

2016 年，市友协举办了"不忘初心，续写华章——北京·东京民间交流图片展"；和日本琦玉太极拳协会举办"中日太极拳爱好者交流大会"，与斯里兰卡—中国社会文化合作协会共同举办"'一带一路'倡议与斯里兰卡"征文比赛获奖选手演讲活动；邀请东盟、日本等 10 多个传统友好组织来访，与挪威太极中心，意大利对华友协、澳大利亚中国友协、非洲新希望基金会等美洲、欧洲、澳洲、非洲的 10 多个友好组织交流，加强与东京都原副知事福永正通、斯里兰卡—中国社会文化协会主席阿贝等老朋友的感情交流；邀请尼泊尔阿尼哥协会太极代表队参加北京国际健身交流大会，建立友好合作关系；接待美国友人加里·德沃切克一家，开启与美国知名友华人士的交流；邀请"郑律成童谣大赛"获奖者访华，举办"郑律成童谣国际音乐会"，促进和平友好；通过多种渠道与南亚—中国友好组织、美国尼克松基金会等亚洲、非洲、欧洲、美洲的 10 多个友好组织新建立联系；通过共同举办图片展拓宽了对拉美及加勒比国家 14 国的友好交流渠道；组织北

京市第四中学生赴美开展第 12 轮中美中学生交流活动，青少年赴日本、韩国开展文化、体育、艺术交流，青少年科技团赴马来西亚、文莱开展交流；邀请马尔代夫、日本、韩国学生交流团等国外青少年来京交流；举办中韩日青年环保论坛、中日韩青年交流活动。与市政府外办等合作举办"欢动北京"青少年艺术节、在华留学生武术大会、国际青少年钢琴大赛、北京国际友城青年营活动，拓展了青少年的国际交流平台。

### （四）深化中外青少年交流，突出可持续性特点

青少年是民间对外友好交往事业发展的未来和希望，市友协和各民间组织将组织各种青少年交流活动作为工作的重点。近年来，直接参与出访和接待来访的青少年达万多人次。中美中学生交流活动、中日青少年夏令营、国际青少年足球赛"挪威杯"、瑞典"哥德堡杯"足球赛，与日本武藏野市等地青少年互访交流活动、北京青少年动漫交流访日团、中日青年会话交流等活动持续开展。自 2011 年市友协又增加了接待韩国仁川青少年访问团，每年选派青少年赴韩国交流；举办"我心目中的秘鲁"北京市小学生绘画比赛。自 2012 年以来，市友协每年开展在京外国留学生"我与北京"主题征文比赛，来自 60 多个国家数百名留学生参与征文，抒发自己的北京情怀。这些交流活动，既着眼当前，又推进了民间对外友好交往事业的可持续发展。

### （五）推动中国文化走向世界，突出文化软实力特点

2016 年，市友协组团赴美国参加中国民间艺术展览展示活动，共展出剪纸、风筝、面塑、内画鼻烟壶、中国少数民族地区风光图片等 50 余件作品，历时两个多月，深受当地观众的喜爱。2017 年，市友协又组织民间艺术家代表团访问法国、德国，介绍面塑、内画鼻烟壶等中国传统手工艺品的历史、艺术特点，以及演示制作过程，使外国朋友近距离了解了中国优秀民间艺术的独特魅力；派出中国书画家代表团访问美国，在辛辛那提市举办"中国书画作品展览"，成为过去 20 年美国中西部艺术层次最高的中国书画

展；组团赴丹麦林哥白市举办中国传统书画展，向丹麦人民展示中国书画的框架知识和艺术魅力；组织京剧代表团参加荷兰著名的泰尔斯海灵岛的国际艺术节表演，观众达 1.3 万多人次，受到热烈追捧；在东南亚国家举办的颐和园文物图片展，使文物民间交流迈出了重要一步。截至 2017 年，市友协先后在新加坡、马来西亚、印度尼西亚、日本、英国、德国、丹麦、美国、澳大利亚、新西兰、西班牙、希腊等地举办"翰墨传真情，书画联友情——中国传统书画作品展"，与外国友好人士开展书画交流，既促进了北京与伦敦、科隆等各友好城市之间的交流，又进一步提升中华优秀传统文化的对外影响力。

## 三　案例

### （一）弘扬传统增进了解，友好沟通传递友谊——2017年北京市青少年夏令营代表团访日纪实[①]

应东京都日中友协的邀请，2017 年 7 月 12～17 日，北京市青少年夏令营访日代表团一行 37 人赴日进行友好交流。此项青少年交流活动始于 1988 年，由市友协和东京都日中友好协会共同发起，至今已举办了 25 届。此次访日代表团的青少年学生来自北京芳星园中学和中国教育科学研究院丰台实验学校。六天的交流活动丰富充实，团员们收获颇丰。

1. 特色交流活动规格较高

北京市丰台区与东京都葛饰区是友好区。葛饰区位于著名国际大城市东京之中，受惠于丰富的水与绿色，保存着浓郁的"下町"情调，在这里生活的人们，充满人情味，热心于各种交流活动。

代表团一行应邀访问了葛饰区区政府所在地，受到区政府工作人员的热烈欢迎，场面温馨而隆重。葛饰区最高行政长官区长和教育长与代表团进行

---

① 北京市友协业务二部："弘扬传统增进了解友好沟通传递友谊"，《北京友协》2017年第3期，第31页。

了亲切的会谈交流。会见中，区长青木克德、教育长垣泽雄一分别致辞，欢迎同学们的来访，回顾了葛饰区与丰台区历来的交往，表达了希望两区青少年友谊长存。葛饰区副区长、教育次长等也出席了欢迎仪式。代表团还参观了区议会大厅，并了解了议会在区政府工作中的重要作用。

东京都日中友好协会在东京都政府为代表团举行了隆重的欢迎宴会。中国驻日本大使馆一等秘书邵宏伟出席并致辞。东京都日中友好协会会长宇都宫德一郎、东京都议会日中友好议员联盟会长友利春久、葛饰区长代理文化国际科长土屋俊昭及夏令营访日交流团团长卢燕宁分别致辞。东京都议会、东京都政府及相关区政府有关官员，以及东京都日中友好协会等一百多名人士出席了宴会。宴会上，中日同学表演了精心准备的节目，双方在愉快的气氛中交流交谈，加深了了解，增进了友谊。

此外，团员们还通过漫步箱根古道、瞻仰岚山周恩来诗碑等，对日本的历史、文化以及我国革命前辈在日本求索富国强民之路的艰辛有了更深的理解。

2. 展示活动亲密无间

中日两国一衣带水，交往历史悠久，双方教育各有长处，只有不断学习、借鉴日本教育理念的长处才能更好地发展我们的教育。访日期间，代表团专程来到葛饰区立新宿中学校，与该校师生进行了丰富多彩的交流活动。代表团一行37人分成6个组，分别进入该校6个班级和师生一起共进午餐。两国学生进行了面对面的沟通交流，有的同学很快成了好朋友。

日本中学生普遍重视社团活动，学校将其视为培养学生综合素质的重要手段。每天下课后，大多数同学都会根据兴趣爱好参加自己选择的社团活动，老师以顾问身份给予一定指导后，主要靠同学们自己独立制定活动计划、开展活动，在自愿、轻松的环境中享受课外活动的快乐。此次访问的葛饰区立新宿中学校社团种类繁多，成绩卓著。交流活动中，芳星园中学的学生进行了《虹桥赠珠》《杨门女将》《苏三起解》《穆桂英挂帅——捧印》和《穆柯寨》等京剧展演，向日本朋友展示了中国传统文化；中国教育科学研究院丰台实验学校的学生还和日本中学生进行了棒球友谊比赛；日本中学生表演了太鼓和吹奏乐；双方学校和学生分别互赠礼物，并表示要建立长久的友谊。

通过走进学校的面对面交流，日本学校整洁的环境，学生良好的素质和饱满的精神状态给代表团留下了深刻的印象。让团员们对日本学校课外活动的专业化程度、同学参与的热情、自觉程度等有了深切体会。

3. 生活体验活动接近地气

在此次交流活动中，同学们还重点参观了横滨市民防灾中心，大家一起观看了十余分钟的抗震知识宣传片、体验了人工地震，学习了怎么灭火和如何从烟雾中脱身。防灾中心的工作人员向大家介绍了地震火灾烟雾逃生和发生泥石流时的躲避诀窍。防灾中心的参观让团员们愈发感到，防火意识要从小培养。

在日本，极少见到垃圾桶，同学们一开始对此很不习惯，即使好不容易看到一个，也常常因为不知该怎样合理分类而无所适从。当对于垃圾分类处理了解了之后，同学们也渐渐自觉地努力减少制造垃圾。在新宿中学校和师生们共进午餐后，每个同学都把自己喝的奶盒折叠成扁平状，将其装进一个同学的空奶盒之中。这样收集垃圾，有序而自然，有效地保持了教室的干净整洁。

夏令营访日团项目是根据市友协与东京都日中友协签署的《2017 年度友好交流活动备忘录》实施的项目。2017 年正值中日邦交正常化 45 周年，在两协会以及相关区的大力配合下，经过多方的配合和努力最终得以实施，圆满完成了交流任务，为中日邦交正常化 45 周年的相关纪念活动烘托了气氛。

## （二）赴韩国参加首尔友谊节文化交流感想①

当学校通知我们艺术团（北京青年政治学院艺术团）即将作为北京市的演出代表，赴韩国执行友好交流任务时，我和我的同伴都无法抑制内心的

---

① 王艺棋："赴韩国参加首尔友谊节文化交流感想"，《北京友协》2017 年第 3 期。

渴望与兴奋。我们是中国内地唯一的代表，我们是中国的形象代言人，我们肩负着中国与韩国、中国与世界各国间文化交流、相互借鉴、加强融合的重大使命，我们感到无比骄傲。

我们去韩国参加首尔友谊节交流之前，乐团代表北京青年政治学院在今年的大学生音乐节上荣获金奖。这次赴韩演出交流，对我们来说更是锦上添花，所以我们坚定，此次演出一定能比大学生音乐节上的比赛更精彩。在彩排的过程中，我们的指导老师范音利老师，针对我们每个人的问题，提出了加强表现力、增强技术展现力、提高与观众交流的能力等非常关键的指导性意见，大大提升了我们在韩国演出的欢迎度。此外，市友协带队老师郑顺梅老师，为我们出访期间的安全及演出的顺利进行做出了默默无私的奉献。

出访期间，整个团队非常团结，处处以大局着想，深知身在异国自己的一言一行都代表着中国，代表着学院。大件乐器需要托运，有人帮忙跑前跑后打包乐器，有人照看行李，所有人的状态都是一个团队应有的样子，这也预示了我们的演出必然成功。

演出期间，我们心里既紧张又兴奋，生怕某一个环节出现错误给整个团队带来消极影响。最终我们的节目受到了首尔市民的称赞和主办方的高度好评。看着台下各国观众阵阵热烈的掌声，观众跟着我们的节目韵律左右摇摆、打节拍甚至跳起来，站在台上的我心中的自豪感和欣慰感油然而生，自豪中国的传统文化受到了世界人民的欢迎，欣慰我们的辛苦训练没有白费。演出结束后，我们激动地想哭，心中满满的幸福感和自豪感，相信我们每位同学都有同样的感受。

闭幕式上，所有国家的交流演出人员、首尔市民、各国旅人，一起手拉手肩并肩围着圈在首尔市厅广场上舞蹈、奔跑、开心地跳着、笑着，呈现出世界人民都希望的和平景象。

时间过得真快！五天的交流就这么结束了，还真有点不舍。我相信，这只是我们艺术交流的开始。衷心地希望我们还有更多机会参与这种新式艺术交流，促进中外文化融合，取长补短，相互交融，共同发展。

### （三）市友协举办"北京·首尔文化交流——两市女艺术家创作交流"活动总结①

为巩固和深化北京与首尔两市间的交往和友谊，增进两市的文化艺术交流，丰富市民的精神文化生活，根据北京首尔混合委员会（简称"混委会"）的工作计划，市友协联合韩国首尔文化财团成功组织了"2016 北京·首尔文化交流——两市女艺术家创作交流"活动。活动分为两个阶段：7 月在北京举办以"自在花开"为主题的中韩女艺术家研讨会及自由限时创作活动；11 月在首尔举办同一主题作品展。本次活动由中央美术学院全程提供学术支持，得到了北京颂雅风文化传媒有限责任公司的大力支持。

2016 年 7 月，应市友协的邀请，首尔文化财团组织首尔市绘画、首饰、装置、纤维等领域知名的女艺术家代表一行 9 人到访北京，展开了一次高水平的艺术访问之旅。

7 月 5 日下午，市友协、中央美术学院、首尔文化财团、北京颂雅风文化传媒有限责任公司联合举办的"自在花开——北京首尔女艺术家创作交流研讨会"在北京颂雅风文化艺术中心拉开帷幕。12 位中韩两国优秀女艺术家代表参加了活动，并在现场交流了自己的艺术创作灵感、思路和创作过程。在研讨会上，中韩艺术家通过艺术创作，展示了古老艺术与现代艺术的邂逅，加深了不同艺术思想的交流碰撞，以炫丽的艺术之花为北京的夏日增添了一抹别样风采。

活动期间，市友协副会长高双进、市政府外办副巡视员李辉、市女企业家协会副会长周晓曦等同来自韩国首尔文化财团、韩国文化院的负责人共同出席了相关活动。市友协副会长高双进与首尔文化财团艺术家交流团团长韩知研在座谈交流时表示，中韩文化交流源远流长，日益密切，应抓住一切机遇调动资源、整合力量，深化交流合作。双方还对进一步做好今后交流工作交换了看法。中国网、中国国际广播电视台、《职业女性》等多家媒体对活

① 北京市友协业务二部："市友协举办北京首尔文化交流"，《北京友协》2016 年第 4 期，第 7 页。

动情况进行了报道。

活动中，女艺术家们通过共同制作手制书的方式来见证这次中韩两国艺术家的相逢。韩国策展人洪景娥表示，这是这次活动特意准备的环节，相较于签名、题字，这种方式能留下更多的回忆。首尔艺术家申惠祯表示，共同创作的这本书很好地展现了中韩两国12位艺术家对"花"这一事物的不同理解和感悟，非常重要。中国艺术家朱岚谈到，花开其实就是一个结果，所做的书就是要把这种思想和想法的碰撞过程记录下来。参与活动的女艺术家认为，"花"是可以跨越民族、文化和语言的一种符号，在全世界范围内都能够被感知、被欣赏。她们希望中韩两国的文化交流也能像花朵一样自由绽放，她们祝愿两国的未来能够像鲜花一样美丽盛开。

7月在北京的美好相聚，令北京首尔两座城市的女艺术家们产生了共鸣。初冬时分，在这个层林尽染、叠翠流金的季节，应首尔文化财团邀请，市友协组织中央美术学院女艺术家代表一行9人出访韩国参加联展，共同品尝收获的喜悦。在中韩艺术家们的共同努力下，11月23日，"自在花开——北京首尔女艺术家创作交流作品展"在韩国首尔历史博物馆如期举行，中国驻韩国大使馆文化参赞兼首尔中国文化中心主任史瑞琳与首尔艺术界200余位嘉宾共同出席了开幕式。

在开幕式上，首尔文化财团代表理事朱哲焕回顾了自2013年以来，北京、首尔两个城市4年来在文化艺术交流方面取得的成就，并期待未来双方能够开展更多、更深入的交流与合作，为促进中韩两国友好交往做出更大的贡献。策展人岳洁琼与洪景娥分别介绍了活动的筹备及参展的艺术家情况，并回忆了7月中韩艺术在北京研讨交流时的美好时光。"自在花开"展览活动持续了一周，有上万人观看了此主题展。

北京和首尔的12位艺术家围绕"花"这一主题，通过新媒体、绘画、陶艺和首饰制作等多种艺术表现形式，表达了各自对花的记忆和思考。各位艺术家的作品，或用工笔设色呈现花团锦簇的娇媚，或以匠心制作成精巧的饰品，或用书法展示灵动秀美。每一件作品都凝聚着艺术家们融合古今的独特见解，贴切生活又引人深思……

在交流创作体会时，艺术家们以自己独特的视角和语言，诠释了对"花"的理解。首尔策展人洪景娥表示，来自两座城市的艺术家对此命题可能有着地域上、心理上的不同理解，但通过新的视角结构与方式将此差异以"花"的方式呈现，将给世人带来全新的视觉感受和美感。韩国艺术家们对这次能够和中国乃至世界上知名的中央美术学院的女艺术家们合作举办此次交流展览倍感荣幸，认为展览效果显著，并希望有机会可以再次合作并开展务实交流。

北京策展人岳洁琼认为，活动中艺术家们创作的作品涌动着一种生命的恣意汪洋，引导着人们进入这个生命乐园，让观众通过视觉去感知艺术的美好，感受对心灵的润泽，这是一份生命的感动和回归。她表示，今年有幸再次在市友协的安排下参与两市友好交流项目，与首尔艺术界有影响力的女艺术家合作并开展交流意义非凡，希望今后继续参与两市友好交流项目。

来自北京的艺术家谭奇说，首尔之行非常难忘。虽然艺术家们语言不通，但是大家通过各自的作品很好地诠释了对花的认知，实现了心灵上互通和交流。创作的过程充满快乐，大家相见甚欢，如同多年未见的好友一般。韩方策展团队细致严谨，认真尽责，值得我们学习。

### （四）五洲文化融汇互鉴、多彩世界绽放惠园①

以"文化互鉴、多彩世界"为主题的"2016 北京国际民间组织沙龙汇·北京国际民间文化品鉴暨对外经贸大学第七届国际文化节"于 2016 年 4 月 21 日在对外经济贸易大学盛装开幕。中促会副会长、北京市第十一届政协副主席、市民交协会长等出席开幕式，市民交协副会长高双进、对外经济贸易大学校长施建军、世界自然基金会中国区总干事卢思骋，老挝大使 Mrs. Vandy Bouthasavong 分别代表主办方、在京国际组织和驻华使节致辞。

精彩的中外文化风情展在开幕式结束后举办，包括传统文化展示、留学生风情展示、北京市民间组织"公益行"图片展示等。当晚主题为"传承

---

① 资料来源：《北京 NGO》2016 年第 1 期。

中华悠久文明，弘扬中国非遗文化”的“北京国际民间文化品鉴暨第五届海内外京昆·戏曲品鉴活动”登场。精彩的戏曲表演，不仅增加了中国学生对国之瑰宝的认同感和自豪感，更增进了国际友人对中华文化的认识和了解。

4月22日，以“丝路情话——推动民间组织国际交流，聚话一带一路共赢发展”为主题的研讨会在惠园召开。在京国际组织代表、驻华使节、北京市民间组织的各位代表及企业界代表、专家学者近百人共聚一堂，研讨民间组织如何以“一带一路”倡议为契机，推动国际交流与合作，实现共赢发展的愿景。

此次沙龙汇通过走进高校，为活动注入了更多的国际色彩和学术品味，吸引了美国、俄罗斯、日本、印度、南非等近百个国家的驻华使节，世界自然基金会、欧洲中国企业家联合会、泰国国际贸易商会中国代表处等20余家驻京机构代表，中促会、中国世界和平基金会、北京地球村环境教育中心等50家国内及北京市民间组织代表共3000余人参与了本次活动。

## （五）水墨油彩绘友好画卷、中国故事塑中非深情——市友协书画代表团访问毛里求斯、津巴布韦①

为宣传介绍中国传统文化，落实中央关于“大力开展对外文化交流，推动中华优秀文化走向世界”以及加强文化互鉴的要求，促进中非民间友好交流，2016年8月4日至12日，应毛里求斯中国文化中心邀请，市友协与北京市文史研究馆共同组团赴毛里求斯举办了“中毛友好——中国传统书画展”及笔会等交流活动；应津巴布韦新希望基金会邀请，代表团访问了津巴布韦，并与当地的文化、艺术及政府机构进行了交流，为后续交流合作事宜奠定了基础，出访取得了圆满成功。

1. 基本情况

此次出访是在国家加强“一带一路”建设、密切中非合作的大背景下，

---

① 北京市友协业务一部：“水墨油彩绘友好画卷，中国故事塑中非深情”，《北京友协》2016年第3期，第9页。

由市友协和北京市文史研究馆共同组团赴非洲访问，借助北京市文史研究馆在书画方面的优势和影响力，通过举办书画展、现场讲座和笔会及交流等活动，围绕东西方文化的共性与特性进行交流，开拓民间文化交流渠道，宣传介绍中国文化。

此次出访是市友协首次派团出访毛里求斯。毛里求斯与中国在文化领域有着较深的合作，双方于1988年在毛里求斯成立了中国第一所海外中国文化中心。在该中心，代表团举办了"中毛友好——中国传统书画展"，并以中毛友好为主题，现场进行了中毛两国画家的联合创作。毛里求斯国家美术馆主席多琳女士、"桥"艺术家协会主席萨义德先生、毛里求斯中国文化中心主任松雁群参赞、北京市文史研究馆副主任刘尧勋共同为画展剪彩揭幕，包括艺术界在内的150余人出席了开幕式。

津巴布韦与中国有着较为密切的经济、技术、贸易等方面的合作关系，习近平主席曾于2015年2月访问津巴布韦。津巴布韦新希望基金会是津巴布韦国内有较大影响的非政府组织。为更好开拓市友协在非洲尤其是南部非洲的交往渠道，推动市友协对非工作，访津的短短两天里，代表团拜会了津巴布韦内阁成员、哈拉雷大省部长米丽安·奇库科瓦和哈拉雷市市长伯纳德·曼延也尼，就推动北京市与哈拉雷大省及哈拉雷市的友好交流进行了初步探讨；与津巴布韦新希望基金会就加强联系与合作，举办友好交流活动进行了协商；与国家艺术馆馆长拉斐尔·奇库科瓦进行了工作会谈，建立了工作联系。此外，代表团还考察了布来基斯顿小学和彼得·贝奇艺术学校，为艺术学校的学生做了中国传统书画的演示；考察了肖纳石雕园、东博沙瓦岩画国家公园，了解了津巴布韦的艺术界现状，为今后交流做好准备工作。

2. 工作成果

（1）举办中国传统书画展，宣介中国传统文化，开展文化交流互鉴，引起较大反响

2016年8月6日，由市友协、北京市文史研究馆、毛里求斯中国文化中心共同主办的"中毛友好——中国传统书画展"在毛里求斯首都路易港的中国文化中心开幕。此次展览共展出了体现中国传统书画特点的30幅馆

藏精品，既有写意山水，也有工笔花鸟，为毛里求斯观众提供了近距离欣赏中国传统书画魅力的机会。

为加深观众的理解，代表团安排北京市文史研究馆的资深美术评论家为观众做了如何欣赏中国传统书画的讲座，并对每一幅画作都进行了讲解。这些背景知识有效地提高了观众的鉴赏力。这些画作不仅在艺术界人士中引起强烈共鸣，而且也得到普通观众的喜爱。很多观众在看过一遍以后又回到自己喜欢的画作旁向工作人员询问。画作无言，却为两国的文化交流架起了桥梁。

在开幕式上，来自毛里求斯"桥"艺术家协会的画家与中国的画家现场联袂创作，运用各自擅长的技法和工具，创作了两幅以中毛友好为主题的画作，让在场的观众体会到了文化互鉴碰撞产生的火花。联合创作后，中国画家还现场挥毫泼墨，创作了雄浑壮美的自然和栩栩如生的花鸟作品，让观众体会到了中国传统书画之美和深远的意境，促进了双边艺术交流，推动了文化互鉴。

（2）开拓了市友协对非交往的新渠道

此次出访，市友协与毛里求斯和津巴布韦方面进行了非常有效的沟通，对出访进行了较为细致的成果设计，开拓了对非交往的新渠道。

毛里求斯国家美术馆是毛里求斯的国家政府机构，主要负责支持艺术家的创作、展览和对外交流事宜。代表团和国家美术馆馆长多琳女士进行了工作会谈，多琳女士介绍了国家美术馆的性质、工作职责和工作项目，代表团也介绍了北京市文史研究馆、市友协的工作性质、定位、交流项目，双方共同就加强信息沟通、文化交流等方面进行了探讨。

"桥"艺术家协会是毛里求斯最具影响力的艺术组织之一，对此次画展提供了大力支持。代表团与该协会进行了工作会谈，对协会的大力支持表示感谢，并与协会主席萨义德先生探讨了未来的合作事宜，就今后加强中毛艺术家之间的交流互鉴达成共识。

访津期间，代表团拜会了津巴布韦内阁成员、哈拉雷大省部长米丽安·奇库科瓦和哈拉雷市市长伯纳德·曼延也尼，就推动北京市与哈拉雷大省及哈拉雷市的友好交流进行了初步探讨；与津巴布韦新希望基金会就加强联系与合作，举办友好交流活动进行了协商；与国家艺术馆馆长拉斐尔·奇库科瓦进行了工作会谈，建立了工作联系。

此次出访，代表团与官方机构和民间组织都进行了接触，后续将继续跟进，以达到将渠道盘活、用好的目标。

（3）讲好中国故事、北京故事，在展现中国传统文化的同时展现中国人的精神风貌

为了达到更好的交流效果，代表团特意安排了对画作、画家都相当熟悉的文史专家对画作进行了讲解，并在介绍画作时特别注意其故事性和趣味性。比如，在介绍孙菊生老师的《猫》这部作品时提道孙老今年已经103岁了，他从事物理教学几十年，循循善诱，诲人不倦，桃李盈门，且对诗词书画都有研究。观众对他的博学多才表示赞叹，对他退休以后积极向上的生活状态表示钦佩；在讲解蒋代明老师的《和为贵》时向观众解释了中国在历史上与世界各国和睦相处，中国社会的和谐社会概念，以及习近平总书记提出的全球命运共同体的概念。

在津巴布韦，代表团利用这次机会与接待方津巴布韦新希望基金会的工作人员进行了深入交流，畅所欲言，倾听对方的喜怒哀乐，分享自己的生活故事，讲述了在华津巴布留学生的故事，拉近了彼此的距离，洒下了友好的种子。

3. 体会与建议

（1）充分利用我驻外机构，借台唱戏。我驻外机构在国外有着较深的根基、较多的社会资源，对当地国情、社情更为熟悉。充分利用我驻外机构的这些优势，一方面可以利用当地的人脉和资源，扩大活动的影响力；另一方面也可以增加该机构的影响力和活动的丰富性，从而实现互利双赢的局面。此次与毛里求斯文化中心合作，多位当地艺术界、侨界、商界贵宾出席了开幕式活动，引起了较大的反响。当地多家媒体对展览开幕式进行了报道，电视台还对画家进行了采访，国内的中国侨网、文化部网站等对活动进行了报道，多家网络媒体进行了转载，扩大了该活动的影响力。

（2）充分尊重当地人士。在毛里求斯、津巴布韦访问期间，代表团充分尊重当地人士，发挥他们的影响力和作用。访毛期间市友协除与中国文化中心合作外，也与"桥"艺术家协会进行了合作。"桥"艺术家协会的画家与代表团画家联袂创作时，不熟悉中国传统书画，不会使用笔墨等工具，中方画家尊重对方，充分发挥当地画家的特长，让他们用自己熟悉的技法和工具，画出一部分画作，然后中方画家根据对方的内容进行补充，最终使成品中西合璧，取得了很好的效果。当地画家感到了对他们的尊重和友好，协会主席、画家萨义德先生说："我和很多人进行过联合创作，但这次联合创作是我最难忘的一次，在这幅画里我充分体现了我的风格，而中国画家用他的笔使我的画作得以升华。非常感谢对我画作和绘画风格的尊重。"

访问津巴布韦期间，代表团充分尊重接待方的安排，发挥接待方的影响力，请对方安排了高层会见，取得了较好的成果。

# 附　　录

## 附录一　北京市国民经济和社会发展第十三个五年规划纲要（节选）<sup>*</sup>

### 第六篇　着力建设全国文化中心

文化是城市的灵魂和软实力。北京文化底蕴深厚，是享誉世界的历史文化名城，加强全国文化中心建设，是中央赋予北京的责任。"十三五"时期，要坚持社会主义先进文化前进方向，建设社会主义核心价值观精神高地，促进物质文明和精神文明协调发展。处理好继承与发展的关系，切实保护好历史文化名城金名片。大力促进文化创新，构建现代公共文化服务体系，推动文化产业蓬勃发展，扩大文化交流传播，强化全国文化中心的凝聚示范、辐射带动、展示交流和服务保障功能，建设社会主义先进文化之都。

---

\* 《北京市国民经济和社会发展第十三个五年规划纲要》，首都之窗，http://zhengwu.beijing.gov.cn/gh/xbqtgh/t1434999.htm。

# 第一章　建设社会主义核心价值观精神高地

社会主义核心价值观是中国精神的集中体现和时代表达。"十三五"时期，要坚持社会主义核心价值观，繁荣发展社会主义先进文化，促进文化自觉自信，建设社会主义核心价值观精神高地。

## 一　繁荣发展社会主义先进文化

充分发挥首都文化理论研究和文化艺术创作优势，繁荣哲学社会科学，夯实社会主义核心价值观理论体系，加强社会主义先进文化研究和创作生产。

加强中国特色社会主义理论建设。健全常态化思想理论教育引导机制，深入开展中国特色社会主义理论、社会主义核心价值观研究，加强马克思主义理论研究和建设工程，不断推动马克思主义中国化、时代化、大众化，建设在国内外具有重要影响力的思想理论高地。深入挖掘和阐发中华优秀传统文化讲仁爱、重民本、守诚信、崇正义、尚和合、求大同的时代价值，做好创造性转化和创新性发展，使之成为涵养社会主义核心价值观的重要源泉。加强舆论宣传平台和渠道建设，健全社会舆情引导机制。加强网上思想文化阵地建设，实施网络内容建设工程，发展积极向上的网络文化，净化网络环境。用中国梦和社会主义核心价值观凝聚共识，形成全社会共同的理想信念和价值追求。

繁荣社会主义先进文化创作生产。坚持以人民为中心的导向，实施文化精品工程，围绕中国梦、爱国主义和中华优秀传统文化主题，推出一批价值鲜明、思想深刻、具有强烈感染力的精品力作，打造全国文艺创作生产高地。实施首都哲学社会科学创新工程，建设首都新型高端智库。坚持把服务群众和带动群众结合起来开展创作，制定繁荣发展首都社会主义文艺的实施办法，建立健全反映文艺作品质量的综合评价体系，创新文化产品生产机制，营造有利于打造文艺精品和文化品牌的政策环境。加强文化人才培养，发展壮大全社会文艺队伍，共同创作优秀作品、弘扬先进文化。

## 二　提高城市文明程度

充分发挥首善表率作用，将核心价值观贯穿到经济社会发展的全过程，广泛开展迎冬奥、讲文明、树新风活动，进一步提升市民素质和城市文明程度。

汇聚精神力量。积极营造有利环境，通过多种方式持久深入地推广普及核心价值观。把核心价值观融入国民教育、市民公约、行业规范，成为全社会共同的行为准则。创新中国梦和核心价值观的表达，通过文艺作品、群众身边中国梦现实版典型事例、公益广告等，用身边事教育身边人，用小故事阐发大道理。利用城市雕塑、主题公园、街道社区等城市空间开展核心价值观宣传，使之融入百姓生活，让核心价值观深入人心。

加强道德建设。将核心价值观融入社会公德、职业道德、家庭美德、个人品德建设中，做到核心价值观宏大主题和微观行为有机统一。开展首都爱国主义教育、法治教育、诚信教育、学雷锋志愿服务等教育实践活动，增强市民国家意识、遵法守法意识、诚信意识和互助友爱精神。引导市民积极承担社会责任、履行社会义务，做爱岗敬业、有社会责任感的现代公民。注重家庭、家教、家风建设，开展"文明家庭""阅读家庭""幸福家庭"等创建活动，将中华民族传统家庭美德发扬光大，让核心价值观在家庭里生根、在亲情中升华。加强以文明礼仪养成和法治思维培养为重点的未成年人思想道德建设，深入开展"北京榜样""最美家庭"、身边好人、道德模范等宣传教育活动，引导社会崇德向善。倡导科学精神，加强科普教育，鼓励市民终身学习，提高人文和科学素质。

涵育公共文明。以更高标准建设城市公共文明，建立优良秩序，建设优美环境，倡导优雅言行，引领文明风尚。深化群众性精神文明创建活动，从小事做起，从细节入手，大力解决随地吐痰、乱扔垃圾、不排队等群众反映突出的公共文明问题，逐步消除公共场所大声喧哗等不文明行为。发挥公民自治积极性，在社区安全、有序停车、文明养犬等方面共同约定、自觉遵守，共建文明家园。促进市民自觉自律，大力倡导简约生活、绿色生活、垃圾减量分类、文明上网、文明旅游和文明出行等，提升市民文明素质。

# 第二章　保护好历史文化名城金名片

北京历史文化名城是中华文明的一张金名片，是我们的宝贵财富。"十三五"时期，要统筹保护和利用历史文化资源，进一步恢复提升古都风貌，弘扬传统优秀文化，延续城市历史文脉，优化现代城市设计，彰显北京古老与现代交相辉映的独特魅力。

## 一　构建整体保护格局

系统梳理历史文化资源，开展古都风貌关键节点织补，持续推动"一轴一线"历史文化魅力走廊建设，在加强旧城保护的基础上，实施好历史文化名城整体保护。

恢复"一轴一线"魅力景观。大力实施风貌恢复提升，重点开展文物腾退修缮、传统文化元素回填、沿线环境整治与业态调整，充分展现"一轴一线"魅力景观。继续推动中轴线申遗，实施中轴线文物保护工程，继续开展景山寿皇殿古建筑、大高玄殿等文物古建保护修缮。传承晨钟暮鼓文化，开展钟鼓楼—地安门沿线建筑风貌整治，促进与什刹海、南锣鼓巷地区的整体风貌协调，增强区域文化氛围。开展天坛、先农坛地区综合整治，完成天坛医院等单位外迁，整体恢复天坛风貌。推进南中轴森林公园建设，与奥林匹克森林公园遥相呼应，赋予中轴线更多时代内涵。开展朝阜大街沿线白塔寺、隆福寺地区修缮更新，优化沿街环境及业态，建设有老北京特色、多元文化交融的魅力走廊。

加强旧城整体保护。坚持从文物与历史建筑、街区、旧城整体等层次开展全面保护，织补历史景观，保护传承物质空间衍生的传统文化，展现独特的古都风貌。结合非首都功能疏解和棚户区改造，有序腾退不合理使用的文

166

物建筑。继续开展历史文物修缮，进一步扩大文物开放数量，推进历史文化遗产资源合理利用。保护好历史文化街区特色，注重北京特色文化的传承，推进南锣鼓巷、东四三条至八条等胡同环境综合整治，开展大栅栏地区有机更新试点，完成鲜鱼口街历史风貌恢复，塑造古都商贸及市井民俗风情窗口。严格控制旧城整体空间形态，保护好旧城"凸"字形城郭、棋盘式道路网骨架和街巷胡同肌理，加快推进标志性历史建筑恢复工程，改造整治旧鼓楼大街、鼓楼西大街等重点历史街道，推进玉河南段、前门月亮湾地区护城河等历史河湖景观恢复，重现水穿街巷历史风貌。努力恢复传统建筑色彩、街道对景、城市景观线，让人们可以找到更多记忆中的老北京城。整合串联旧城自然人文资源，建设融旅游、文化休闲、绿化美化等功能为一体的"皇城文道"，为市民提供"绿荫漫步、文化随行"的休憩空间。

推进区域文化遗产连片、成线保护利用。挖掘区域文化遗产整体价值，制定实施北部长城文化带、东部运河文化带、西部西山文化带保护利用规划。北部推进长城文化带保护利用，加强红石门、古北口、箭扣、南口等处长城的修缮与利用，统筹八达岭、居庸关、慕田峪等沿线历史文化资源，推动长城区域联合保护。打造东部运河文化带，统筹保护白浮泉、高梁（闸）桥、古河道等水利工程遗产，紫竹院、积水潭等古典园林，朝阳八里桥、通州三教庙、燃灯佛舍利塔等古建筑，传承运河文化。西部以三山五园—八大处为核心，恢复香山文物历史景观，实施北法海寺等文物保护工程，恢复传统京西稻田景观，建设中法友好文化交流基地，强化园林间的联系，打造荟萃自然风光、皇家园林文化遗产和近现代史迹的文化景观。西南部推动永定河流域历史文化长廊建设，统筹利用京西古道、妙峰山香道、三家店、卢沟桥—宛平城、西周燕都遗址、堂上、云居寺等历史民俗、红色抗战、宗教寺庙资源，再现城市襟山带河的山水大势。

保护利用古文化遗址和工业遗产。推进圆明园、周口店等国家级考古遗址公园建设，开展考古调查、勘探、发掘、遗址保护及形象化展示等工作。保护与发展名镇名村、传统村落，重点开展石景山模式口、门头沟爨底下村、房山水峪村、密云古北口镇等传统村镇的科学保护、合理利用和环境整治，保护好地域文化特色。开展首钢、长辛店、京西煤矿等工业文化遗产及优秀近现代建筑等保护利用。

## 二 传承弘扬优秀文化

坚持"文"和"物"保护并重，深化各类优秀历史文化资源的研究利用，传承优秀民族和民俗文化。加强城市文化设计，创造新的能够世代相传的城市遗产，延续中华历史文脉，焕发名城现代风采。

传承古都文化。整合以故宫、天坛、明十三陵、颐和园为代表的皇家宫殿、坛庙、陵寝、园林等资源，打造皇家文化品牌，促进故宫、劳动人民文化宫和中山公园的统筹保护与利用。广泛设立历史碑记、标牌或展示橱窗，充分展现历史遗迹，讲好北京历史文化故事。加强"燕京八景""燕京小八景"等代表性景观的文化标志及景观小品设置，构建穿越历史与现代的"文化隧道"，使人们随处可品味时代的变迁和历史文化的厚重。通过举办文化活动、展示展览等多种方式，让人们更多地了解古都文化。加强旅游设施建设，提升旅游服务水平，促进旅游文化产业发展，让人们在休闲旅游中更好地体验古都魅力。

弘扬传统文化。创新传统文化弘扬机制，强化国民教育、民间传承、史志修编、经典普及力度，全面完成第二轮修志规划任务，落实好中华典籍整理工程，充分利用新闻出版、广播影视、新媒体等载体传承好中华文化基因。加强非物质文化遗产保护，扩大非遗传承和展示的物质空间，实施代表性传承人扶持计划。推动戏曲艺术发展，振兴传统工艺。加强优秀民俗民风的传承保护，结合核心区人口疏解和功能优化，恢复一批胡同、四合院、老字号，原汁原味展示老北京衣食住行等京味文化和传统生活方式，留住浓浓的乡愁。

让文化元素融入现代城市。在城市规划和建筑设计中融入更多文化元素，使现代建筑形象和古都风貌有机融合。细化建筑设计规范，不断提高和改善城市建筑设计品质，形成风格协调、文化氛围浓郁的城市整体意象，焕发历史文化名城现代风采。

### 三　创新推进保护和传承

把握历史文化名城保护工作中的关键问题，完善体制机制，创新保护模式，健全法规规章，强化科技运用，创新推进历史文化名城保护工作。

完善体制机制。划定城市紫线，制定旧城建筑设计风貌控制图则和历史文化街区保护更新实施图则。进一步完善历史文化名城保护管理体制，明确市级部门、区政府、产权单位及个人的责任和义务、绩效评价标准等，推进保护管理的全覆盖和精细化。统筹用好名城保护专项资金，支持社会资本建立民间名城保护公益基金，强化名城保护的资金保障。合理引导社会力量有序参与名人故居、会馆等保护利用。

创新保护模式。统筹功能调整、人口疏解、风貌保护与民生改善，积极探索多方参与、多方负责、多方受益的旧城街区保护利用模式。开展胡同修缮整治项目试点，创新居民居住权益实现和流转方式，激发居民参与保护改造的积极性。

健全法规规章。修订《北京历史文化名城保护条例》。制定旧城平房区规划管理办法，研究制定优秀近现代建筑、工业遗产等保护利用管理办法。制定《北京市非物质文化遗产保护条例》，进一步完善非遗三级名录和保护机制。

推进名城保护智能化。推进历史文化遗产的数字化、信息化。加快推动故宫、颐和园等重要文化遗产、部分历史街区数字化工程，让人们不出家门就能游北京。推动为重要文物古迹和有历史文化价值的建筑建立电子档案，提供二维码解说和深度了解链接，让建筑可以阅读，让历史开口说话。完成历史建筑网格化管理电子地图，提高保护管理效率。

# 第三章　提供丰富多彩的文化服务

完善公共文化服务体系，推进公共文化均衡发展，推进文化与科技融合，优化提升产业结构，推动文化产业蓬勃发展，更好地满足人民群众的精神文化需求。

## 一 提供更多更好的公共文化服务

按照保基本、促公平、提效能的思路，完善基层公共文化服务设施网络，开展丰富多彩的文化服务和活动，继续加强重大功能性公共文化设施建设，构建首都现代公共文化服务体系。

完善基层公共文化服务体系。着力推进集文化休闲、教育培训、体育健身于一体的街道（乡镇）综合服务设施建设，加强资源统筹，创新公共文化设施运营模式，依托社区（行政村）综合公共服务设施，拓展便民文化服务、社区交流功能空间。鼓励在古都文化风貌显著和传统文化特色浓厚的社区和乡村，设立社区乡村博物馆。发挥地方志资源在公共文化服务中的重要作用，推动城乡地方志文化建设。着力推进标准化，建立健全公共文化服务设施建设标准、管理服务标准和绩效评价指标体系，推行菜单式服务，提升服务质量和水平。着力推进均等化，加快市行政副中心、新城、新建大型社区文化设施建设，推动文化资源向基层和农村倾斜，促进公共文化服务均衡发展。着力推进社会化，采用政府购买服务、公私合作、鼓励社会捐赠等方式，推动公共文化服务设施建设和运营的社会化，促进提供主体和提供方式多元化。着力推进数字化，构建标准统一、互联互通的公共数字文化服务网络，搭建数字服务平台，提升公共文化服务数字化水平。

加强文化惠民。提升文化馆、图书馆、博物馆、美术馆、档案馆、方志馆等的服务水平，继续推动部分公益性文化设施向社会免费开放。支持演出单位扩大低票价比例，政府投资的剧场、国有文艺院团安排一定的免费公益场次。继续办好惠民文化消费季，促进文化消费。实施全民阅读计划，鼓励高校图书馆向社会开放，在公共场所设置微型图书馆和阅读角，发挥好基层图书室效用，建设书香城市。继续加强面向农村居民的文化惠民活动，积极开展面向老年人、未成年人、残疾人等特殊群体的文化服务。组织开展群众性文化活动。大力推广文化艺术普及，开展优秀文化遗产和高雅艺术进校园、进社区，打造文化雅集、小型音乐会、文化讲坛等新的活力点，提高市民文化艺术素养。

加强重大功能性文化设施建设。建成中国国家美术馆新馆、中国工艺美术馆、中国国学研究与交流中心等国家级文化设施。推动国家大马戏院建设。建成北京市文化艺术中心、北京国际戏剧中心、国家大剧院舞美基地、北昆国际文化艺术中心等市级公共文化设施，完成北京画院改扩建工程，建设北京市非物质文化遗产展示中心、北京市国际文化艺术交流中心。在奥林匹克中心区、新首钢高端产业综合服务区、北京经济技术开发区等北部、西部、南部区域规划建设专题类博物馆、剧场，优化大型公共文化服务设施布局。

## 二　推动文化产业蓬勃发展

发挥政府引导作用，严格执行《北京市文化创意产业发展指导目录》，着力推进文化创新，促进文化与科技对接，积极培育新型文化业态，进一步推动文化市场繁荣健康发展，引导形成高端引领、创新驱动、绿色低碳的"高精尖"文化创意产业体系。

优化提升传统优势文化行业。促进文化艺术、新闻出版、广播影视等传统优势行业稳定发展，唱响文化主旋律。加大版权保护力度，政府性资金向原创环节倾斜，鼓励优秀文化艺术创作。运营好北京剧目排练中心、北京市剧院运营服务平台，以政府购买服务的方式，促进剧场、院团、优秀剧目资源的有效对接，让剧场有演出，让演出有剧场。打造具有国际水准的一流文艺院团。推动出版企业做强，加快数字出版业发展，建设北京国家数字出版基地。加快影视节目生产制作数字化应用，促进电影产业数字化转型。积极布局下一代广播电视网，推进影视投资、制片、发行等核心资源在京发展，支持行业龙头企业规模化经营。

发展壮大创意交易行业。做大做强设计服务、广告会展、艺术品交易三大创意交易行业，提升行业服务能力。推出"北京设计"百强企业，依托龙头企业加快培育一批国际知名的设计机构，支持中小微设计企业做专做精，形成一批"北京创意""北京设计"的品牌和示范性项目。培育一批具有国际竞争力的大型广告集团，提升广告创意策划、效果评价等产业链关键环节的发展水平。推进会展业品牌化经营，提升精细化服务能力。加强艺术品市场服务和信用体系建设，进一步提升艺术品收藏和交易市场的国际影响力。

促进文化与科技融合。加强重点文化创意产业功能区建设，发挥好市级文化创意产业示范园区的引领带动作用，以中国北京出版创意产业园区、国家文化产业创新实验区、国家对外文化贸易基地（北京）、中国乐谷、中国（怀柔）影视产业示范区等为支点，发挥科技、文化融合带动作用，提升产业附加值和功能区内涵，形成文化创意产业与科技、金融、旅游等相关产业高水平、深层次、宽领域的融合发展格局。积极培育以数字内容、新媒体等为主体的文化科技融合产业，有效扩大和引导文化消费。支持具有自主知识产权的网络游戏引擎、3D动漫电影等动漫游戏技术的研发创新。加快移动音乐、网络视频、微电影等数字音视频业态发展。促进视听新媒体发展，使优秀传统文化瑰宝和当代文化精品佳作通过现代网络终端广泛传播。

# 第四章　扩大文化交流传播

坚持"服务全国、面向世界"，吸收一切人类优秀文化成果在北京融合汇聚、展示交流，创新传播渠道，推动文化贸易，讲好中国故事、北京故事，提升中华文化的国际影响力。

## 一　促进京津冀文化交流合作

发挥京津冀地域相近、文脉相亲的地缘优势，建立京津冀三地历史文化遗产共同保护机制，推动实施京津冀地区历史文脉研究保护传承工程，联合开展长城、大运河、明清皇家建筑等跨界重大文化遗产保护利用，联合打造非物质文化遗产物质空间和非遗品牌。全面落实京津冀三地文化领域协同发展战略框架协议，建立京津冀基层文化服务合作平台，推动公共文化服务设施共建共享，发挥好区域文化联盟作用，多层面对接资源，组建京津冀演艺联盟，共推演艺合作，带动提升区域基本公共文化服务水平。推动完善京津冀文化产业合作机制，立足首都设计、研发、品牌等文化产业高端环节，以影视、演艺、动漫、出版等产业领域为着力点，加强产业链分工协作，开展区域内文化生产、文化交易、文化消费等领域的深度合作，优化区域产业结构和空间布局，推动京津冀文化产业发展协作。加强区域内体育赛事活动、旅游等交流合作。

## 二　强化国内文化交流荟萃

支持地方优秀的艺术表演院团、特色原创文化产品、优秀戏剧和经典曲目来京展演交流。充分利用北京文博会及相关专业性展会、交易会等平台，促进文化创意产品和服务交易，辐射带动全国文化产业发展。组织开展好北京国际音乐节、北京国际电影节、北京文化周、欢乐春节、魅力北京等重大文化交流品牌活动。积极拓展旅游的文化传播功能，打造精品线路，丰富旅游产品，为游客提供难忘的魅力文化之旅。

## 三　提高文化国际影响力

深入开展对外文化交流，大力发展对外文化贸易，推动文化"走出去"。创新拓展文化传播渠道，加强国际传播能力建设。依托国际友好城市、驻外机构、对外文化交流协会、海外中国文化中心、孔子学院等平台，进一步加强与世界的文化交流合作。依托主流媒体，充分运用数字传媒、移动互联等科技手段，构建立体、高效、覆盖面广、功能强大的国际传播网络。吸引国际著名剧团、经典剧目来京巡演交流，支持国内优秀艺术表演院团和品牌剧目赴国（境）外驻场或交流。扩大国际文化体育交流，办好北京国际图书博览会等重大品牌活动。积极参与国际文化市场竞争，扩大北京高端专业展会影响力，着力打造一批具有国际竞争力的外向型文化企业、具有重要影响力的国际文化交易平台和具有核心竞争力的知名文化品牌，实现"中国元素、国际表达"。加大对文化出口、文化市场开拓、文化贸易人才的政策支持，大力促进文化艺术、广播影视、数字动漫等文化创意产品和服务出口，扩大北京地区版权输出，鼓励企业对外开展文化领域投资，积极承接国际设计、广告策划、文化软件、影视制作等领域高端服务外包业务，进一步带动提升北京文化企业和品牌的国际影响力。

# 第八篇　全面深化改革开放和加强法治建设

紧紧围绕全面深化改革开放和全面建设法治中国首善之区的要求，以深化改革释放发展活力，以全面开放提升国际竞争力，以法治建设强化社会治理能力，为首都经济社会持续发展提供强大的动力和制度保障。

## 第二章　加强国际交往中心建设

强化国际交往功能、服务国家开放大局是北京的重大任务。构建开放型经济新体制是北京深度参与全球分工、提升国际竞争力的必由之路。要适应国家对外开放新形势，持续优化为国际交往服务的软硬件环境，不断拓展对内对外开放的广度和深度，积极培育国际合作竞争新优势，打造具有首都特色的全方位、宽领域、多层次对外开放新格局，把北京建设成高端资源聚集、国际交往活跃、国际化服务完善、国际影响力凸显的国际活动聚集之都。

### 一　强化国际交往服务能力

完善外事服务设施，优化国际化服务环境，全面提升服务国际交往的软硬环境水平，建设国际城市，为国际交往提供更好的服务。

推动国际高端要素加快集聚。吸引国际组织、跨国公司在京设立总部或分支机构，建设世界高端企业总部聚集之都。建设一批具有国际知名度的高端智库，打造国际性智库集聚地。加快汇聚一批能突破关键技术、引领新兴学科、带动新兴产业发展的战略科学家和创新创业领军人才。多渠道支持企业、机构加入各类国际组织，积极推荐企业家、专家到国际组织任职。

增强国际交往服务能力。加快完善常态化服务保障机制，增强在京举办重要外交外事和重大国际活动服务保障能力。承办好 2019 年世界园艺博览会、2020 年世界休闲大会、2019 年男篮世界杯等重大国际活动和体育赛事。

打造和培育符合首都城市战略定位的特色品牌活动，进一步提升京交会、科博会、文博会、金博会、北京国际电影节等品牌活动的国际影响。增强世界旅游城市联合会的国际影响力。深化城市间国际合作和友城交流，支持民间社会团体开展对外交流。

打造国际化公共服务体系。在出入境、金融、教育、医疗、交通等方面为外籍人员提供更加便利的工作和生活环境。在国际交往活动集中区域，打造一批具有示范效应的国际化社区。大力推广 APEC 商务旅行卡，共同推动在京津冀区域开展 72 小时过境免签异地出入境政策试点，进一步完善离境退税政策及其配套服务环境。加强外语广播、电视等外语公共服务，主要公共场所外语标识基本达到全覆盖。加强国际文化、礼仪的宣传，营造开放、文明、包容的人文环境。

强化国际交往的承载能力。提高中心城特别是东城区、西城区综合服务保障能力，重点服务好国家重大外交外事活动，扩展国际科技与文化交流合作，形成具有高品质综合服务保障能力的国际交往核心区。引导国际交往功能向新城拓展，提升怀柔雁栖湖生态发展示范区配套服务水平，积极承接高端国际会议；依托国际航空港优势，完善顺义、大兴国际化综合配套服务设施。加强京津冀区域国际交往功能协作，探索京津冀重大国际活动联合承办和协同保障机制。

## 二　服务国家"一带一路"战略

充分发挥国家"一带一路"战略向北开放重要窗口和中蒙俄经济走廊重要节点城市作用，主动融入和服务国家"一带一路"战略，建立与亚投行、丝路基金等平台的对接机制，实施一批重大项目，培育一批重点企业。深入推进与沿线国家首都城市和特大城市政府间的合作，推动形成常态化的人文交流机制。

推进基础设施领域合作。深度参与北京—莫斯科欧亚高速运输走廊等国家战略性重大基础设施项目建设，着力构建陆路、陆海、航空、网络综合运输传输通道。

175

加快产业投资步伐。推动一般性投资贸易合作向标准、品牌、研发设计、国际营销等领域拓展，支持优势产业加强与"一带一路"沿线国家国际产能和装备制造合作，带动技术、标准、品牌和服务的输出。加强金融信息服务，积极推动金融创新，引导金融机构在沿线国家和地区拓展服务网络。加强经贸和科技领域合作，发挥行业领军企业作用，带动关联产业在沿线国家协同布局，探索建立集研发设计、加工制造和商贸流通等功能于一体的海外经贸合作区和海外产业联盟。

加强人文领域交流合作。大力推进文化、体育、教育、卫生、旅游等领域的交流合作，通过互办文化年、艺术节、电影节、体育发展论坛等形式，开展丰富多彩的文化体育交流活动。强化与周边国家在医疗卫生、人员培训等方面的交流，通过托管经营、远程诊疗等途径，开展多层次、多形式的医疗卫生合作。拓展与沿线国家的旅游交流合作。

### 三 培育"双向开放"新优势

统筹贸易与投资，坚持"引进来"和"走出去"并重、货物贸易与服务贸易并进、引资和引技引智并举，发展更高层次的开放型经济。

深入开展服务业，扩大开放综合试点。有序放宽市场准入，改革监管模式，创新公共服务方式，推动科学技术服务、互联网和信息服务、文化教育服务、金融服务、商务和旅游服务、健康医疗服务等领域扩大开放，进一步深化对外投资管理体制改革，优化配套支撑体系，提高北京服务的辐射带动能力和品牌影响力，使北京服务业扩大开放综合试点成为国家全方位主动开放的重要实践。提升服务贸易发展水平，促进制造业与服务业、货物贸易与服务贸易协调发展，提高货物贸易中的服务附加值。2020 年全市服务贸易进出口总额达到 2000 亿美元左右，继续保持全国领先水平。进一步完善和增强京交会功能，实现由中国服务贸易龙头展会向全球服务贸易知名展会的新跨越。

创新对外投资合作方式。培育具有国际竞争力的本土跨国公司群，完善促进对外投资发展的综合政策，通过资本输出带动标准、技术、服务、商品输出，打造一批具有国际知名度的本土品牌。增强对外投资和扩大出口的结合度，优先支持能够带动关键领域和技术实现重大突破的对外投资项目，鼓励优势产业到境外建立稳定的资源供应基地、生产制造基地和贸易平台。支持设计咨询、资产评估、信用评级、法律服务等国际服务中介机构发展。深化与境外园区合作，建设符合企业需求的海外产业园区、研发基地、产业孵化基地，为企业集群式"走出去"提供服务。构建政策性金融和商业性金融相结合的境外投资金融支持体系，推动金融资本和产业资本联合"走出去"。打造境外投资信息服务平台，为企业开展境外直接投资提供多方位、全流程的信息支撑。完善对外投资合作预警、风险防范和境外突发事件处理机制。

有效提升利用外资的质量。完善外资引进消化吸收再创新机制及相关配套政策，提升外资成果转化能力。推进京津冀区域内投资促进政策统一协调，形成区域内合理分工布局的产业链招商机制。"十三五"期间，全市实际利用外商直接投资超过 500 亿美元，其中服务业占比超过 85%。

加快转变外贸发展方式。支持具有自主知识产权和自主品牌的企业出口，培育外贸转型升级基地，加强优势产品出口基地建设，打造出口产品设计中心，推进加工贸易企业向全球贸易价值链高端延伸，2020 年全市"双自主"企业出口占出口总额的 25% 以上。高水平规划建设北京新机场口岸及配套海关特殊监管区，建设空港贸易便利示范区，强化与北京天竺综合保税区港区联动效应；推动平谷国际陆港申请正式对外开放，打造以食品、农产品进出口为主的特色口岸；加强与津冀海运口岸协作，加快推进通州口岸功能区建设。巩固京津冀区域通关一体化改革成果，为总部企业提供一揽子通关服务。大力推动跨境电子商务发展，推进监管模式创新，打造立足北京、服务京津冀、辐射全国的跨境电子商务公共服务大数据平台，推动形成京津冀跨境电子商务园区政策共享、关联企业互助、物流配送互动的协同发展格局。

扩大国内经济合作与交流。深化与环渤海区域的交流合作，深入开展与长三角、珠三角地区在先进制造业、现代服务业等领域合作，加强与港澳地区的经贸合作，深化与台湾地区经济、科技、文化、体育和社会等领域的交流合作，办好京港洽谈会、京台科技论坛，实现互惠互利、共赢发展。

进一步加强对口支援。认真做好援藏、援疆、援青等对口支援工作，完成京蒙对口帮扶任务，做好南水北调水源地对口协作工作。制定对口帮扶河北贫困地区发展的实施方案，安排有关各区开展对口帮扶，帮助当地改善生产生活条件。

# 附录二　北京城市总体规划（2016年—2035年）（节选）[*]

## 第一章　落实首都城市战略定位，明确发展目标、规模和空间布局

建设一个什么样的首都？站在新的历史起点上，就是要建设好伟大社会主义祖国的首都、迈向中华民族伟大复兴的大国首都、国际一流的和谐宜居之都。本次城市总体规划深入贯彻习近平总书记系列重要讲话精神和治国理政新理念新思想新战略，坚持以习近平总书记两次视察北京重要讲话精神为根本遵循，立足首都城市战略定位，着眼于新的历史时期首都发展的新要求、新期待，总结新中国成立以来北京城市发展的成功经验，明确发展目标和城市规模，科学规划城市空间布局，提出了各项规划要求。要实现这些战略目标要求，必须解放思想、开阔思路、求真务实、攻坚克难，做好各项工作，通过长期不懈的努力，建设首善之区并不断取得新的成绩，努力开创首都发展更加美好的明天！

### 第一节　战略定位

**第5条　北京城市战略定位是全国政治中心、文化中心、国际交往中心、科技创新中心**

北京的一切工作必须坚持全国政治中心、文化中心、国际交往中心、科

---

[*] 《北京城市总体规划（2016年—2035年）》，首都之窗，http://zhengce.beijing.gov.cn/guihua/2841/6640/1700220/1532470/。

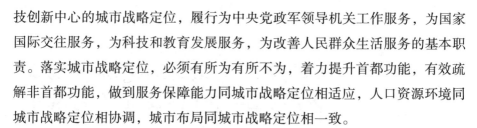

技创新中心的城市战略定位，履行为中央党政军领导机关工作服务，为国家国际交往服务，为科技和教育发展服务，为改善人民群众生活服务的基本职责。落实城市战略定位，必须有所为有所不为，着力提升首都功能，有效疏解非首都功能，做到服务保障能力同城市战略定位相适应，人口资源环境同城市战略定位相协调，城市布局同城市战略定位相一致。

**第6条　政治中心**

政治中心建设要为中央党政军领导机关提供优质服务，全力维护首都政治安全，保障国家政务活动安全、高效、有序运行。严格规划高度管控，治理安全隐患，以更大范围的空间布局支撑国家政务活动。

**第7条　文化中心**

文化中心建设要充分利用北京文脉底蕴深厚和文化资源集聚的优势，发挥首都凝聚荟萃、辐射带动、创新引领、传播交流和服务保障功能，把北京建设成为社会主义物质文明与精神文明协调发展，传统文化与现代文明交相辉映，历史文脉与时尚创意相得益彰，具有高度包容性和亲和力，充满人文关怀、人文风采和文化魅力的中国特色社会主义先进文化之都。

实施中华优秀传统文化传承发展工程，更加精心保护好北京历史文化遗产这张中华文明的金名片，构建涵盖老城、中心城区、市域和京津冀的历史文化名城保护体系。建设一批世界一流大学和一流学科，培育世界一流文化团体，培养世界一流人才，提升文化软实力和国际影响力。完善公共文化服务设施网络和服务体系，提高市民文明素质和城市文明程度，营造和谐优美的城市环境和向上向善、诚信互助的社会风尚。激发全社会文化创新创造活力，建设具有首都特色的文化创意产业体系，打造具有核心竞争力的知名文化品牌。

**第8条　国际交往中心**

国际交往中心建设要着眼承担重大外交外事活动的重要舞台，服务国家开放大局，持续优化为国际交往服务的软硬件环境，不断拓展对外开放的广度和深度，积极培育国际合作竞争新优势，发挥向世界展示我国改革开放和现代化建设成就的首要窗口作用，努力打造国际交往活跃、国际化服务完善、国际影响力凸显的重大国际活动聚集之都。

优化 9 类国际交往功能的空间布局，规划建设好重大外交外事活动区、国际会议会展区、国际体育文化交流区、国际交通枢纽、外国驻华使馆、国际商务金融功能区、国际科技文化交流区、国际旅游区、国际组织集聚区等。

### 第 9 条　科技创新中心

科技创新中心建设要充分发挥丰富的科技资源优势，不断提高自主创新能力，在基础研究和战略高技术领域抢占全球科技制高点，加快建设具有全球影响力的全国科技创新中心，努力打造世界高端企业总部聚集之都、世界高端人才聚集之都。

坚持提升中关村国家自主创新示范区的创新引领辐射能力，规划建设好中关村科学城、怀柔科学城、未来科学城、创新型产业集群和"中国制造2025"创新引领示范区，形成以三城一区为重点，辐射带动多园优化发展的科技创新中心空间格局，构筑北京发展新高地，推进更具活力的世界级创新型城市建设，使北京成为全球科技创新引领者、高端经济增长极、创新人才首选地。

# 第二节　发展目标

### 第 10 条　建设国际一流的和谐宜居之都

与迈向"两个一百年"奋斗目标和中华民族伟大复兴中国梦的历史进程相适应，建设国际一流的和谐宜居之都，是北京坚持新发展理念的必然要求，是落实"四个中心"城市战略定位、履行"四个服务"基本职责的有力支撑，是全市人民的共同愿望。立足北京实际，突出中国特色，按照国际一流标准，坚持以人民为中心的发展思想，把北京建设成为在政治、科技、文化、社会、生态等方面具有广泛和重要国际影响力的城市，建设成为人民幸福安康的美好家园。充分发挥首都辐射带动作用，推动京津冀协同发展，打造以首都为核心的世界级城市群。

### 第 11 条　2020 年发展目标

建设国际一流的和谐宜居之都取得重大进展，率先全面建成小康社会，疏解非首都功能取得明显成效，"大城市病"等突出问题得到缓解，首都功能明显增强，初步形成京津冀协同发展、互利共赢的新局面。

——中央政务、国际交往环境及配套服务水平得到全面提升。

——初步建成具有全球影响力的科技创新中心。

——全国文化中心地位进一步增强，市民素质和城市文明程度显著提高。

——人民生活水平和质量普遍提高，公共服务体系更加健全，基本公共服务均等化水平稳步提升。

——生态环境质量总体改善，生产方式和生活方式的绿色低碳水平进一步提升。

**第 12 条　2035 年发展目标**

初步建成国际一流的和谐宜居之都，"大城市病"治理取得显著成效，首都功能更加优化，城市综合竞争力进入世界前列，京津冀世界级城市群的构架基本形成。

——成为拥有优质政务保障能力和国际交往环境的大国首都。

——成为全球创新网络的中坚力量和引领世界创新的新引擎。

——成为彰显文化自信与多元包容魅力的世界文化名城。

——成为生活更方便、更舒心、更美好的和谐宜居城市。

——成为天蓝、水清、森林环绕的生态城市。

**第 13 条　2050 年发展目标**

全面建成更高水平的国际一流的和谐宜居之都，成为富强民主文明和谐美丽的社会主义现代化强国首都、更加具有全球影响力的大国首都、超大城市可持续发展的典范，建成以首都为核心、生态环境良好、经济文化发达、社会和谐稳定的世界级城市群。

——成为具有广泛和重要国际影响力的全球中心城市。

——成为世界主要科学中心和科技创新高地。

——成为弘扬中华文明和引领时代潮流的世界文脉标志。

——成为富裕文明、安定和谐、充满活力的美丽家园。

——全面实现超大城市治理体系和治理能力现代化。

# 第四章　加强历史文化名城保护，强化首都风范、古都风韵、时代风貌的城市特色

北京是见证历史沧桑变迁的千年古都，也是不断展现国家发展新面貌的现代化城市，更是东西方文明相遇和交融的国际化大都市。北京历史文化遗产是中华文明源远流长的伟大见证，是北京建设世界文化名城的根基，要精心保护好这张金名片，凸显北京历史文化的整体价值。传承城市历史文脉，深入挖掘保护内涵，构建全覆盖、更完善的保护体系。依托历史文化名城保护，构建绿水青山、两轴十片多点的城市景观格局，加强对城市空间立体性、平面协调性、风貌整体性、文脉延续性等方面的规划和管控，为市民提供丰富宜人、充满活力的城市公共空间。大力推进全国文化中心建设，提升文化软实力和国际影响力。

## 第一节　构建全覆盖、更完善的历史文化名城保护体系

### 第54条　完善历史文化名城保护体系

以更开阔的视角不断挖掘历史文化内涵，扩大保护对象，构建四个层次、两大重点区域、三条文化带、九个方面的历史文化名城保护体系。做到在保护中发展，在发展中保护，让历史文化名城保护成果惠及更多民众。

1. 加强老城、中心城区、市域和京津冀四个空间层次的历史文化名城保护。

2. 加强老城和三山五园地区两大重点区域的整体保护。

3. 推进大运河文化带、长城文化带、西山永定河文化带的保护利用。

4. 加强世界遗产和文物、历史建筑和工业遗产、历史文化街区和特色地区、名镇名村和传统村落、风景名胜区、历史河湖水系和水文化遗产、山水格局和城址遗存、古树名木、非物质文化遗产九个方面的文化遗产保护传承与合理利用。

**第55条 拓展和丰富历史文化名城保护内容**

1. 更加精心地保护好世界遗产

加强对长城、北京故宫、周口店北京人遗址、颐和园、天坛、明十三陵、大运河7处世界遗产的整体保护，严格落实世界遗产相关保护要求，依法严惩破坏遗产的行为。

积极推进中轴线、天坛遗产扩展项目（明清皇家坛庙建筑群）申遗工作，对有条件列入申遗预备名单的遗产进行遴选。

2. 加强三条文化带整体保护利用

大运河文化带：以元明清时期的京杭大运河为保护重点，以元代白浮泉引水沿线、通惠河、坝河和白河（今北运河）为保护主线，以北京城市副中心建设为契机，推动大运河遗产保护与利用，加强路县故城遗址保护，全面展示大运河文化魅力。

长城文化带：有计划推进重点长城段落维护修缮，加强未开放长城的管理。对长城保护范围及建设控制地带内的城乡建设实施严格监管。以优化生态环境、展示长城文化为重点发展相关文化产业，展现长城作为拱卫都城重要军事防御系统的历史文化及景观价值。

西山永定河文化带：依托三山五园地区、八大处地区、永定河沿岸、大房山地区等历史文化资源密集地区，加强琉璃河等大遗址保护，修复永定河生态功能，恢复重要文化景观，整理商道、香道、铁路等历史古道，形成文化线路。

3. 加强历史建筑及工业遗产保护

挖掘近现代北京城市发展脉络，最大限度保留各时期具有代表性的发展印记。建立评定优秀近现代建筑、历史建筑和工业遗产的长效机制，定期公布名录，划定和标识保护范围，制定相关管理办法。在保护的基础上，创新利用方法与手段。

4. 加强名镇名村、传统村落保护与发展

挖掘名镇名村、传统村落历史文化价值，保护传统文化遗产，改善人居环境。因地制宜探索名镇名村、传统村落保护利用新途径、新机制、新模式。调动市民参与保护的积极性，科学引导社会力量参与名镇名村保护利用，在保护中实现村镇特色发展。

**第56条　保护和恢复老字号等文化资源**

积极发掘、整理、恢复和保护各类非物质文化遗产，保护和传承传统地名、戏曲、音乐、书画、服饰、技艺、医药、饮食、庙会等。加强老字号原址、原貌保护。开展口述史、民俗、文化典籍的整理、出版、阐释工作。深入挖掘北京历史文化名城的文化内涵和精神价值，讲好文化遗产背后的故事，活化文化遗产。

# 第五节　加强文化建设，提升文化软实力

以培育和弘扬社会主义核心价值观为统领，以历史文化名城保护为根基，建设国际一流的高品质文化设施，构建现代公共文化服务体系，推进首都文明建设，发展文化创意产业，深化文化体制机制改革，形成涵盖各区、辐射京津冀、服务全国、面向世界的文化中心发展格局。不断提升文化软实力和国际影响力，推动北京向世界文化名城、世界文脉标志的目标迈进。

**第68条　高水平建设重大功能性文化设施**

以两轴为统领，完善重大功能性文化设施布局。深入挖掘核心区文化内涵，扩大金名片影响力。北部继续完善以奥林匹克中心区为重点的国家体育、文化功能。东部以北京城市副中心为载体传承大运河文化，建设服务全市人民的文化设施集群。西部重点建设首钢近现代工业遗产文化区。南部通过南苑地区改造预留发展用地，未来塑造首都文化新地标。

发挥中关村国家级文化和科技融合示范基地、国家文化产业创新实验区、国家对外文化贸易基地（北京）、中国（怀柔）影视产业示范区、2019年中国北京世界园艺博览会、北京环球主题公园及度假区等文化功能区的示范引领作用，形成分工合理、各具特色的文化功能区空间发展布局。

支持北京大学、清华大学等若干高等学校建成世界一流大学，形成一批世界一流学科。统筹空间布局，做到在各区都有高等学校。优化海淀区高等

学校集聚区、良乡高教园区、沙河高教园区发展环境，打造世界一流的高教园区，提升高等教育综合实力和国际竞争力。培养世界一流人才，形成学术大师、文化名家和领军人才荟萃的生动局面，强化人才培养与首都发展互促互进。加强国家级标志性文化设施和院团建设，培育世界一流文艺院团，形成具有国际影响力的文化品牌。

**第 69 条　推进首都文明建设**

坚持以首善标准培育和践行社会主义核心价值观，大力弘扬以爱国主义为核心的民族精神和以改革创新为核心的时代精神，打造传承中华优秀传统文化、体现区域文化特色、符合时代要求的城市精神。利用重大活动、重要节庆日，组织有教育意义和有庄严感的典礼仪式，举办重大主题教育和重要主题展览，激发爱国热情，凝聚全市人民精神力量。

加强社会主义精神文明建设，深化文明城区等五大创建活动，强化公共文明引导，着力提升市民文明素质，完善公共文明行为规范体系，加强公共文明法治建设。推动诚信建设制度化，完善信用体系。壮大志愿服务队伍，到 2020 年实名注册志愿者与常住人口比值由现状 0.152 提高到约 0.183，到 2035 年提高到约 0.21。

**第 70 条　激发文化创意产业创新创造活力**

聚焦文化生产前端，鼓励创意、创作与创造，建设创意北京，使北京成为传统文化元素和现代时尚符号汇聚融合的时尚创意之都。优化提升文化艺术、新闻出版、广播影视等传统优势行业，发展壮大设计服务、广告会展、艺术品交易等创意交易行业，积极培育文化科技融合产业。健全文化市场体系，加大知识产权保护力度。推进文化创意和设计服务与高端制造业、商务服务业、信息业、旅游业、农业、体育、金融、教育服务产业等领域融合发展，打造北京设计、北京创造品牌。

**第 71 条　提升文化国际影响力**

以各类文化资源为载体，搭建多种类型、不同层级的文化展示平台。充分运用数字传媒、移动互联等科技手段，构建立体、高效、覆盖面广、功能强大的国际传播网络。组织开展重大文化活动，打造一批展现中国文化自信和首都文化魅力的文化品牌。深入开展国际文化交流合作，发挥首都示范带头作用，讲好中国故事，传播好中华文化，不断扩大文化竞争力、传播力和影响力。

**附表1　建设国际一流的和谐宜居之都评价指标体系**

| 分项 | | 指标 | 2015 年 | 2020 年 | 2035 年 |
|---|---|---|---|---|---|
| 坚持创新发展，在提高发展质量和效益方面达到国际一流水平 | 1 | 全社会研究与试验发展经费支出占地区生产总值的比重（%） | 6.01 | 稳定在 6 左右 | |
| | 2 | 基础研究经费占研究与试验发展经费比重（%） | 13.8 | 15 | 18 |
| | 3 | 万人发明专利拥有量（件） | 61.3 | 95 | 增加 |
| | 4 | 全社会劳动生产率（万元/人） | 19.6 | 23 | 提高 |
| 坚持协调发展，在形成平衡发展结构方面达到国际一流水平 | 5 | 常住人口规模（万人） | 2170.5 | ≤2300 | 2300 |
| | 6 | 城六区常住人口规模（万人） | 1282.8 | 1085 左右 | ≤1085 |
| | 7 | 居民收入弹性系数 | 1.01 | 居民收入增长与经济增长同步 | |
| | 8 | 实名注册志愿者与常住人口比值 | 0.152 | 0.183 | 0.21 |
| | 9 | 城乡建设用地规模（平方公里） | 2921 | 2860 左右 | 2760 左右 |
| | 10 | 平原地区开发强度（%） | 46 | ≤45 | 44 |
| | 11 | 城乡职住用地比例 | 1∶1.3 | 1∶1.5 以上 | 1∶2 以上 |
| 坚持绿色发展，在改善生态环境方面达到国际一流水平 | 12 | 细颗粒物（PM2.5）年均浓度（微克/立方米） | 80.6 | 56 左右 | 大气环境质量得到根本改善 |
| | 13 | 基本农田保护面积（万亩） | — | 150 | — |
| | 14 | 生态控制区面积占市域面积的比例（%） | — | 73 | 75 |
| | 15 | 单位地区生产总值水耗降低（比2015 年）（%） | — | 15 | >40 |
| | 16 | 单位地区生产总值能耗降低（比2015 年）（%） | — | 17 | 达到国家要求 |
| | 17 | 单位地区生产总值二氧化碳排放降低（比2015 年）（%） | — | 20.5 | 达到国家要求 |
| | 18 | 城乡污水处理率（%） | 87.9（城镇） | 95 | >99 |
| | 19 | 重要江河湖泊水功能区水质达标率（%） | 57 | 77 | >95 |
| | 20 | 建成区人均公园绿地面积（平方米） | 16 | 16.5 | 17 |
| | 21 | 建成区公园绿地 500 米服务半径覆盖率（%） | 67.2 | 85 | 95 |
| | 22 | 森林覆盖率（%） | 41.5 | 44 | 45 |

续表

| 分项 | | 指标 | 2015年 | 2020年 | 2035年 |
|---|---|---|---|---|---|
| 坚持开放发展,在实现合作共赢方面达到国际一流水平 | 23 | 入境旅游人数(万人次) | 420 | 500 | 增加 |
| | 24 | 大型国际会议个数(个) | 95 | 115 | 125 |
| | 25 | 国际展览个数(个) | 173 | 200 | 250 |
| | 26 | 外资研发机构数量(个) | 532 | 600 | 800 |
| | 27 | 引进海外高层次人才来京创新创业人数(人) | 759 | 1300 | 增加 |
| 坚持共享发展,在增进人民福祉方面达到国际一流水平 | 28 | 平均受教育年限(年) | 12 | 12.5 | 13.5 |
| | 29 | 人均期望寿命(岁) | 81.95 | 82.4 | 83.5 |
| | 30 | 千人医疗卫生机构床位数(张) | 5.14 | 6.1 | 7左右 |
| | 31 | 千人养老机构床位数(张) | 5.7 | 7 | 9.5 |
| | 32 | 人均公共文化服务设施建筑面积(平方米) | 0.14 | 0.36 | 0.45 |
| | 33 | 人均公共体育用地面积(平方米) | 0.63 | 0.65 | 0.7 |
| | 34 | 一刻钟社区服务图覆盖率(%) | 80(城市社区) | 基本实现城市社区全覆盖 | 基本实现城乡社区全覆盖 |
| | 35 | 集中建设区道路网密度(公里/平方公里) | 3.4 | 8(新建地区) | 8 |
| | 36 | 轨道交通里程(公里) | 631 | 1000左右 | 2500 |
| | 37 | 绿色出行比例(%) | 70.7 | >75 | 80 |
| | 38 | 人均水资源量(包括再生水量和南水北调等外调水理)(立方米) | 176 | 185 | 220 |
| | 39 | 人均应急避难场所面积(平方米) | 0.78 | 1.90 | 2.1 |
| | 40 | 社会安全指数 社会治安:十万人刑事案件判决生效犯罪率(人/10万人) | 109.2 | 108.7 | 106.5 |
| | 41 | 交通安全:万车死亡率(人/万率) | 2.38(2016年) | 2.1 | 1.8 |
| | 42 | 重点食品安全检测抽检合格率(%) | 98.42 | 98.5 | 99 |

注:文中现状数据,除有特殊说明外,基准年均为2015年。

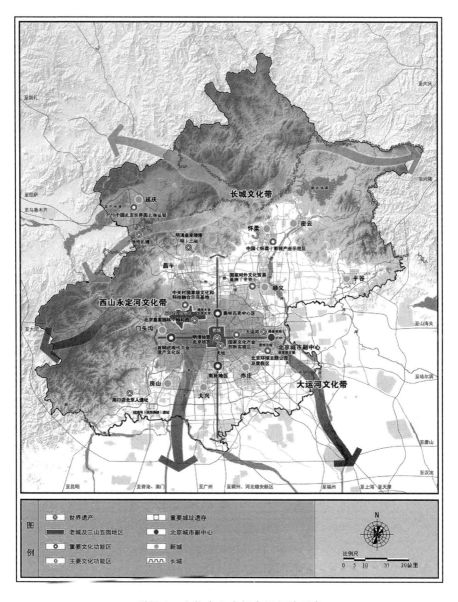

**附图1 文化中心空间布局保障示意**

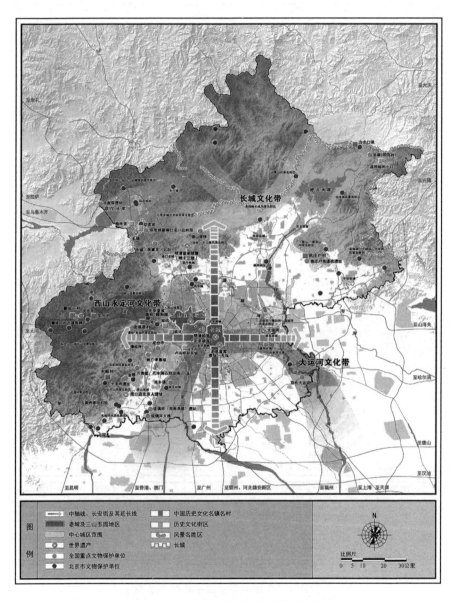

附图 2　市域历史文化名城保护结构规划

# 附录三　北京市"十三五"时期加强全国文化中心建设规划（节选）*

## 二　主要任务

（四）构建互联网时代下的现代传播体系

——增强舆论引导实效和水平。坚持围绕中心、服务大局，坚持党管媒体原则，坚持团结稳定鼓劲、正面宣传为主，牢牢把握正确舆论导向，唱响上旋律，传播正能量。广泛开展党中央治国理政新理念新思想新战略重大主题宣传，集中宣传党和国家重大理论观点、重大工作部署，深入宣传京津冀协同发展、有序疏解非首都功能等重大战略，深入回答群众普遍关注的教育医疗、交通出行、环境治理等问题，着力统一思想、凝聚共识、解疑释惑、化解矛盾。健全社会舆情引导机制，坚持对内对外一体化引导、网上网下同步引导，把舆论引导工作纳入各区、各部门重要决策和重大政策出台的整体谋划和工作部署，形成宣传部门、职能部门共同参与的工作机制。加强突发事件舆论引导，实现舆论引导由被动应对媒体到主动应用媒体的深刻转变。统筹推进主流媒体、都市类媒体、网络媒体等建设，加强社区报、社区网建设，优化媒体结构，规范传播秩序。坚持政治家办报、办刊、办台、办新闻网站、办政务微博微信，发挥好主流媒体在全媒体环境下正确引导舆论的示范作用。加强马克思主义新闻观教育，积极推进与首都高校共建新闻学院。积极发挥媒体舆论监督作用，规范开展舆论监督，做到依法监督、科学监督、建设性监督。

——推动传统媒体和新媒体融合发展。遵循新闻传播规律和新媒体发

---

* 《北京市人民政府关于印发〈北京市"十三五"时期加强全国文化中心建设规划〉的通知》，中国经济网，http://www.ce.cn/culture/gd/201606/15/t20160615_12884420.shtml。

展规律，强化互联网思维，坚持先进技术为支撑，内容建设为根本，推动传统媒体和新媒体在内容、渠道、平台、经营、管理等方面深度融合。进一步增强媒体信息内容的核心竞争力，通过专业、权威报道满足用户信息需求，多生产精准短小、鲜活快捷、吸引力强的信息，以内容优势赢得发展优势。加快建设融媒体中心，以新技术新应用引领和推动媒体融合发展，充分运用大数据、云计算等新技术，发挥新一代网络技术优势，把传统媒体的内容原创、权威报道、深度解读等优势通过网络、手机报、客户端、微博、微信等各类传播形态和终端广泛延伸，做到新闻信息内容一次性采集、多媒体呈现、多渠道发布，建设"内容＋平台＋终端"的新型传播体系。探索在新闻出版传媒领域实行特殊管理股制度，积极稳妥开展试点。坚持新媒体和传统媒体统一导向要求和管理标准，确保媒体融合发展沿着正确方向前进。

——培育新型媒体集团。树立一体化发展理念，加快媒体数字化建设，推动建成拥有强大实力和传播力、公信力、影响力的新型媒体集团。以一个平台为重点支撑，以特色媒体求多点突破，建设好北京新媒体集团，通过市场化、公司化转型，打造搭载各类新媒体的总平台和用户综合服务入口，使之具有技术孵化和循环发展能力，为首都新媒体提供搭载服务，构建一个平台、多个终端，整体推送、分层发布的传播矩阵。同时，鼓励和推动市属媒体单位与社会力量积极开展合作，巩固和发展各自特色，培育出一批特点突出、受众欢迎、成长性好的新媒体，形成特色不同的板块或方阵，锁定不同受众群，遵循新媒体微传播、快传播的特点和规律，广泛吸引用户，打造新媒体传播主阵地，占领信息传播制高点。

——推进网络文化建设。加强网络思想文化阵地建设，实施网络精品内容建设工程，丰富网络文化内涵，建设优质网络文化内容，营造积极健康、宽松和谐的网络文化环境。加强对属地重点新闻网站、政务网站的支持，强化对属地商业网站的引导，充分发挥重点新闻网站和商业网站在网络文化建设中的主力军作用。加大对网络出版的引导扶持力度，推出优秀网络原创文化作品，推动优秀文艺作品和文化内容的数字化、网络化传播，在网络上积极传播优秀传统文化瑰宝和当代文化精品。积极推进文化服务网络平台建设，为群众提供优质、便捷的文化服务。通过政策引导、宣传推介、评选表彰等方式，支持网络文化从业者及网络文化机构制作适合网络传播的精品佳作，鼓励网民创作格调健康的网络文化作品，满足群众多样化网络文化需求。深入推进网络公益活动，吸引网民广泛参与。加强对网络名人的团结引导，通过其传播力影响力，带动更多网民建设优秀网络文化，使互联网真正成为社会主义先进文化建设新阵地、公共文化服务新平台、群众精神文化生活新空间。着力打通优秀文化内容的新媒体传播渠道，激发广大新媒体和网民的文化创造潜力，推动形成传统文化机构和新媒体、网民共同参与文化建设的生动局面。

——加强网络社会管理。坚持统筹联动，构建横向联动、上下贯通的首都互联网建设和管理工作格局，积极维护网上传播秩序，让网络空间进一步清朗起来。坚持依法管网、依法办网、依法上网，认真贯彻互联网法律法规，全面推进网络实名制管理，探索制定移动互联网管理法规，严格规范网络信息传播秩序。探索互联网新媒体资本安全的有效管理模式，加大投入，实施网络安全发展战略，组织开展涉及网络安全的基础技术、核心技术、关键技术的研发应用，建立覆盖首都的网络安全数据接口和网络安全监测、管理平台，有效提升首都网络安全防范和管理水平。加大网上突出问题的治理力度，强化网络执法，清理各种不良信息，坚决依法查处网上违法违规行为。落实网站主体责任，将网站作为管理的第一道"闸门"，督促网站健全内控机制、总编辑责任制、自律专员机制，完善网络社区公约，强化网络社区自治，健全行业自律规范。强化驻网站联络室和党建工作室建设，充分发挥网站党员先锋模范作用。实行从业资格认证制度，规范行业从业人员准入条件。加强网络社会化管理，充分发挥首都互联网协会作用，建立健全群众监督机制，依托网络新闻信息评议会、义务监督员、举报热线和北京地区网络联合辟谣平台，加强网络安全和法制宣传教育，动员社会力量参与网络建设与管理。广泛开展文明网站创建，推动"文明上网""文明办网"。

**附表1　"十三五"期间北京市促进新媒体发展重点项目一览表**

| 项目名称 | 建设内容 |
|---|---|
| 新媒体内容研发生产基地 | 以承接、聚合传统媒体优质资源为基础，集中力量加强新媒体环境下的内容研发、生产、传播，积极探索新媒体发展的新机制、新模式，使基地在以互联网为主战场的传播格局中持续发挥支撑、引领作用。坚持"内容为王"，建设内容研发专项实验室，深入研究传播新形态，着力发展新媒体内容研发、创作及生产环节，为各类媒体企业、网站和平台等提供丰富多样、针对性强、受众欢迎的新闻资讯、报刊书摘、影视作品、娱乐节目等优质内容。依托基地内的传统媒体人才智力资源，积极培育孵化新媒体领域的创新创业企业，并提供教育培训、技术指导、融资担保、工商注册、财务管理等综合性服务 |

（九）提升国际文化交流水平

——加强对外文化传播。深入开展国际文化交流，以筹办2022年冬奥会、2019年男篮世界杯等重大活动为契机，积极运用国外主流社交平台，开辟宣传北京的新窗口。发挥世界旅游城市联合会、国际二战博物馆协会等国际组织作用，推动多方面的交流与合作。推动北京与更多国际知名城市建立友好城市关系，建成并运行雅典中国文化中心，积极参与孔子学院和海外中国文化中心建设，定期开展学术交流和文化外宣活动，不断拓展对外宣传新平台。加强对外话语体系建设，不断创新方式方法，主动发声。围绕"一带一路"国家战略策划重大外宣议题，把讲好中国故事作为对外宣传的基本方法，进一步传播好中华文化。开展经典剧目和优秀剧目境外巡演活动，搭建国内外优秀艺术院团的高端交流平台，推动艺术精品"走出去、请进来"。拓展互联网外宣阵地，打造立体化的对外传播平台，建好用好"北京微博微信发布厅"，进一步扩大覆盖面。加强境外媒体工作，做好在京境外媒体和外国主流媒体的采访服务，推动市属媒体与海外华文媒体紧密联系合作。加大对内宣传与对外宣传统筹力度，形成北京声音的本土化表达，更加精准地定位传播产品和传播对象。

——推动对外文化贸易发展。深入贯彻国务院《关于加快发展对外文化贸易的意见》和《关于北京市服务业扩大开放综合试点总体方案的批复》，制定落实市级层面加快发展对外文化贸易的实施意见，以政府为主导、企业为主体、市场化运营为主要方式，推动建立内容、渠道、平台、企业四位一体的对外文化贸易发展新模式。支持代表我国优秀文化、具有自主知识产权的版权产品进入国际市场，重点扶持具有中国特色的影视、出版、演艺、动漫、游戏等领域版权出口，加快培育一批外向型文化知名企业和产品品牌，支持企业积极申报国家文化出口重点企业和重点项目。充分发挥国家对外文化贸易基地产业集聚、政策集成的优势，积极争取设立国家文化艺术口岸，大力发展跨境文化电子商务，推动文化贸易公共服务平台建设。积极开展对外专项出版权试点，加快推进国家版权输出基地、中国影视译制基地建设。加强文化贸易渠道建设，鼓励重点文化企业拓展国际营销网络，支持具有较高成长性的文化企业在海外设立分支机构，推动组建文化产品和服务出口联盟，提升首都文化企业和品牌的国际影响力与市场占有率。积极推动京津冀通关一体化改革，促进三地文化贸易合作及文化生产要素跨区域自由流动，提升京津冀区域对外文化贸易整体协作能力和便利化水平。

——办好重大文化品牌活动。完善中国（北京）国际服务贸易交易会、北京国际电影节、北京国际图书节、中国北京国际文化创意产业博览会、北京国际图书博览会、北京国际设计周、北京国际音乐节、相约北京联欢活动、北京国际戏剧·舞蹈演出季、北京优秀影视剧海外展播季、北京国际书法双年展、北京国际青年戏剧节、世界魔术大会、北京电视节目交易会、"水立方杯"中文歌曲大赛等重大文化节事活动和专业交易平台的举办运营机制，促进文化创意产品和服务交易，不断扩大北京文化品牌活动的国际影响力。认真组织参与北京文化周、魅力北京、北京之夜、欢乐春节等境外人文交流活动，让更多外国受众感受到北京文化、中华文化的独特魅力。着力加强与联合国教科文组织等国际知名机构的联系对接，积极承办和参与国际知名文化节事活动及相关文化节会，促进国际间的文化交流交往与商业合作。

# 附录四　北京市文化局"十三五"时期文化发展规划（节选）*

## 一　"十二五"时期文化发展回顾

### （六）对外文化交流更加活跃，中华传统文化魅力彰显

文化"引进来"常态化发展。服务保障国家重大节日、纪念日和重大外交活动，高质量高水平做好 APEC 会议、世界田径锦标赛、中国人民抗日战争暨世界反法西斯战争胜利 70 周年系列纪念活动等国家重大活动文艺演出的组织服务保障。发起举办第六届戏剧奥林匹克等活动，邀请国际知名艺术家、国外优秀剧目登台献艺。

文化"走出去"的活动日渐丰富。成功塑造"欢乐春节""北京之夜"等文化活动品牌，其中连续 14 年举办的"欢乐春节"活动已在 30 多个国家和地区留下足迹，在推动对外文化交流活动品牌化、精品化、本土化方面迈出了坚实步伐。举办"两岸城市文化互访系列——北京周""北京舞台艺术香江行"交流活动，加强与港澳台地区的文化交流。大力推动市属院团"走出去"，组织北京京剧院"传承之旅"、北京交响乐团欧洲、美洲巡演之旅、"昆曲四部经典欧洲行"等活动。

搭建了文化交流与贸易服务平台。积极筹建北京市对外文化交流项目资源库，对接文化部与驻外文化机构，服务文化企业和文化产品"走出去"。组派优秀艺术院团赴美国、英国、加拿大、德国、俄罗斯等地开展文艺演出、非遗展示、美术品展览、青少年交流等多领域交流，不断深化文化交流。

---

\* 《北京市文化局"十三五"时期文化发展规划》，北京市文化局，http://whj. beijing. gov. cn/bjwh/zwgk0/bmdt/ndgzjh/401200/index. html。

## 三 "十三五"时期文化发展的指导思想、工作原则和总体目标

（二）"十三五"时期文化发展的工作原则

一是坚持改革发展和文化安全保障相统一。全面深化文化体制改革，激发全社会力量参与公共文化服务的动力，激发全社会文化创新创造活力，以市场化、社会化的服务满足人们对公共文化服务多元化、个性化的需求。充分适应技术发展对文化发展的影响，加快文化与科技、金融、旅游等多领域融合发展，创新文化管理方式，保持文化发展活力和文化竞争力。同时，根据时代要求和国际国内形势变化，不断丰富和建立有效的、多层次的文化监管体系。

二是坚持文化继承与文化创新相统一。深入挖掘中华传统文化的内涵，推动优秀传统文化的保护与传承，凝聚文化共识；紧紧抓住现代文化发展日新月异的动力源泉，充分利用技术对文化表现方式、传播方式、内容制作手段等进行创新，增添文化发展新的动力和活力。

三是坚持政府引导和发挥市场机制作用相统一。坚持规划引导，引领文化发展的正确方向，以更宽阔的视野审视文化发展的趋势，重视对社会大众日常点滴"正能量"的传颂，以及对先进文化、新兴观念的创新，充分发挥全社会的力量传播社会主义核心价值观，弘扬中国精神、传播中国价值、凝聚中国力量。充分发挥市场机制在配置文化资源中的基础性作用，运用市场机制调节引导北京文化市场的开发与发展，提高文化发展效能，实现文化创新驱动发展目标。

四是坚持"走出去"与"引进来"相统一。立足于全球视野，增强民族凝聚力和向心力、增强国际影响力、捍卫国家文化安全。扩大城市的开放性，推动京津冀协同发展，延伸文化的广度，充分引进汇集国际优秀文化成果。积极鼓励文化企业面向国际市场，促进文化产品和服务输出。

## 四 "十三五"时期文化发展的主要任务

（五）积极促进对外文化交流和文化贸易

积极培育对外交流文化品牌，抓好重大交流项目，统筹对外文化交流、

传播和贸易，创新方式方法，深入开展北京市文化服务开放试点，推动文化"走出去"。

做大做强"欢乐春节"文化品牌，打造北京文化整体形象。配合"一带一路"国家战略和北京友好城市发展，丰富对外文化交流的内容与形式，推出环地中海"欢乐春节"活动，将"欢乐春节"打造成集舞台演出、展览展示、非遗项目体验、影视产品交流于一体的综合性文化活动。

抓好对外文化交流重大项目建设。在通州建设北京国际文化艺术交流中心，将其建设成为集展览展示、现场体验、讲解与传承于一体的对外文化展示交流基地。筹建雅典中国文化中心，与文化部共同推动，赋予其文化活动、艺术培训和信息服务三大功能，使之成为首都对外开放的重要窗口和平台。

构建文化贸易的差异化优势。立足我国快速成长的文化消费市场，积极引入新兴消费模式，大力吸引外来文化消费，培育国际化的文化消费市场。大力推动符合国际规则的中国文化消费内容，鼓励文化消费形式和标准的展示、推广，努力构建新兴文化消费的体验中心、新兴消费模式的孵化中心和新兴消费规则的输出中心。深化对港澳台文化工作。

# 附录五　北京市“十三五”时期旅游和会展业发展规划（节选）*

## 第一章　发展基础与环境

### 一　“十二五”旅游发展成就

旅游形象宣传力度加大。“十二五”期间年投入资金 3000 万元，通过对外加大宣传力度、对内创新宣传手段的方式持续推介北京旅游。针对入境市场，每年举办海外推介会十余个，北京举办的天坛迎新年倒计时活动首次在纽约时报广场倒计时庆典上亮相。以“熊猫神游北京”在伦敦及都柏林推介演出、北京旅游团队领跑科隆狂欢节、旅游推介走入台湾香港等活动为代表的一系列海外推介活动取得积极成果。Visit Beijing 旅游网站在 Alexa 网站综合排名上升至 5 万位以内，居全国政府旅游公共服务官方网站之首。借助视频网络推出了 *Love Beijing* 微电影、《北京故事》旅游纪录片、宣传片等。依托微博、微信等新的传播媒介，北京旅游官方微博粉丝和“悠游北京”APP 浏览量实现新的突破。

## 第二章　新理念新目标

**附表 1　“十三五”时期北京市旅游发展预期指标表（节选）**

| 指标名称 | | 2020 年 |
|---|---|---|
| 入境旅游 | 接待量(万人次) | 530 |
| | 增长率 | 5% |
| | 收入(亿美元) | 70 |
| | 增长率 | 9% |
| | 人均花费(美元) | 1320 |

* 《北京市“十三五”时期旅游和会展业发展规划》，首都之窗，http://zfxxgk. beijing. gov. cn/110041/gh32/2016 - 11/30/content_764838. shtml。

# 第三章　新动力新任务

　　"十三五"时期是旅游业大有可为的战略机遇期，要把握转型升级的总体趋势和阶段特征，面向旅游市场需求，增强有效供给、升级旅游消费，推动旅游"供给侧改革"，强化都市宜游性，形成品质旅游服务，塑造国际旅游竞争力，与相关产业融合发展，并强化区域带动和辐射能力，更好地发挥旅游产业稳增长、扩内需、调结构、惠民生的重要作用，促进旅游产业在新常态下可持续发展。

## 一　大力拓展旅游消费领域

　　创新发展文化旅游。深入挖掘文化内涵，坚持历史文化和现代文化体验旅游产品并举，强化文化旅游融合创新，提升首都特色文化品牌。提升利用世界文化遗产，强化北京皇家文化的休闲体验功能，推进京韵民俗文化的活态利用，促进首都文化的拓展利用。通过整体展示、强化体验、融入休闲，提升七大世界遗产项目文化旅游。加大世界遗产周边区域特色资源的开发力度（如王府、四合院、古北口、慕田峪等），形成更多旅游新热点，实现世界文化遗产旅游的拓展。结合中轴线申遗，推动文化遗产和传统街区风貌传承与复兴，活化展示利用人文故事。推动大栅栏地区中式生活体验馆、北京坊等项目建设，使其既富时代内涵又具传统特色。加快天桥汇等项目建设，打造天桥特色文化旅游演艺区。紧抓国家大马戏院落户海鹋落公园契机，打造昌平未来文化城大马戏和魔术文化休闲区。依托首钢老厂区、动漫产业基地等资源，发展文化创意旅游。在798、751等园区基础上拓展发展空间，形成国内外现代艺术的汇聚交流中心。结合中国国家美术馆新馆、中国工艺美术馆、北京市文化艺术中心、北京国际戏剧中心等公共文化设施建设，强化文化艺术体验，引领文化旅游消费。

## 四　增强北京旅游国际影响力

　　加强产品创新，培育入境旅游消费新热点。深入研究入境旅游市场的产品偏好，不断创新文化旅游、中医药健康旅游、体育运动休闲旅游、商务会奖旅游等产品，抓好产品包装、游线组织、市场宣传等工作，形成有效的市场消费热点。充分利用离境退税政策，推出特色国际旅游购物线路，推介景泰蓝、花丝镶嵌等具有传统文化内涵的特色旅游商品。

重塑国际旅游形象。因应数字营销时代，深耕国际旅游者的消费心理，运用国际"4E"营销理念，强化北京旅游国际推广。针对国际客源市场，优化品牌形象，推出具有强烈市场感召力的城市形象口号和视觉识别系统。以国际视野推动旅游形象的塑造，培育和维护北京国际旅游品牌。在"东方古都""文化北京"基础上，拓展推广"现代北京""品质北京"形象。实时发布山区主要旅游景区（包括八达岭、雁栖湖、十二陵等）优良天气的 PM2.5 指数，加强对"北京蓝"的海外营销力度。

---

### 专栏二："4E"营销

"4E"指的是体验（Experience）、无所不在（Everyplace）、交换（Exchange）和布道（Evangelism）。其中最核心的理念是"体验无处不在……产品的差异化所带来的竞争优势越来越弱，所以我们必须把单纯的产品层面竞争转移到消费者的全面体验之上"。旅游市场营销要在"4E"下工夫，要善用各种传播媒体，积极贴近消费者。

---

借力国家资源开展国际营销。聚焦日韩俄、欧美、港澳台等核心客源市场，利用我国在当地设立的孔子学院、签证申请服务中心、企业海外办事机构、旅行社驻外机构等资源，强力进行国际旅游市场拓展。根据不同客源市场的不同需求偏好，定期举办主题营销活动。紧抓"一带一路"的历史性机遇，利用我国在沿线地区设立的国家机构资源，积极开拓新兴客源市场。

发挥旅游外交对市场的促进作用。充分利用首都优势，借助大国旅游合作、周边国家旅游合作、发展中国家和传统友好国家旅游合作等旅游外交平台，拓展市场发展空间、优化市场发展环境、放大市场格局。加大与"友好城市"、国际社团等重要国际营销对象的合作往来，深化北京国际旅游营销。扩大旅游国际交流合作，发挥世界旅游城市联合会（WTCF）的平台作用，建立双边或多边合作机制，推动出台旅游便利化措施。利用奥运的影响力和推动力，充分借助"世界奥林匹克城市联盟"平台，提高北京国际化水平。积极加入国际"世界遗产城市联盟"。

优化旅游品质，提高旅游服务水平。以国际旅游服务理念、意识和标准推进旅游服务的国际接轨，提升旅游服务水平。以游客满意为导向，培育游客和市民共享的品质生活环境。在三里屯、秀水街、慕田峪国际村等入境游客密集地区着力提升国际旅游服务软环境和国际旅游公共设施。在特定区域试点开放国际常用的旅游社交网络空间，为外国游客提供更便利的信息服务。

举办具有国际影响力的节事活动。提升现有旅游节日、庆典、比赛、交流活动的国际化水平，并形成品牌。办好北京国际旅游节、北京国际音乐节、北京国际电影节、北京文化周、国际动漫狂欢节、国际时尚节、国际设计周等大型国际品牌活动。吸引大型国际文化旅游节事活动来京举办。充分利用现有场馆资源，吸引一批国际会议论坛、国际大型展览展示、体育赛事等活动在京举办。

推进国际性组织与机构进驻。吸引国际旅游组织、国际会展组织、国际政府组织、国际认证组织等机构以及酒店投资公司、航空公司、国际连锁型酒店管理集团、旅行社、汽车租赁等企业设立驻京机构和北京总部。

鼓励旅游企业"走出去"。坚持开放发展，发展更高层次的"双向开放"，实施出境旅游目的地跟进策略、主要客源国发展策略，出台政策助力旅游企业"走出去"。推进旅游企业在"一带一路"沿线国家投资，在旅游开发、饭店建设等领域显示中国力量。鼓励在线旅游企业、品牌连锁酒店、集团化旅游企业加快"走出去"步伐，进行模式输出、品牌输出和资本输出。利用亚投行、丝路基金等平台，扶持旅游企业强化国际旅游竞争力。

拓展北京入境旅游的腹地辐射能力。优化"空铁联运"系统，依托北京大兴国际机场的建设，充分利用以北京为中心的铁路快速客运网络优势，推进新机场与高铁的无缝中转，鼓励机场、航空公司和铁路管理部门提供一体化的服务，从而发挥"双高"的速度优势，拓展北京入境旅游辐射腹地。强化北京的入境旅游枢纽作用，使北京成为中国国际旅游的窗口。

# 附录六 北京市文化局2017年工作总结中涉及文化对外传播部分内容[*]

## 五 着力加强国际文化交流，北京人文魅力更加彰显

2017 年我局共受理出访国外及港澳台地区文化交流项目 145 批次 2761 人次，引进国外及港澳台地区共 48 批次 1050 人次。

（一）服务保障重大外交大局

服务保障在京举办的重大外交活动，成功筹备组织"一带一路"国际合作高峰论坛人民大会堂欢迎晚宴伴宴演出、领导人配偶故宫御花园文化展演活动及国家大剧院文艺演出，圆满完成美国总统特朗普来华访问文化服务保障工作，完成亚信非政府论坛第二次会议文艺演出任务。服务保障市领导出访活动，赴莫桑比克、坦桑尼亚、阿联酋等国举办"北京之夜"文艺演出，配合第二届中国—中东欧国家"16 + 1"首都市长论坛、贝尔格莱德"北京日"、渥太华"北京周"、哈萨克斯坦阿斯塔纳世博会"北京活动周"等开展系列文化活动。主动融入"一带一路"倡议，以文化交流促民心相通，赴法国、摩洛哥、以色列进行交流；在园博园举办"中国—中东欧国家文化艺术嘉年华"，11 个国家 14 个团组近 200 位中东欧国家的艺术家参加，是"中国—中东欧国家文化季"系列活动中参与国家最多、规模最大的项目。

（二）积极开展文化交流交往

巩固扩大春节文化影响力，在赫尔辛基连续举办"欢乐春节"11 年，在爱沙尼亚塔林连续举办 8 年，成为文化"走出去"品牌化、本土化、精品

---

\* 《北京市文化局2017年工作总结》，首都之窗，http://zfxxgk.beijing.gov.cn/110021/ndgzzj53/ 2018 - 03/07/content_ e1268223b32245e092c829a9c12ed69b.shtml。

化的成功范例；在友城德国科隆、捷克布拉格举办春节文艺演出和庙会；与驻美使馆和当地主流文化机构开展传统文化展示、中国新年家庭日等活动；在马德里中国文化中心、希腊雅典开展综合性文艺演出。培育特色文化交流品牌，举办"2018全球吉庆生肖设计大赛（戊戌狗年）"，全球范围征集作品3489件；在北京和纽约的地标性建筑举办"鸡鸣东方"新春双城快闪活动；举办2017"驻华使节艺术沙龙活动"，开展"琴、书、茶、花、香"等文化体验。

（三）稳步做好对港澳台文化交流

完成全国对港澳文化交流重点项目组织申报，2个项目获得资助；参加纪念香港回归20周年中国戏曲节演出，举办香港警察书画学会作品展，昆曲表演艺术家赴港台开展学术交流；完成港澳大学生文化实践活动、两岸学子暑期文化实习月、两岸城市文化互访相关工作；实施2017两岸青年戏剧人才培训扶持计划项目，发掘青年编导人才。

## 六　着力健全保护体系，非遗传承发展实现新突破

坚持"巩固抢救保护成果，提高保护传承水平"，深化非遗保护机制和规律研究，推动非遗保护传承"见人见物见生活"。

（一）在保护制度和长效机制建设方面实现新突破

推进《北京市非物质文化遗产条例》立法工作，配合市人大开展实地调研，条例正式立项。起草条例（草案）（讨论稿）并附依据稿，组织市人大和市政府法制办根据市人大《立项论证报告》中提出的十个问题，修改完善条例（草案）。统筹推进"一城三带"建设。开展历史文化名城保护工作，配合牵头部门制定大运河文化带、西山永定河文化带、长城文化带保护建设规划、五年行动计划及年度工作计划，明确市文化局承担工作及目标任务等。梳理大运河文化带沿线各区非遗资源，拟定《北京段大运河非物质文化遗产名单》（征求意见稿），包括民间文学、民俗等类别的直接项目和辐射项目共计43项。

（二）在重大国事文化交流中发挥作用实现新突破

在"一带一路"国际合作高峰论坛、美国总统特朗普来访等重大政治外交活动中，举办北京非遗技艺展示，习近平主席亲自向特朗普总统介绍景泰蓝制作技艺并参与互动；组织非遗项目参加"欢乐春节""第三届中国—中东欧国家文化合作部长论坛""国际刑警组织第 86 届全体大会"等重大活动文化服务保障；在北京参与主办"魅力非遗——第二届上海合作组织夏令营·非物质文化遗产交流体验"活动。

# 附录七　北京市文化局2018年工作计划（节选）<sup>*</sup>

## 六　坚定文化自信，讲好中国故事，推动文化"走出去"、"走进去"

坚定文化自信，坚持围绕中心服务大局，积极培育对外文化交流品牌，抓好重大交流项目，不断增强首都文化的吸引力，不断增强中国文化的影响力。

（一）服务保障国家重大政治外交工作

围绕"16＋1"合作机制，完成好中央和北京市布置的相关工作任务。围绕2022年北京冬奥会工作任务，圆满完成2018年平昌冬奥会、冬残奥会北京八分钟文艺演出的组织实施工作。继续推进雅典中国文化中心筹备工作，开展雅典中国文化中心启动系列工作，举办中希文化交流品牌活动，将雅典中国文化中心打造成为"一带一路"上民心相通的桥头堡。

（二）推动文化"走出去"

持续深化"欢乐春节"活动，在芬兰赫尔辛基和爱沙尼亚塔林举办"欢乐春节——北京周"系列活动，在丹麦哥本哈根举行首次"欢乐春节"活动，在芬兰罗瓦涅米举行"圣诞老人村过大年"系列活动。继续举办"第五届全球吉庆生肖设计大赛（己亥猪年）"，增加中国文化在海外的介绍与推广，增强"欢乐春节"活动的知名度和参与度。积极响应"一带一路"倡议，巩固2017年"中国—中东欧国家文化艺术嘉年华"活动交流成果，与首都图书馆联袂共赴匈牙利，与匈牙利首都图书馆进行馆际交流，并举办

＊《北京市文化局2018年工作计划》，首都之窗，http://zfxxgk. beijing. gov. cn/110021/ndgzjh32/2018－03/07/content_ 3734625685184f699c721b728c5590d0. shtml。

中国文化系列推广活动，推动中华文化"走出去"。

（三）推动城市文化交流交往

主动展示北京优秀文化，面向驻华各国大使及文化参赞，举办高水平艺术沙龙等活动。加强与"一带一路"沿线国家首都城市以及北京市友好城市间文化交流，打造文化交流合作品牌。为庆祝《中日和平友好条约》缔结40周年，赴日本举办"中国节"文化活动。在莫斯科举办莫斯科"北京周"活动。组织北京—惠灵顿"首都杯"足球友谊赛赛前演出。

（四）积极推进港澳文化交流

继续配合文化部做好全国对港澳文化交流项目的申报、审核、评比工作，按照规定给予重点项目地方配套资金补贴。举办港澳大学生文化实践活动，邀请来自港澳高校的青年学生来京，赴国家图书馆、故宫博物院等文博机构工作实习，参加专题讲座等。

# 附录八　2018年北京市旅游发展委员会部门预算中的海外推介预算[*]

1. 与国际电台合作推广北京旅游，年度资金总额150万元

目标：为了有效地传播北京旅游资源，巩固美国客源市场，提振欧洲客源市场和逐步稳定日韩客源市场，提升北京市入境旅游市场的整体发展。与国际在线合作，通过中国国际广播电台的多语种海外城市广播遍布全球直达用户的海外传播渠道资源，针对欧美受众的喜好策划精准的传播方案，进行精准营销和特色旅游产品推广，增强北京旅游国际影响力，促进北京入境游市场发展。

附表1　与国际电台合作推广北京旅游的效果指标

|  | 效益指标 | 指标值 |
|---|---|---|
| 效果指标 | 指标1：有效提高北京入境游客数量，提升北京旅游国际吸引力，增加北京市旅游收入 | 效果明显 |
| | 指标2：让更多的外国游客了解北京旅游和中国文化，提升北京旅游吸引力，增加北京入境旅游人数 | 更多了解，提升，增加 |
| | 指标3：不断加深海外游客对北京国际旅游城市形象的深化，不断激发潜在游客选择北京作为旅游目的地 | 不断加深，不断激发 |

2. 与海外知名电视媒体合作推广北京旅游，年度资金总额480万元

目标：为了有效地传播北京旅游资源，巩固欧洲、亚太客源市场不断增长，与世界著名的欧洲新闻台、亚太旅游联合电视台合作，在西方、亚太主流媒体的新闻频道以特别专题节目形式播出，独具权威性。这在整体效果与影响力方面将是中国省市旅游以及城市宣传走向世界主流的一大创举，同时

---

[*] 《2018年北京市旅游发展委员会部门预算》，首都之窗，http://zfxxgk.beijing.gov.cn/110041/bmys32/2018-03/08/content_fbddcf79fad248639fb8c5e3c6bb0434.shtml。

配合欧洲新闻台、亚太旅游联合电视台所属官方网站，其他社交媒体网站全方位宣传北京旅游。

附表2　与海外知名电视媒体合作推广北京旅游的效果指标

| | 效益指标 | 指标值 |
|---|---|---|
| 效果指标 | 指标1：有效提高北京入境游客数量，提升北京旅游国际吸引力，增加北京市旅游收入 | 效果明显 |
| | 指标2：让更多的外国游客了解北京旅游和中国文化，提升北京旅游吸引力，增加北京入境旅游人数 | 效果显著 |
| | 指标3：不断加深海外游客对北京国际旅游城市形象的认知，不断激发潜在游客选择北京作为旅游目的地 | 效果显著 |

3. 北京旅游海外推广宣传服务包，年度资金总额350万元

目标1：为了更加方便、高效和持续地使用宣传素材，"北京旅游海外推广宣传服务包"拟从北京入境游目标市场和产品需求出发，在内容和设计方面分别对北京旅游宣传品进行整体规划和优化提升，内容上将重点突出以"文化"为主线的特色旅游资源和产品，设计上将统筹考虑北京旅游宣传的整体性。为初次入京游、入境游的游客提供便捷的旅游信息服务，增加北京作为旅游城市的竞争力。

目标2：结合海外市场需求、北京特色文旅资源，以"文化"为主线，重点推广"5＋3"八大类主题，将相关宣传内容整合，使北京旅游海外推广内容主题明确、亮点突出，打造北京旅游面向海外市场的招牌产品宣传服务包体系。以此加大旅游宣传促销力度，加强北京旅游整体形象宣传，提升北京旅游的影响力和知名度。

附表3　北京旅游海外推广宣传服务包的效果指标

| | 效益指标 | 指标值 |
|---|---|---|
| 效果指标 | 指标1：提供便捷、快速的旅游信息服务，减少资源浪费 | 效果显著 |
| | 指标2：针对不同需求，制作服务类型的宣传品为游客提供旅游指南 | 反应良好 |
| | 指标3：增加北京旅游海外推广的官方影响力，树立北京旅游城市形象 | 效果显著 |

4.北京旅游海外推广合作伙伴计划，中期资金总额1200万元，年度资金总额400万元

目标：搭建"北京旅游海外推广合作伙伴计划"，维护与重点伙伴的长期有效合作关系的同时，逐步向更多市场全面扩散，不断优化扩充伙伴网络，并利用分级奖励及更替的制度增加伙伴竞争意识，激励更多优质合作。同时，也将向行业品牌标杆项目的方向发展，成为国内乃至亚洲首个由目的地政府牵头、与全球旅行商建立紧密战略合作机制的旅游行业创新项目。

**附表4　北京旅游海外推广合作伙伴计划的效果指标**

| | 效益指标 | 指标值 |
|---|---|---|
| 效果指标 | 指标1:带动北京旅游经济增长,间接拉动旅游产业对经济增长的贡献率 | 明显 |
| | 指标2:北京旅游资源知名度 | 得到提升 |
| | 指标3:北京旅游可持续发展 | 明显 |

图书在版编目（CIP）数据

北京对外文化传播发展研究报告. 2018 / 邱鸣，梁
虹主编. --北京：社会科学文献出版社，2018.12
ISBN 978 - 7 - 5201 - 3661 - 7

Ⅰ.①北… Ⅱ.①邱… ②梁… Ⅲ.①文化传播 - 研
究报告 - 北京 - 2018 Ⅳ.①G127.1

中国版本图书馆 CIP 数据核字（2018）第 233063 号

北京对外文化传播发展研究报告（2018）

主　　编 / 邱　鸣　梁　虹

出 版 人 / 谢寿光
项目统筹 / 史晓琳　吕秋莎
责任编辑 / 吕秋莎

出　　版 / 社会科学文献出版社·国际出版分社（010）59367142
　　　　　　地址：北京市北三环中路甲 29 号院华龙大厦　邮编：100029
　　　　　　网址：www. ssap. com. cn
发　　行 / 市场营销中心（010）59367081　59367083
印　　装 / 三河市龙林印务有限公司

规　　格 / 开 本：787mm × 1092mm　1/16
　　　　　　印 张：13.75　字 数：210 千字
版　　次 / 2018 年 12 月第 1 版　2018 年 12 月第 1 次印刷
书　　号 / ISBN 978 - 7 - 5201 - 3661 - 7
定　　价 / 89.00 元